南京财经大学
粮食安全与战略研究中心

曹宝明　夏伯锦　主　编
徐建玲　庄旦鸣　副主编

FOOD DEVELOPMENT REPORT OF YANGZI RIVER DELTA 2015

长三角粮食发展报告 2015

——长三角地区的粮食安全

经济管理出版社
ECONOMY & MANAGEMENT PUBLISHING HOUSE

图书在版编目（CIP）数据

长三角粮食发展报告·2015：长三角地区的粮食安全/曹宝明，夏伯锦主编．—北京：经济管理出版社，2015.10

ISBN 978－7－5096－3988－7

Ⅰ.①长…　Ⅱ.①曹…②夏…　Ⅲ.①长江三角洲—粮食—经济发展—研究报告—2015　Ⅳ.①F326.11

中国版本图书馆 CIP 数据核字（2015）第 234402 号

组稿编辑：陆雅丽
责任编辑：陆雅丽
责任印制：黄章平
责任校对：超　凡　王纪慧

出版发行：经济管理出版社
（北京市海淀区北蜂窝 8 号中雅大厦 A 座 11 层　100038）
网　　址：www. E－mp. com. cn
电　　话：（010）51915602
印　　刷：北京易丰印捷科技股份有限公司
经　　销：新华书店
开　　本：787mm×1092mm/16
印　　张：19.75
字　　数：377 千字
版　　次：2015 年 10 月第 1 版　2015 年 10 月第 1 次印刷
书　　号：ISBN 978－7－5096－3988－7
定　　价：68.00 元

联系地址：北京阜外月坛北小街 2 号
电话：（010）68022974　邮编：100836

本报告获

江苏高校哲社重点研究基地重大项目（2012JDXM002）

粮食公益性行业科研专项项目（201313009）

国家自然科学基金项目（71373116）

国家社会科学基金项目（14BJY221）

现代粮食流通与科技协同创新中心

粮食安全与战略研究中心

江苏高校优势学科

江苏省重点学科

资助

《长三角粮食发展报告》编委会

卞　峰　台州市商务局（台州市粮食局）副局长

舒财富　衢州市粮食局局长

韩明新　芜湖市商务局（芜湖市粮食局）局长

周明权　滁州市粮食局局长

汪建刚　马鞍山市粮食局局长

程良松　宣城市粮食局局长

李　敏　铜陵市粮食局局长

孙　健　黄山市粮食局局长

翟子谦　苏州市粮食集团有限责任公司董事长

梅永强　江苏无锡国家粮食储备库主任

严有堂　衢州市粮食收储有限责任公司董事长兼总经理

宋梓文　湖州市储备粮管理有限公司董事长兼总经理

《长三角粮食发展报告》编著人员

主编：

曹宝明　夏伯锦

副主编：

徐建玲　庄旦鸣

编著人员：

武舜臣　王舒娟　蔡　荣　易小兰　郭晓东　刘　云　刘梦醒

钱馨蕾　李　娟　陈来柏　吴增明　杨　波　付艳丽　郑亚娟

施启平　赵云芳　吴彤政　管　旭　董　文　胡瑞清　方　敏

葛大强　邵　蕾　陈象种　叶　峰　傅　昊　罗　春　洪子龙

周德虎　毛蓉蓉　周跃中

首席执笔人：

徐建玲

前 言

当代中国正处于由大到强的关键阶段。我国周边形势总体稳定，但面临的风险挑战十分严峻，国家面临的安全威胁呈现出多样化的新趋势，传统安全威胁与非传统安全威胁的因素相互交织。与此同时，世界经济仍处于深度调整期，国内经济正处于经济增长速度换挡期、结构调整阵痛期、前期刺激政策消化期“三期叠加”阶段。新的安全形势和经济形势对我国粮食安全保障提出了更高、更繁重的要求。长三角地区是我国目前经济发展速度最快、总量规模最大、内在潜质最佳、发展前景最好的经济区，也是全国粮食需求最集中、粮食产销和粮食流通最为活跃的地区之一，对我国乃至世界粮食流通与市场格局均有重要影响。

本报告试图在构建适合长三角地区的粮食安全评价方法的基础上，对长三角地区粮食安全现状进行评价，并分别从粮食生产、粮食消费、粮食流通等几个方面对粮食安全进行分析，并在此基础上提出长三角地区粮食安全发展战略和对策建议。

长三角地区粮食安全水平逐年提高，呈现良好发展态势，但从粮食安全的不同层面上来看，由于人口快速增长所带来的粮食消费安全不容忽视。未来长三角地区粮食安全态势呈现出几个明显特征：粮食供给安全依然是长三角地区粮食安全的重要内容，人口快速增长成为未来影响粮食安全的重要方面，大市场、大流通格局成为解决长三角地区粮食安全问题的重要手段，以上海为代表的长三角地区粮食安全保障措施将发挥引领作用。

因此，顺应国家新的粮食战略、“一带一路”战略和“长江经济带”战略，制定实施长三角地区的粮食安全战略以促进和完善该地区的粮食安全体系建设，率先破解粮食安全挑战，必将带动、牵引和辐射整个华东地区、长江经济带乃至全国的粮食安全格局，也能够为国内其他地区乃至全国的粮食安全保障发挥示范作用。

本报告包括四个部分：第一部分，长三角地区的粮食安全；第二部分，长三角地区粮食统计资料；第三部分，长三角地区粮食行政管理部门与骨干企业；第四部分，长三角粮食合作与发展会议。

目　录

第一部分　长三角地区的粮食安全

第二部分　长三角地区粮食统计资料

第三部分 长三角地区粮食行政管理部门与骨干企业

第四部分　长三角粮食合作与发展会议

第一部分　长三角地区的粮食安全

第一章　长三角粮食发展的背景分析

一、宏观背景

（一）“一带一路”战略构筑全球新格局

“一带一路”是指“丝绸之路经济带”和“海上丝绸之路”。它旨在借用古代“丝绸之路”的历史符号，顺应国内要求，搭建新式双、多边机制，打造区域合作平台。“一带一路”的提出和推进，意味着我国对外开放实施战略的转变，对切实应对国际经济新形势，推动要素国际流动，实现国内外资源的合理配置，最大限度地保障国内经济稳定有着重要意义。

“一带一路”的建成，将构筑全球贸易新格局。目前，全球贸易有大西洋贸易轴心与太平洋贸易轴心两大轴心，这两大贸易轴心长期以来支撑了全球绝大多数的贸易。然而，从目前全球贸易格局看，已有的两大轴心忽略了广大内陆地区的贸易潜力。伴随着大陆腹地国家或地区在全球贸易地位的提升，已有的贸易格局无疑增添了流通成本，加剧了区域发展差距。“一带一路”则将重点促进欧亚非大陆腹地不发达地区的经济增长，改变全球经济政治的空间布局和活动方式及其流向，为世界范围内的均衡发展做出新的贡献。“一带一路”战略构想覆盖40多个国家，总人口44亿，约占全球的63%；经济总量超过20万亿美元，约占全球的29%，是全球主要的能源和战略资源供应地。因此，“一带一路”的建成，将成为东接生机勃勃的亚太经济圈，西连发达的欧洲经济圈，世界上最长、最具有发展潜力的经济大走廊。“一带一路”的打造，将构造大西洋贸易轴心、太平洋贸易轴心以外的全球第三大贸易轴心，最终建成的“一带一路自贸区”将构筑全球经济新格局。

“一带一路”是由我国提出的重大战略，自然对我国有重要意义。总体来说，“一带一路”不仅将极大地拓展我国投资空间，而且对释放消费潜力具有重要影响。此外，“一带一路”的建立还能间接为我国区域发展带来积极影响。伴随着我国进入经济新常态，“一带一路”能够给新常态经济的维持与转型带来巨大空间。从经济增长动力看，无论从供给还是需求角度，已有经济增长方式带来的经济增速不可持续，重新构筑经济增长动力势在必行。目前，国内主流观点是由投入驱动向全要素生产率提高驱动转变。然而，从中国目前经济增长动力看，全要素生产率贡献率依然偏低而且呈下降趋势，短期内投资驱动型经济依然是维持新常态增长的主要模式。因此，“一带一路”带来的投资效应和出口效应则更为显著。目前，相对于中国而言，“一带一路”区域整体发展水平和市场规模较低，“一带一路”沿线的其他国家在基础设施建设方面仍较为落后，对此，在国内多数地区投资回报率不断下降的现今，在亚投行及丝路基金的支持下，“一带一路”为我国巨额资产找到了落脚点。此外，同样因发展水平差异，“一带一路”沿线国家能够成为我国巨大的制成品消费市场和原材料提供市场，为我国新常态下的经济转型带来转型空间，避免由于经济增长动力脱节带来的经济波动。其中，从实体企业的角度看，“一带一路”战略为中国企业“走出去”提供了新契机。随着国内劳动力成本的提高，出口红利越来越小，“走出去”已经成为企业生存的需要，是一种突围。将一些劳动密集型企业转移到“一带一路”中低成本的国家将是未来产业转移的重要途径。除了已有的产业转移承接互补外，农业方面的合作也大有可为。“一带一路”沿线国家有着丰富的农业资源，能够为中国农业“走出去”带来极大的合作空间①。当然，“一带一路”也对我国提出了新的要求，这其中就包括理论层面无迹可寻、组织层面主体不强、人才层面匹配等。想要借力“一带一路”、做好“一带一路”，就我国目前而言，依然需要继续努力。

---

① 于敏.“一带一路”带农业“走出去”[J].农村·农业·农民（B版），2015（4）：9－10.

（二）新形势下我国粮食安全战略发生重大变化

粮食是关系国计民生的重要商品，粮食安全是经济发展、社会稳定和国家自立的重要保障。党中央、国务院历来高度重视粮食安全问题，1996年，政府首次发表《中国的粮食问题》白皮书，对我国的粮食安全做了明确要求。此后，伴随着政府对粮食安全重视程度的日益提升，粮食安全政策的国家战略地位逐步得到强化，为保障我国的粮食安全提供了重要的纲领和蓝图。

然而，在粮食取得“十一连增”的过程中，理论界对粮食安全的争议也从未停止，而争议的焦点则集中在粮食安全的保障途径方面。目前，对于粮食安全保障途径主要有两种观点：一种是为了确保粮食安全，无论付出什么代价都值得；另一种则强调粮食安全保障要考虑成本，符合经济规律的粮食安全才具有可持续性。当然，从根本上说，粮食安全保障的争议主要来自对粮食口径与自给率水平认识上的差异。口径和标准的模糊都会影响到对粮食安全形势的判断，而不同形势下的粮食安全保障手段选择自然也存在差别。一般意义上说，当粮食安全出现重大缺口时，粮食问题属于生存问题，此时自然对成本方面的关注会降低；然而，当粮食安全处于相对安全水平时，粮食问题属于经济问题，粮食安全保障需要综合考虑成本和收益。

出于对新形势下粮食安全现状的判断，2013年年底召开的中央经济工作会议和中央农村工作会议中明确要求实施“以我为主、立足国内、确保产能、适度进口、科技支撑”的国家粮食安全新战略，明确提出确保“谷物基本自给、口粮绝对安全”的国家粮食安全新目标①。新提法的产生源于新形势，着力于现今，同时也对粮食安全保障提出了新的要求。与已有的国家粮食安全战略相比，中央新近提出的国家粮食安全新战略是在新的粮食安全形势下产生的，既保持了必要的稳定性、连续性，又有了新的发展。新粮食安全战略一出现，立刻得到了理论界的广泛关注，不少专家学者对其内涵和要求进行了梳理和概括。总体来说，粮食安全新战略考虑了导致争议的两个关键点，即粮食口径与自给率水平。由此，可将粮食安全战略的新变化概括为在坚持粮食自给不动摇的基础上，适当调整粮食口径。其他相应的改变，如粮食质量要求、明晰

① 任正晓．认真贯彻国家粮食安全战略　全面深化粮食流通领域改革　扎实推进2014年粮食流通工作［J］．中国经贸导刊，2014（9）：8－10.

进口态度和由重产量转向重产能等都是在以上两点的基础上逐步延伸和开展的。根据以上分析，可以从三个层次对粮食安全新战略的内涵及要求做出概括。

首先，坚持粮食自给是我国坚定不移的基本国策。中国人要端牢粮食大碗，须主要装中国粮，这是因为：一方面，国际市场调剂空间有限。目前全球粮食贸易量仅有2.5亿~3亿吨，不到我国粮食消费量的一半；大米贸易量3500万吨左右，仅相当于我国大米消费量的1/4；既不够我们吃，也不可能都卖给我们。另一方面，大规模进口不可持续。如果我国长期从国际市场大量采购粮食，可能引起国际市场粮价大幅度上涨，不仅要付出高昂的代价，也会影响我国与一些不发达和发展中国家的关系。

其次，调整粮食口径是新形势下合理保障国家粮食安全的必要前提。我国作为世界上最大粮食生产国和消费国，受耕地、淡水等资源约束，实现原口径范围内的粮食自给难度很大，更要付出巨大的环境、资源代价。据统计，2012年按原粮食口径我国粮食自给率已下降到89%，远低于95%这一多次强调的自给率红线。粮食自给率的下降，与我国大豆不可阻挡的进口量有关，据FAO数据显示，2000~2013年，大豆进口量由13245千吨上升至69000千吨。同时，为保障现有粮食自给率水平，国内环境资源已承受了巨大压力，过度开发和环境污染已严重威胁到粮食生产的可持续性。如果在已有基础上提升大口径粮食品种的粮食自给率，仅大豆进口替代一项，2012年就需要增加农用耕地4.8亿亩，这在耕地红线保障都存在困难的我国是无法想象的，更不用说给农用水资源及生态环境带来的影响。如果国内粮食数量目标尚且难以完成，粮食质量问题、进口态度问题、产能保护问题等与粮食安全息息相关的其他方面更只能成为一纸空谈。由此，粮食口径的调整具有紧迫性和现实性。

最后，新战略下，粮食安全保障呈现出综合性、经济性与可持续性。粮食安全保障并不能依靠短期强制性不计成本的投入带来的产量增加而实现，而是一个长期性、可持续性、经济性相互交织作用的一个过程。粮食口径的缩小减小了原有粮食自给率要求下的粮食供给压力，使得粮食安全问题更倾向于一个经济问题，能够以更为灵活的手段来保障粮食安全。一方面，粮食数量观转向数量与质量并重。粮食质量问题能够得到切实重视。众所周知，粮食质量安全近年来一直困扰着消费者，重金属污染和农药残留问题难以得到根本性解决。这与粮食安全数量观下质量问题的从属地位不无关系。粮食口径的调整使得粮食数量保障目标基本实现，为“数量与质量并重”的坚持提供了足够空间。另一方面，粮食产量观转向粮食产量与粮食产能并重。在以往的粮食口径下，粮食数量保障存在一定难度。为保障粮食数量目标，资源过度开发、环境污染严重。新战略下，粮食数量相对宽裕，可以更为灵活地组织粮食生产。一定情况下，可实现国内土地适当轮休、水资源缺乏地区作物结构调整等灵活性粮食生产计划①。除投入要素实现可持续外，新战略也为粮食安全相应技术提升带来巨大利好。在耕地、水等资源约束日益强化的背景下，粮食增产的根本出路在科技。然而，目前国内粮食生产技术贡献与发达国家相差很大。由于科学研究和技术推广有一个实验和推广的过程，其中难免会有失败，在粮食数量紧平衡下难以有足够的空间去尝试新技术。由此，新战略也为粮食安全保障相关技术的开发与推广带来巨大空间。

此外，作为粮食口径改变的衍生品，新战略对粮食进口态度确立了新的基调。新战略实施之前，国内理论界对粮食进口态度褒贬不一，主流态度相对保守。基本原则是在确保国内自给的基础上以品种调剂为核心的适当进口。然而，自我国加入 WTO 后，粮食进口越来越难以被国内政策意志所转移。伴随着国内外粮食价差逐步拉大，在经济规律驱使下，2012 年以来，我国主要粮食品种进口量激增②。总体来说，粮食进口的如此走势与世界粮食供求态势有关，但不可忽略的一点是，过于保守的粮食进口态度降低了我国参与世界粮食贸易的积极性，导致缺乏参与全球贸易的准备。国内粮食政策的分割性与计划性已不再适合现今的全球化贸易潮流，最终导致了粮食安全承受巨大的国际冲击。政府首次将“适度进口”视作粮食安全战略的重要组成部分，这是对已有粮食安全战略的重大突破，也为粮食进口提供了新的理论支撑。在该理念下，将会形成一大批围绕粮食贸易相关的政策与研究，为完善国际粮食贸易，用好两种资源、两个市场提供有力保障。

（三）“新常态”下我国经济发展面临转型

“新常态”是对中国现阶段经济发展状况的一个高度概括和基本判断。“新常态”之“新”，意味着不同以往；“新常态”之“常”，意味着相对稳定，主要表现为经济增长速度适宜、结构优化、社会和谐；转入“新常态”，意味着我国经济发展的条件和

---

① 李国祥．实施好新形势下的国家粮食安全战略［J］．中国经贸导刊，2014（13）：26－28．

② 2012 年，我国大米进口 236.7 万吨，同比增长近 3 倍；小麦进口 370 万吨，同比增长 2.9 倍。自 2012 年主要粮食品种进口激增至今，粮食进口始终处于高位徘徊状态。

环境已经或即将发生诸多重大转变，经济增长将与过去30多年10%左右的高速度基本告别，与传统的不平衡、不协调、不可持续的粗放增长模式基本告别。“新常态”的概念由习近平总书记于2014年在河南考察时提出，并在2014年亚太经合组织工商领导人峰会上用“3个主要特点及给中国带来的4个机遇”详细进行了阐述。“新常态”下，经济将由高速增长转向中高速增长，经济发展方式将从规模速度型粗放增长转向质量效率型集约增长，经济结构将从以增量扩能为主转向调整存量、做优增量并存，经济发展动力将从传统要素驱动、投资驱动转向创新驱动。

“新常态”下我国经济发展面临转型。中国之所以进入“新常态”，主要表现在经济发展模式与现有经济发展的不匹配，已无法继续支持原有的经济增长水平。过去，经济增长主要来自于要素驱动和投资驱动，在劳动力、土地成本较低，国内投资水平也较低的情况下，想要提高经济增长，增加投入是简便易行且见效快的主要手段。然而，伴随着资源环境约束的加深，人口红利也逐渐消失，投入成本已不再低廉。某些行业重复投资导致了无效投资增加，产能过剩问题在一些行业中已非常严重。“新常态”下，我国投入型经济发展模式不可持续，创新驱动将成为维持“新常态”的重要保障。根据已有研究，以全要素生产率为标志的创新驱动在我国经济增长中的贡献近年来呈下降趋势，这显然不利于“新常态”下经济增长点的平稳过渡。因此，如何提升生产力发展和生产率水平，是“新常态”下经济转型的核心。习近平总书记强调，从发展上看，主导国家发展命运的决定性因素是社会生产力发展和劳动生产率提高。因此，“提高生产率”才是政府推进经济转型升级的政策标准和依据。“提高生产率”对转型升级和“稳经济”存在以下利好：首先，转型升级工程的实施，从根本上说是要提升企业竞争力，实现生态文明。而以上目标的实现，则很大程度上需要通过提高生产率，增强企业的盈利和效益来实现。其次，企业生产率的提升是实现企业资本积累、扩大投资的基础，而企业投资积极性的变动会直接对实体经济的活力产生冲击。最后，劳动生产率的提升是收入水平增长的前提，而收入增长则直接关系到消费增长，生产率的提升能够从“消费”角度实现“稳增长”的目标。因此，面对当前生产要素成本的迅速上升，转型升级的真正含义和由此确定的最佳策略，就是要让传统产业提升生产率，通过生产率上升克服成本上升因素，并通过更低成本和价格刺激市场扩大①。

“新常态”下的经济转型同样给农业和粮食发展带来了机遇与挑战。2015 年中央一号文件指出：“当前，我国经济发展进入新常态，正从高速增长转向中高速增长，如何在经济增速放缓背景下继续强化农业基础地位、促进农民持续增收，是必须破解的一个重大课题。”因此，经济发展转型对农业农村发展的影响也是多层次的。从直接影响看，农业转方式、调结构势在必行；从间接影响看，“新常态”下需求和财政收入都会受影响，这会对农业形成一种挑战。

二、产业背景

（一）粮食安全省长责任制凸显区域粮食安全的重要性

区域粮食安全是国家粮食安全的重要组成，历来受到党和国家的高度重视。对我国而言，由于地理区位和资源禀赋等差异，区域粮食安全与国家粮食安全不是“1 + 1 = 2”，而是“1 + 1 > 2”的关系。这主要体现在以下几个方面：首先，我国国土资源广阔，区域农业生产和经济发展不平衡，不同区域间粮食安全保障能力存在较大差异。分区域看，粮食主产区基本实现粮食自给有余，粮食主销区的粮食自给率较低。与金融系统类似，粮食也属于信用商品，如果部分主销区出现粮食危机，恐慌心理就会导致全国危机的发生。其次，国内交通运输能力有限，区域间粮食供应往往存在一定的运输负担，这可能会给局部区域粮食安全造成短期冲击。最后，从目前国内粮食安全实现形势看，区域间粮食互补和国际间粮食调剂占重要部分。然而，与国际贸易风险类似，我国区域间行政分割也给粮食境内流通带来隐性成本。由此可以得到，区域粮食安全在国家粮食安全中占有重要地位。

① 刘志彪．新常态下经济增长动力重塑与结构纠偏［J］．前线，2015（6）：18 – 20.

粮食安全省长责任制是在国务院《关于建立健全粮食安全省长责任制的若干意见》（以下简称《意见》）中首次提出的，旨在从粮食生产、流通和消费等环节进一步明确各省级人民政府事权与责任的区域粮食安全制度[①]。粮食安全省长责任制是在1994年国务院所提粮食安全省长负责制基础上提出的，但相比于粮食安全省长负责制，此次国务院出台的《意见》是对落实粮食安全省长负责制的继承、发展和创新，是国务院第一次以专门文件明确各省级人民政府在维护国家粮食安全方面的事权与责任。《意见》在维护粮食安全的事权与责任方面更为明确，考核及问责机制得到强化；此外，更进一步明确了各省级人民政府在保障本地区粮食安全方面的主体责任。《意见》共有十个方面29项内容，围绕全面加强粮食生产能力、储备和流通能力建设，明确了省长（主席、市长）在维护国家粮食安全方面应承担的责任。

粮食安全省长责任制对地方行政首长的粮食安全责任进一步细化，突出表现在对粮食流通领域的关注。对粮食流通的关注也使得粮食安全省长责任制呈现出粮食流通体制深化改革的特征。在市场化于配置资源中占主导地位的前提下，国内粮食流通体制改革会遵循“政府之手”尽量少扭曲市场的原则，中央充分放权给地方，给予地方较大自主权，然后利用“粮食安全省长责任制”等政策进行考核，形成倒逼机制[②]。长三角地区作为国内重要经济区，其区域粮食安全保障则显得更为重要。如何在不影响经济发展的条件下确保区域粮食安全，是目前长三角粮食安全的重要挑战。此外，在粮食安全省长责任制下，包含多个省市的长三角地区面临“大区域”和“小区域”的平衡性问题。如何在权衡各省（市）粮食安全保障的基础上，实现长三角地区粮食生产要素配置和粮食流通自由化，在保障长三角地区粮食安全的基础上最大化降低粮食保障成本，是省长责任制下长三角粮食发展面临的重要问题[③]。

（二）《“粮安工程”建设规划》的颁布加速粮食流通产业改革发展

粮食流通产业是指国民经济中为促进粮食生产、实现粮食调控、满足粮食消费而划分的，专门从事粮食产品的收购、加工、存储和销售等粮食流通活动的经济组织群

① 佚名．国务院：建立健全粮食安全省长责任制［J］．粮食科技与经济，2015（1）：3.
② 付嘉鹏．“省长责任”落地有声，各省措施出台［N］．粮油市场报，2015－07－16.
③ 农业部．关于建立健全粮食安全省长责任制的若干意见［J］．甘肃农业，2015（4）．

体和各部门的总和。粮食流通产业上连粮食生产、下接粮食消费，是粮食安全保障中的重要环节，也是最为复杂的环节。在粮食生产领域，政府政策体系已相对成熟；在粮食消费领域，多元化的消费模式也已较为完善。处于两者之间的粮食流通，则依然存在主体不清晰、主体所有制复杂、政策投入低效、市场扭曲严重等特征，粮食流通发展落后。要保障粮食安全，健全粮食流通是关键。国家高度重视粮食流通，“粮安工程”则是国家在粮食流通领域的总纲领。

所谓“粮安工程”就是粮食收储供应安全保障工程。主要内容包括六个方面：一是建设粮油仓储设施；二是打通粮食物流通道；三是完善应急供应体系；四是保障粮油质量安全；五是强化粮情监测预警；六是促进粮食的节约节省。为全面提升粮食收储和供应保障能力，保障国家粮食安全，2015 年 6 月国家发展改革委、国家粮食局、财政部联合发布《粮食收储供应安全保障工程建设规划（2015～2020 年）》（以下简称《规划》），为粮食流通基础设施条件改善，保障粮食收储供应、增强粮食宏观调控能力提供了首个国家级专项规划①。

《规划》建设性地对“粮安工程”提出了总体目标，即到 2020 年，全面建成售粮便利、储存安全、物流通畅、供给稳定、应急高效、质量安全、调控有力的粮食收储供应安全保障体系，形成布局合理、结构优化、竞争有序、监管有力的现代粮食流通新格局。此外，《规划》同时明确了五个方面 13 项指标，主要包括：2015 年年底前完成集中新建仓容 1000 亿斤任务，实现农户科学储粮专项户数达到 1000 万户；到 2017 年完成全国“危仓老库”维修改造；到 2020 年基本消除“席茓囤”等露天存粮，应急供应网点达到 5 万家，应急加工企业达到 0. 6 万家，改建成品粮批发市场 312 家，改建区域性配送中心 531 个，国家粮食质量监测机构数量达到 500 个，粮食质量安全风险监测网点达到 2500 个，国家粮食信息直报点增加到 2000 个，粮食供需平衡抽样调查城乡居民户达到 20 万户，年减少粮食产后流通环节损失浪费 1300 万吨以上。

按照《规划》内容，“粮安工程”建设将分为三个阶段：一是应急建设期（2015 年），重点解决仓储设施不足等紧迫问题，核心是主产区仓容建设和“危仓老库”维修改造；二是整体推进期（2016～2017 年），全面推进粮食流通领域基础设施建设；三是

① 张卫. 创新驱动发展　责任凝聚力量——2014（第五届）中国食品安全高层对话在北京举行［J］. 中国食品，2014（15）：11－15.

全面建成期（2018～2020 年），全面完成“粮安工程”建设任务。“粮安工程”及《规划》的提出和推进，成为粮食流通产业改革的切入点和落脚点，为粮食流通产业改革打造了总体框架并提出了具体要求，整体推动了粮食流通产业的提档升级。

（三）“互联网＋”成为席卷未来产业改革的浪潮

“互联网＋”主要是指互联网与各产业融合创新，在技术、标准、政策等多个方面实现互联网与传统行业的充分对接，并加强互联网相关基础设施的建立。2015 年 3 月 5 日，第十二届全国人民代表大会第三次会议在人民大会堂举行开幕会，李克强总理提出制定“互联网＋”行动计划。2015 年 7 月，国务院印发《关于积极推进“互联网＋”行动的指导意见》。

个人电脑互联网、无线互联网、物联网等，都是互联网在不同阶段、不同侧面的一种提法。未来“连接一切”时代还有很多的想象空间。当然“互联网＋”不仅是连接一切的网络或将这些技术应用于各个传统行业。除了无所不在的网络（泛在网络），还有无所不在的计算（普适计算）、无所不在的数据、无所不在的知识，一起形成和推进了新一代信息技术的发展，推动了无所不在的创新（创新民主化），催生了以用户创新、开放创新、大众创新、协同创新为特点的面向知识社会的创新 2.0。正是新一代信息技术与创新 2.0 的互动和演进，改变着我们的生产、工作、生活方式，并给当今中国经济社会的发展带来了无限的机遇。

李克强总理在政府工作报告中提出的“互联网＋”概念是以信息经济为主流经济模式，体现了知识社会创新 2.0 与新一代信息技术的发展与重塑。可以说，习近平总书记提出的“新常态”是信息经济发展的起步，依托信息经济发展实现经济的转型和增长从要素驱动向创新驱动的转变，而以“互联网＋”为载体的知识社会创新 2.0 模式是创新驱动的最佳选择。“互联网＋”不仅意味着新一代信息技术发展演进的新形态，也意味着面向知识社会创新 2.0 逐步形成演进、经济社会转型发展的新机遇，推动开放创新、大众创业、万众创新，推动中国经济走上创新驱动发展的“新常态”。

随着互联网向传统产业的渗透，信息产业和各个垂直行业的“跨界融合”也在不断升温。这一互通互融的态势正催生着更多的创新点，带动传统制造业生产方式的新变革，并终将改变现有的产业发展模式。从宏观视角观察，中国整体尚处在工业化社会。不过，基于互联网、大数据带来的新经济发展方式已经深刻颠覆了传统工业社会的发展模式。随着互联网与传统产业的融合，产业结构现状将得到改变，传统产业的创新附加值也将被激发出来。目前，传统企业的互联网融合之路已悄然进行，互联网已逐步对上游的设计、制造环节产生了影响，并正在加快向企业研发环节渗透，制造服务化、个性化定制、众包设计等模式不断涌现。

农业作为重要的传统产业，也逐步融入到“互联网＋”的大环境中。目前，依靠“互联网＋”带动传统农业升级更是农业产业改革的热点。“互联网＋农业”是充分利用移动互联网、大数据、云计算、物联网等新一代信息技术与农业的跨界融合，创造基于互联网平台的现代农业新产品、新模式与新业态。目前，“互联网＋农业”模式早已对农资领域有所涉及并逐步壮大，且在农业服务领域也大有可为。2015 年 7 月，由财政部门中国农业产业发展基金和农业部现代种业发展基金联合东方资产管理公司、北京京粮鑫牛润瀛股权投资基金、江苏谷丰农业投资基金及中国复合肥领导品牌金正大公司共同组建的“农商 1 号”正式上线，能够实现“农户轻点鼠标放心农资直送到家”，同时也能请潜力专家为作物“看病”①。在农业现代化建设方面，“互联网＋”助力职能农业和农村信息服务大幅提升。一方面，“互联网＋”促进专业化分工、提高组织化程度、降低交易成本、优化资源配置、提高劳动生产率等，正成为打破小农经济制约我国农业农村现代化枷锁的利器；另一方面，“互联网＋”通过便利化、实时化、感知化、物联化、智能化等手段，为农地确权、农技推广、农村金融、农村管理等提供精确、动态、科学的全方位信息服务，正成为现代农业跨越式发展的新引擎。“互联网＋农业”是一种革命性的产业模式创新，对农业现代化影响深远。

此外，在农产品流通领域，“互联网＋农业”模式更是有着重要的意义和巨大的潜力，“众筹”模式就是为克服农村弱势群体创业过程中创业资金和流通难题而打造的，通过农业预售和个性化定制，在很大程度上克服了传统农业流通环节烦琐、效率低、损耗严重的缺点，同时也建立起了农业生产消费双方互动的平台，促进了信息对称。生鲜电商获资本青睐，各大电商平台积极布局。2014 年年底阿里巴巴集团投资了生鲜电商易果网，天猫超市未来生鲜商品配送将主要由易果生鲜自建的物流完成，京东联合多家投资机构，领投天天果园 7000 万美元。此外，顺丰优选、我买网、1 号店等几

① 佚名．互联网＋农业：信息技术与农业的跨界融合［N］．北京青年报，2015－06－30（T08）．

乎所有的电商平台都逐步开展了对生鲜农产品的产品布局。

三、区域背景

（一）长三角地区依然是我国经济发展的增长极

传统的长江三角洲地区（以下简称“长三角地区”）是指上海市、江苏省、浙江省这两省一市。改革开放以来，长三角地区锐意进取，开拓创新，实现了经济社会发展的历史性跨越，已经成为提升国家综合实力和国际竞争力、带动全国经济又好又快发展的重要引擎。目前，长三角地区已成为中国第一大经济区、中央定位综合实力最强的经济中心、亚太地区重要国际门户、全球重要的先进制造业基地。

然而，在新形势下，长三角地区发展面临巨大挑战。首先，复杂多变的国际环境对长三角经济模式产生冲击。现阶段全球经济增长低迷，发达国家经济复苏缓慢及国际大宗商品价格下跌、人民币升值等因素对中国外贸产生负面冲击。对外贸易作为现阶段长三角经济增长的主引擎，受国际环境的影响更为明显。尤其是在对外贸易模式依旧没有太多改变的现今，现有国际环境的变化趋势显然不利于长三角地区经济的可持续性。其次，调整和演变的国内区域经济格局对长三角增长极提出挑战①。伴随着国家对区域整体发展要求的提高，国内已着力打造培育如京津冀一体化、环渤海一体化等多个新的区域经济增长极。此外，伴随着国内产业结构雷同问题的日益突出，长三角地区的增长极地位受到挑战。最后，区域分工与产业结构不合理影响了长三角地区自身可持续发展。目前，长三角内部各城市发展定位和分工不够合理，区域整体优势尚未充分发挥；交通、能源、通信等重大基础设施还没有形成有效的配套与衔接，促进要素合理流动的制度环境和市场体系有待完善；产业层次不高，现代服务业发展相

① 张伟斌．2014 全面深化改革中的长三角［M］．北京：社会科学文献出版社，2014.

对滞后，产业水平和服务功能有待提高；外贸依存度偏高，贸易结构还需优化；自主创新能力不够强，国际竞争力尚须提高；土地、资源匮乏，资源环境约束日益明显；社会事业发展不平衡，城乡公共服务水平还有较大差距；行政管理、社会管理体制等方面改革还不到位，改革攻坚的任务仍然繁重。

在认识到以上国内外挑战和自身发展问题的同时，依然不能忽视长三角地区作为重要增长极的事实。尽管最近两年来长三角地区经济增长速度有所下滑、全国占比略微减少、经济转型面临挑战，然而，长三角地区依旧是国内产业结构优化、经济结构调整最领先的地区，长三角的发展现状依旧是国内大多数地区未来若干年发展的目标。初步核算，长三角 2014 年国内生产总值达 128803. 24 亿元。其中，江苏全省实现生产总值 65088. 3 亿元，按可比价格计算，比上年增长 8. 7%。人均生产总值 81874 元，比上年增长 8. 4%。浙江全省生产总值达 40145 亿元，比上年增长 7. 6%。人均 GDP 为 72967 元（按年平均汇率折算为 11878 美元），增长 7. 3%。上海市全年实现生产总值（GDP）23560. 94 亿元，按可比价格计算，比上年增长 7. 0%。按常住人口计算的上海市人均生产总值为 9. 73 万元。此外，现阶段的长三角经济发展依然存在两大利好。其一，伴随着在国家“一带一路”战略及上海自贸区建设的不断完善，长三角同样将迎来新的发展机遇，其作为我国经济发展增长极的作用也会愈加突出。其二，截至 2012 年，安徽全省也通过了合作框架协议，成为长三角的重要组成部分，伴随着长三角地区城市协作体系的不断拓展和高铁网络的形成及长三角一体化的继续完善，新的协作体系也给长三角未来发展带来新的机遇。由此可知，长三角地区无论从经济总量和结构，还是从发展机遇方面，依然存在巨大空间，从现在到未来的一段时期内，仍然是不能忽视的经济增长极。

（二）国家“两带一路”建设和上海自贸区建设将为长三角地区发展注入新的活力

长三角地区作为我国经济最发达的地区之一，其经济增长始终走在全国的前列。纵观长三角地区经济社会崛起的历史，不能不说与国家经济政策改革及自身对政策的把握有着巨大关系。从 1978 年改革开放伊始对乡镇企业的重点发展到 1992 年邓小平南方谈话后逐步走上开放型经济道路，无一不是长三角经济保持巨大活力的重要原因。

目前，国家正大力推进的“两带一路”建设和上海自贸区建设，无疑是给长三角发展带来的新机遇和新利好。“两带一路”是指长江经济带、丝绸之路经济带和21世纪海上丝绸之路的统称；上海自贸区建设则是政府在上海设置的区域性自由贸易实验区。长三角地区则处于三大国家战略的交叉点，面临前所未有的新机遇。

“两带一路”战略打造长三角地区合作新格局。长江经济带东起上海、西至云南，涉及上海、重庆、江苏、湖北、浙江、四川、湖南、江西、安徽、贵州11个省市。2014年4月28日，国务院总理李克强在重庆主持召开座谈会，研究依托黄金水道建设长江经济带，为中国经济持续发展提供重要支撑。在长江经济带的战略定位中多次提及长三角地区：长三角城市群是重要依托之一；做大上海这一航运中心；促进“两头”开发开放，即上海及中巴（巴基斯坦）、中印缅经济走廊等。因此，长江经济带建设给予了长三角地区以长江沿线为轴心更广阔的发挥空间。长江经济带能够凸显各城市区位优势和枢纽功能，实现各重点区位的辐射和互通作用，通过互通有无实现资源优化配置，带动沿江各省市加快发展。对长三角地区而言，沿江上游城市的存在有利于推进区域产业分工，以合作促进本地区产业转移和沿江城市的产业承接，一方面实现长江三角洲地区沿黄金水道发挥辐射作用，另一方面为区域内产业升级与转移提供巨大空间。目前，在长江经济带这个宏观战略中，长三角与长江中游城市群、成渝经济区等沿江区域可以进行的合作主要包括能源网络、航运物流等基础设施的建设，同时长三角产业外移外迁将是出于东、中、西部三地区域发展的共同需求。“一带一路”作为国家级战略，其对长三角地区的影响则更为深远。日前，国家发展改革委、外交部、商务部联合发布了《推动共建丝绸之路经济带和21世纪海上丝绸之路的愿景与行动》（以下简称《愿景与行动》），这让火热的“一带一路”继续升温。《愿景与行动》明确提及了上海和长三角多地，要求利用“开放程度高、经济实力强、辐射带动作用大”的优势，成为“一带一路”建设的排头兵和主力军。长三角作为我国重要的粮食主销区，地少人多是其主要特征。在“一带一路”大背景下，如何利用好沿线国家农业生产资源，保障区域粮食安全也是长三角粮食安全保障面临的新格局与新机遇。

上海自贸区建设深化长三角地区贸易规则。上海自贸区坐落于上海，但辐射整个长三角。自贸区建设的实质是根据本国（地区）法律法规在本国（地区）境内设立的区域性经济特区，对长三角地区具有政策示范作用、辐射带动作用和促进改革作用。上海自贸区建设的核心内容在于制度创新，而不是挖掘“政策洼地”。制度创新的核心在于政府职能转变，营造国际化、法治化的营商环境。目前自贸区出台的多项措施都能升格为地方性法规，因此对长三角地区的政策示范作用不可忽视；上海自贸区的辐射带动作用是自贸区对长三角发展的又一重大利好。上海自贸区是上海“四个中心”建设的主要内容，上海国际经济中心、国际贸易中心、国际金融中心及国际航运中心的定位，将对邻近的长三角地区产生辐射，推动长三角区域分工和联动发展，形成积极的扩散效应。上海自贸区的另一大功能是以开放促改革，中央赋予上海自贸区的种种突破性政策，对整个长三角地区资源产生直接的虹吸效应，导致地区之间资源的流动和竞争，对长三角地区来说也是一种压力。面对上海享受自贸区建设带来的政策领先优势，长三角地区的经济体必须在涉外经济体制机制方面及时跟进创新，进而推动开放型经济全面升级。因此，上海自贸区建设会倒逼长三角地区打造更好的金融政策环境、生态环境，促进其进一步加快改革，创造新的发展机会，发挥出毗邻上海金融国际中心所带来的正面辐射作用①。

（三）长三角地区粮食产业发展具有重要的示范作用

长三角地区是全国粮食供求关系最突出、需求最集中的地区之一，也是粮食产销、粮食流通最为活跃的地区之一，对我国乃至世界粮食流通与市场格局均有重要影响。长三角作为我国重要的经济增长极，其模式往往成为其他地区未来的发展方向②。此外，目前国内多地积极投入一体化战略中，长三角地区作为相对成熟的一体化区域，其粮食产业发展也对国内新兴一体化区域有重要的借鉴意义。因此，从该意义上说，现阶段长三角地区粮食产业的发展代表着未来其他地区粮食产业的发展方向。长三角作为重要的经济中心和一体化中心，其粮食产业的发展及变化，能够为其他地区未来粮食产业发展及粮食安全保障发挥示范作用。

长三角地区由于资源禀赋优越，长期以来一直是我国最重要的“粮仓”。然而，伴随着人口增长和土地水资源被大量占用，长三角地区的“粮仓”地位已不存在。从国内大多数地区的发展趋势看，由经济发展导致粮食生产能力降低似乎是一种趋势。长三角地区粮食生产与自给现状的演变，是部分产粮区在一定时期内粮食发展的未来。

① 刘志彪，吴福象等．中国长三角区域发展报告（2012）［M］．北京：中国人民大学出版社，2013.

② 张伟斌．2014 年全面深化改革中的长三角［M］．北京：社会科学文献出版社，2014.

为应对经济发展中的粮食生产问题，长三角开展了大量相关工作。

首先，加大内部粮食供给区域合作。从长三角内部粮食生产看，江苏省作为东南沿海口粮自给有余的两个省份之一，是粮食主产区，也是粮食流通大省。而上海和浙江的粮食自给率分别只有10%和30%，是典型的粮食主销区。由于苏沪浙地区铁路、公路、水路运输高效便捷，粮食物流成本低，近年来，江苏每年销往上海、浙江两地的粮食分别在300万吨左右。2014年，上海60%的粳米是由江苏输入，江苏粳米已成上海人最喜欢、最习惯的大米。此外，浙江大米市场中50%以上的份额也来自江苏。如今，随着又一产粮大省安徽省的加入，长三角内部粮食生产和供应基地实力更为雄厚，有助于加强长三角内部粮食间的产销合作，给长三角实现区域粮食安全提供了更多可能途径。

其次，积极与国内产粮大省合作，签订粮食贸易协议。尽管长三角内部能够实现部分粮食调剂需要，但总体来说，长三角地区依然有一定的粮食供给缺口，需要与其他产粮大省合作来保障粮食平稳供给。目前，东北作为国内最大的粮食生产基地，与长三角地区的粮食合作日益紧密。其中，上海市、江苏省、浙江省分别与黑龙江在2007年、2006年、2000年建立了粮食产销合作关系；此外，长三角地区和周边其他省份间粮食协作互助也逐渐展开。如浙江省与湖北省的粮食协议等。

最后，积极开展“飞地计划”，向其他地区要粮食。除粮食直接输出外，长三角内部缺粮地区积极开展“飞地计划”。所谓“飞地”，就是一个单位所有的、与其成片土地相分离而坐落在其他单位范围内的土地。从1950年以来，上海先后在大丰设立了上海、海丰、川东3个市属国营农场。其中上海农场、川东农场隶属于上海市劳改局，海丰农场隶属于上海光明食品集团。一直以来，大丰的3个农场都是上海市重要的粮食生产基地与规模化畜禽生产基地，生产和供应上海市12%的优质大米、8%的瘦肉型生猪、3%的淡水产品，并提供超过50%的优质蔬菜。此外，伴随着长三角一体化进程的加快，上海光明集团计划在安徽多地进一步建立生产基地，为上海粮食平稳供应提供保障。

第二章　长三角地区粮食安全的评价指标体系与方法

一、长三角地区粮食安全的内涵

（一）长三角地区的界定

1982 年 12 月，国务院决定成立以上海为中心的上海经济区，这也是长三角的最初雏形，范围包括上海、苏州、无锡、常州、南通、杭州、嘉兴、湖州、宁波、绍兴 10 市。1984 年 12 月，安徽省成为经济区成员。1986 年 7 月，江西、福建先后加入上海经济区。由于经济体制和运行机制未能创新改革，上海经济区地域范围上的盲目扩大导致经济区和行政区的利益矛盾冲突难以解决。1988 年 6 月，上海经济区停止运行。虽然上海经济区停止运行，但由于区域内部的联合需要，长三角仍有地方的活动组织。1992 年，在最初由 10 个城市组成的上海经济区的基础上，南京、扬州、镇江、舟山 4 个城市加入，成立了长三角 14 城市经济协调委（办）主任联席会。1997 年，泰州加入。2003 年，台州加入，长三角成员城市扩大到 16 个。2007 年 5 月，国务院总理温家宝在上海举行长三角经济社会发展专题座谈会，同月签署《长三角区域大通关建设协作备忘录》。2008 年 9 月，国务院颁发《进一步推进长江三角洲地区改革开放和经济社会发展的指导意见》，正式将“长江三角洲地区”明确为上海、江苏和浙江一市两省。

此后，国家发改委公布了《长三角（16+9）城市十年规划》，提出泛长三角概念，主要是指长三角周边的安徽省。2010年，《长江三角洲地区区域》正式颁布，从国家层面明确了长三角地区应成为亚太重要国际门户、世界级城市群的发展战略定位，规划以上海、南京、苏州、无锡、常州、镇江、扬州、南通、泰州、杭州、宁波、湖州、嘉兴、绍兴、舟山、台州16个城市为核心区，统筹两省一市发展，辐射泛长三角地区。本书所指的长三角地区，即上海、江苏、浙江、安徽一市三省。

（二）粮食安全的含义

国际社会所使用的“食物安全”，在我国常被称作粮食安全或广义的粮食安全①。1974年，联合国粮农组织将粮食安全定义为“保证任何人在任何地方都能得到为了生存与健康所需要的足够食物”。1983年，联合国粮农组织进一步提出，粮食安全是“确保所有人在任何时候既能买得到又能买得起所需要的任何食物”。随着全球经济发展以及人们收入水平的提高，1992年国际营养大会将粮食安全界定为“在任何时候任何人都可以获得安全营养的食品来维持健康能动的生活”。1996年，第二次世界粮食首脑会议拓展了粮食安全的内涵，将其定义为“确保所有人在任何时候都能在物质上和经济上获得足够、安全和富有营养的粮食来满足积极和健康生活的膳食需要和对食物的喜好”。至此，粮食安全的内涵除了稳定粮食供给、提高居民的粮食购买能力之外，新增了粮食质量安全和营养健康的内容。

（三）长三角地区粮食安全的内涵

确保长三角地区粮食安全，从个人和家庭的微观层面看，是要确保长三角地区的所有居民在任何时候都能在物质和经济上获得足够、安全和富有营养的粮食来满足积极和健康生活的膳食需要和对食物的喜好；从区域层面看，是要不断改善长三角地区的粮食流通条件，促进长三角地区的粮食市场一体化，从而解决资源空间分布不均所带来的区域粮食安全问题，缓解局部地区自然灾害对粮食供需平衡所造成的冲击。

① 黄季焜，杨军，仇焕广．新时期国家粮食安全战略和政策的思考［J］．农业经济问题，2012（3）．

二、长三角地区粮食安全的评价指标体系

（一）长三角地区粮食安全评价指标体系的设置

指标体系是反映经济社会状况的量化工具，评价长三角地区粮食安全水平有赖于准确、科学、实用的长三角地区粮食安全评价指标体系的建立，其关键在于评价指标的选择，必须遵循科学的构建原则。

1. 科学性原则

建立长三角地区粮食安全评价指标体系，是为客观评价长三角地区的粮食安全水平。因此，指标选择应具有典型代表性，并能客观真实地反映粮食安全的内涵以及各指标间的相互关系。

2. 可操作性原则

建立指标体系的最终目的是要进行有效的应用分析。因此，选取的指标必须具有可度量性，即各个指标必须概念明确，对其内涵能够给予定量描述，并进行定量分析；同时，指标必须具有可及性，即各个指标需具备相应的数据支持，尽可能选择在公开的统计报表中可获取资料的指标。

3. 动态性原则

粮食安全水平需要长期监测，因此，选取的指标必须动态化，要有利于进行长期的比较和分析，即各个指标须具有长期存在的意义。

依据上述指标体系的相关设置原则，综合粮食供求特征、粮食市场波动及形成机理，本书设置长三角地区粮食安全评价指标体系包含 3 个二级指标，每个二级指标包含 3 个三级指标，共计 9 个三级指标。具体指标设置如表 1－2－1 所示：

表1-2-1 长三角地区粮食安全评价指标体系

一级指标	二级指标	三级指标
长三角地区粮食安全总指数	粮食供给安全指数	粮食产量变化率
		净进口变化率
		粮食自给率
	粮食流通安全指数	粮油加工企业加工能力
		粮食仓储企业仓储能力
		市场价格变动率
	粮食消费安全指数	人口规模变动率
		粮食质量安全系数
		低收入人群相对收入

（二）长三角地区粮食安全评价指标的含义和计算方法

长三角地区粮食安全评价指标体系中各指标的含义和计算方法说明如下：

1. 粮食产量变化率

因气候变化、政策变动等因素影响会导致年际间粮食产量呈现出一定的波动性变化，其波动的程度即为变化率。计算方法如下：

$$V_t = \frac{Y_t - \hat{Y}}{\hat{Y}} \times 100\% \qquad (2-1)$$

其中，V_t 表示某地区第 t 年的粮食产量变化率；Y_t 表示某地区第 t 年的粮食总产量；$\hat{Y}$ 表示某地区第 t 年的趋势产量，反映的是粮食产量随着时间推移而应表现出的一种稳定的波动趋势。

2. 粮食净进口变化率

反映粮食供给中净进口的变化情况。计算方法如下：

$$NI_t = \frac{(IM_t - EX_t) - (IM_{t-1} - EX_{t-1})}{IM_{t-1} - EX_{t-1}} \times 100\% \qquad (2-2)$$

其中，NI_t 表示某地区第 t 年的粮食净进口变化率；IM_t 表示某地区第 t 年的粮食进口量；EX_t 表示某地区第 t 年的粮食出口量；IM_{t-1}、EX_{t-1} 分别表示某地区上一年的粮食进口量、出口量。为增强该指标的可及性，采取国有粮食企业粮食进口原粮数量以及出口原粮数量来反映粮食净进口情况。

3. 粮食自给率

反映某地区消费的粮食产品中由本地区所生产的比率。计算方法如下：

$$S_t = \frac{AF_t}{400} \times 100\% = \frac{Y_t}{Pop_t}/400 \times 100\% \tag{2-3}$$

其中，S_t 表示某地区第 t 年的粮食自给率；AF_t 表示某地区第 t 年的人均粮食产量；400 表示人均年粮食消费量为 400 千克；Y_t 表示某地区第 t 年的粮食产量；Pop_t 表示某地区第 t 年的常住人口数量。由于地区的粮食消费量数据较难获取，因此研究采取本地人均年粮食产量与安全的粮食自给率水平下人均年粮食消费量（400 千克）的比值来衡量地区的粮食自给率。

4. 粮油加工企业加工能力

反映某地区粮食加工能力。计算方法如下：

$$Pr_t = \frac{PR_t + PW_t}{Pop_t} \times 100\% \tag{2-4}$$

考虑到粮食加工能力应与当地人口的粮食消费量相适应，因此采取粮油加工企业加工粮食数量与当地常住人口的比值来衡量粮食加工能力。其中，Pr_t 表示某地区粮食加工能力；PR_t 表示第 t 年粮油加工企业加工大米的产量；PW_t 表示第 t 年粮油加工企业加工小麦粉的产量；Pop_t 表示某地区第 t 年的常住人口数量。

5. 粮食仓储企业仓储能力

反映某地区粮食仓储企业的仓储能力。计算方法如下：

$$R_t = \frac{\sum N_{it} \times SC_{it}}{0.5 \times 180 \times Pop_t} \times 100\% \tag{2-5}$$

其中，R_t 表示某地区第 t 年粮食仓储企业的仓储能力；N_{it} 表示某地区第 t 年各种规模的仓储设施数量；SC_{it} 表示仓储设施的规模；Pop_t 表示某地区第 t 年的常住人口数量；0.5 表示人均消费原粮 0.5 公斤/天。按规定，销区存粮应达到 6 个月的消费量。本书中，上海、浙江为销区，江苏为产销平衡区，安徽为产区。此外，研究中获取的地区粮食仓储企业规模数据为区间数值，为增强数据可及性，取区间数值的中间数，以此来计算粮食仓储企业的仓储能力。

6. 粮食市场价格变动率

反映某地区粮食的市场价格波动状况。计算方法如下：

$$P_t = \frac{FCPI_t - FCPI_{t-1}}{FCPI_{t-1}} \times 100\% \tag{2-6}$$

其中，P_t 表示某地区第 t 年粮食市场价格变动率；$FCPI_t$ 表示某地区第 t 年的粮食消费价格指数；$FCPI_{t-1}$ 表示某地区上一年的粮食消费价格指数。

7. 人口规模变动率

反映某地区常住人口的变动情况。计算方法如下：

$$Pl_t = \frac{POp_t - POp_{t-1}}{POp_{t-1}} \times 100\% \tag{2-7}$$

其中，Pl_t 表示某地区第 t 年人口规模变动率；Pop_t 表示某地区第 t 年的常住人口数量；Pop_{t-1} 表示某地区上一年的常住人口数量。

8. 粮食质量安全系数

反映某地区的粮食质量安全水平。为统一各地区的粮食质量安全系数的统计口径，增强数据可比性，统一采用中央储备粮的质量合格率指标来衡量各地区的粮食质量安全水平。

9. 低收入人群相对收入

反映某地区低收入人群的粮食购买能力。《中国统计年鉴》、《江苏统计年鉴》、《安徽统计年鉴》将所有调查户按户人均可支配收入由低到高排队，按 10%、10%、20%、20%、20%、10%、10% 的比例依次分成：最低收入户、低收入户、中等偏下收入户、中等收入户、中等偏上收入户、高收入户、最高收入户七组；《上海统计年鉴》、《浙江统计年鉴》将所有调查户按户人均可支配收入由低到高排队，依次分为：低收入、中低收入、中等收入、中高收入、高收入五组。本书统一将 20% 的低收入调查户称为低收入人群。具体计算方法为：

$$c_t = \frac{GC_t}{IP_t} \tag{2-8}$$

其中，c_t 表示低收入人群相对收入；GC_t 表示某地区第 t 年低收入城镇居民可支配收入；IP_t 表示某地区第 t 年省人均可支配收入。

（三）长三角地区粮食安全评价指标体系的权重设定

1. 权重确定方法

选择科学合理的指标是客观评价长三角地区粮食安全水平的重要前提，而各项指标的权重系数的确定是影响综合评价结果可靠性的又一重要环节。因为多指标综合评价的基本思想是将多目标决策结果值进行量化，即应用一定方法将各指标的实际值转换为一个综合值。指标的权重反映了评价过程中各项指标的不同重要程度，是评价长三角地区粮食安全水平中指标相对重要程度的一种主观评价和客观反映的综合度量。

确定权重的方法较多，按照确定权重时原始数据的来源及计算过程的不同，可分为主观赋权评价法、客观赋权评价法以及组合赋权法三大类。主观赋权评价法采取定性的方法，由专家依据经验进行主观判断而得到权重，再对指标进行综合评价，如层次分析法、综合评分法、模糊评级法、指数加权法、功效系数法等。客观赋权评价法根据历史数据找出指标之间的相关关系或各项指标的变异系数确定权重，如熵值法、主成分分析法、变异系数法、灰色关联分析法、神经网络分析法等。组合赋权法是将各种方法得出的权重进行组合，方法主要有乘法合成和线性加权组合。主观赋权评价法取决于专家的知识结构和经验阅历，具有一定的随意性，权重的可靠性往往受到不同程度的质疑。而客观赋权评价法需要充分的样本数据和实际的问题域，计算方法也较为复杂，导致其通用性和可操作性差，并且无法体现评价者对不同属性指标的重视程度，往往出现确定的权重与指标的实际重要程度相差较大的情况。由此可见，无论是主观赋权评价法还是客观赋权评价法，在确定各项指标的重要程度时均存在一定缺陷。具体采用何种方法应综合考虑评价对象、评价目标以及实际数据的可获性来确定。本书采取主观赋权评价法中常见的德尔菲法来分配权重。

2. 德尔菲法简介及应用

德尔菲法，又称专家意见法或专家函询调查法。20 世纪 40 年代，赫尔墨和戈登首创德尔菲法。1946 年，美国兰德公司为克服集体讨论中通常存在的屈从于权威或盲目服从多数的缺陷，首次使用德尔菲法进行定性预测。德尔菲法最初产生于科技领域，后来获得广泛认可，逐渐被应用于各种领域的预测，如军事预测、人口预测、医疗保健预测、经营和需求预测、教育预测等。

德尔菲法是由调查者拟定调查表，按照既定程序，以函件的方式分别将所需评价问题单独发送给专家组成员，征询意见，然后回收汇总全部专家组成员的意见，整理出综合意见。随后将综合意见和预测问题再分别反馈给专家组成员，再次征询意见，专家根据综合意见修改自己原有的意见，再回收汇总。如此反复，经过几轮反复征询和反馈，使专家组成员的意见逐步趋于集中，最后获得具有较高准确率、与实际较为接近的集体判断结果。由此可见，德尔菲法是一种利用函件征询形式进行的集体匿名思想交流过程，其主要特点可以概括为：①匿名性。所有专家组成员不直接见面，并且专家彼此互不知晓其他哪些人参评，只是通过函件间接交流，从而消除权威的影响。这是德尔菲法极其重要的特点。后来改进的德尔菲法允许专家开会进行专题讨论。②反馈性。德尔菲法需要2~4轮的信息反馈，专家需要根据综合意见修正自己的意见，最后使得综合意见趋同，评价结果也更为可靠。综上，德尔菲法简便易行，既可以避免集体讨论中的屈从权威或盲目少数服从多数，又可以较快地汇集专家组成员意见，反复征询和反馈的做法也使参加者更易接受结论。

本书应用德尔菲法确定权重的具体步骤分为：①选择从事粮食实践工作和研究工作3年以上，熟悉粮食行业的专家15名，组成专家小组。②进行第一轮专家咨询。将待定权重系数的长三角粮食安全评价指标体系以及确定权重系数的规则以邮件的形式发给各位专家，请专家独立给出各指标的评价因素，包括评价等级、判断依据和熟悉程度、量化表值（见表1-2-2），确定指标权重系数。③回收第一轮专家评分结果，计算长三角粮食安全评价指标权重系数的统计分析结果。④将第一轮专家评分计算结果反馈给专家组成员，让各位专家在第一轮综合意见的基础上修改自己的意见，重新确定权重系数。⑤重复上述步骤③和步骤④，直至各位专家意见基本趋于一致，最终计算出长三角粮食安全评价指标的权重系数。

表1-2-2 评价因素量化表

评价等级	量化值	判断依据	量化值	熟悉程度	量化值
很重要	10	实践经验	0.8	很熟悉	1.0
重要	8	理论分析	0.6	熟悉	0.8
比较重要	6	同行了解	0.4	比较熟悉	0.4

续表

评价等级	量化值	判断依据	量化值	熟悉程度	量化值
一般重要	4	直觉	0.2	不太熟悉	0.2
不太重要	2			不熟悉	0

应用德尔菲法，专家权威与否对评价的可靠性有较大的影响，因而在处理评价结果时，需考虑专家对某一评价指标的权威程度，可以通过专家权威程度 C_R 的统计分析函数来计算。C_R 越大，专家权威程度越高。C_R 一般由两个因素共同决定，一个是专家判断的依据 C_a，另一个是专家对该指标的熟悉程度 C_s。其计算公式为：

$$C_R = \frac{C_a + C_s}{2} \tag{2-9}$$

其中，C_R 表示专家对某一指标的权威程度；C_a 表示专家对某一指标的判断依据；C_s 表示专家对某一指标的熟悉程度。

根据专家权威程度 C_R，以及专家对指标的评分值，可以计算专家评分的集中程度。计算公式如下：

$$\overline{C_i} = \frac{1}{n}\sum_{1}^{n} C_R C_{ij} \tag{2-10}$$

其中，$\overline{C_i}$ 表示指标 i 的加权算术平均值；n 表示专家人数；C_{ij} 表示专家 n 对指标 i 的评分值。

本书将运用德尔菲法确定的长三角地区粮食安全指标权重及统计分析结果汇总于表1－2－3。参加本次咨询的专家权威程度仅极个别指标低于0.5，90%以上指标的权威程度都高于0.5，表明专家权威程度相对较高。从变异系数来看，9个指标的变异系数绝大多数均小于0.5，表明专家打分的协调性较高，权重设置是较为可靠的。

表1－2－3 德尔菲法确定的指标权重系数

序号	指标名称	加权平均分	标准差	变异系数	权重系数
A 粮食供给安全指数					
A－01	粮食产量变化率	4.8571	1.7155	0.3532	14
A－02	净进口变化率	3.3143	1.7082	0.5154	10
A－03	粮食自给率	3.4857	1.7392	0.4989	10
B 粮食流通安全指数					

续表

序号	指标名称	加权平均分	标准差	变异系数	权重系数
B-01	粮油加工企业加工能力	3.2571	1.5736	0.4831	10
B-02	粮食仓储企业仓储能力	3.6857	2.5242	0.6849	11
B-03	市场价格变动率	3.8857	1.9039	0.4900	12
C 粮食消费安全指数					
C-01	人口规模变动率	4.7714	1.6987	0.3560	14
C-02	粮食质量安全系数	3.3143	1.5614	0.4711	10
C-03	低收入人群相对收入	3.1429	1.2791	0.4070	9

三、评价长三角地区粮食安全的方法

（一）基本原理与步骤

1. 基本原理

本书采用多指标综合评价方法来评价长三角地区粮食安全水平。多指标综合评价方法是根据研究对象及评价目标，选择多个指标或因素，采取相应的评价形式，通过一定的评价方法，综合所有指标或因素，将其转化为能反映评价对象总体特征的信息，从而得到长三角地区粮食安全水平总体评价的总分值。多指标综合评价的评价过程不是逐个指标顺次完成的，而是通过某些方法使多个指标的评价同时完成。在评价过程中，需要根据指标的重要性，即各指标的权重进行加权处理，因此得出的评价结果也不再是具有具体含义的统计指标，而是以指数或分值表示长三角地区粮食安全水平的排序。

2. 基本步骤

多指标综合评价方法通常按照以下几个步骤进行：

（1）选取指标，建立多指标综合评价指标体系，这是评价的基础。

（2）收集数据，并对不同计量单位的指标数据进行同度量处理。本书对指标进行无量纲化和正向化处理。

（3）确定指标体系中各指标的权重。

（4）对处理后的指标值进行汇总，计算出长三角地区及上海、江苏、浙江、安徽三省一市的粮食安全水平分值。

（5）对评价结果进行分析，找出目前长三角地区粮食安全保障中存在的问题与不足，从而提出相应的对策建议。

（二）综合评价指数计算

综合评价方法中指标值的计算方法较多，本书采用线性加权求和法来计算长三角地区以及上海、江苏、浙江、安徽三省一市的粮食安全水平的综合指数，公式如下：

$$E_j = \sum_{i=1}^{12} E_{ij} W_i \qquad (2-11)$$

其中，E_j 表示 j 年某地区粮食安全水平综合指数；E_{ij} 表示 j 年所对应的第 i 个指标进行无量纲化处理后的值；W_i 表示第 i 个指标的权重。

（三）数据来源与处理方法

1. 数据来源

长三角地区粮食安全水平指标体系指标值的获取涉及多个部门。本书评价年限为 2009～2013 年。其中，粮食供给层面，粮食产量数据来源于三省一市粮食局，粮食进出口数据来源于历年《中国粮食年鉴》；粮食流通方面，粮油加工企业加工粮食数量、粮食仓储企业仓储量数据来源于历年《中国粮食年鉴》，粮食消费价格指数数据来源于历年《上海统计年鉴》、《江苏统计年鉴》、《浙江统计年鉴》、《安徽统计年鉴》；粮食消费层面，常住人口、城镇居民低收入人群可支配收入以及省人均可支配收入数据来源于历年《上海统计年鉴》、《江苏统计年鉴》、《浙江统计年鉴》、《安徽统计年鉴》，粮食质量安全系数来源于历年《中国粮食年鉴》。

表 1-2-4、表 1-2-5、表 1-2-6、表 1-2-7、表 1-2-8、表 1-2-9 分别

给出了全国、长三角地区、上海、江苏、浙江、安徽粮食安全指标的数据统计特征量。

表1-2-4 全国粮食安全指标的数据统计特征量

二级指标	三级指标	最大值	最小值	平均值	标准差
A粮食供给安全指数	粮食产量变化率	0.1202	0.0351	0.0729	0.0314
	净进口变化率	0.6170	0.0632	0.2481	0.2549
	粮食自给率	1.3732	0.1493	1.0977	0.5312
B粮食流通安全指数	粮油加工企业加工能力	0.1421	0.0843	0.1196	0.0231
	粮食仓储企业仓储能力	3.9166	3.2805	3.5823	0.2614
	市场价格变动率	0.0587	-0.0731	-0.0036	0.0473
C粮食消费安全指数	人口规模变动率	0.0070	-0.0284	-0.0034	0.0143
	粮食质量安全系数	0.9960	0.9800	0.9856	0.0061
	低收入人群相对收入	0.4320	0.3916	0.4092	0.0169

表1-2-5 长三角地区粮食安全指标的数据统计特征量

二级指标	三级指标	最大值	最小值	平均值	标准差
A粮食供给安全指数	粮食产量变化率	0.0887	0.0331	0.0513	0.0221
	净进口变化率	0.2768	-0.7024	-0.0514	0.3833
	粮食自给率	0.8955	0.8628	0.8781	0.0157
B粮食流通安全指数	粮油加工企业加工能力	0.8719	0.4930	0.6808	0.1622
	粮食仓储企业仓储能力	25.1483	20.9787	22.9793	1.6987
	市场价格变动率	0.0753	-0.0901	-0.0037	0.0587
C粮食消费安全指数	人口规模变动率	0.0068	0.0004	0.0046	0.0025
	粮食质量安全系数	1.0000	0.9650	0.9868	0.0139
	低收入人群相对收入	0.4602	0.4268	0.4401	0.0128

表1-2-6 上海粮食安全指标的数据统计特征量

二级指标	三级指标	最大值	最小值	平均值	标准差
A粮食供给安全指数	粮食产量变化率	0.3109	0.0152	0.1116	0.1171
	净进口变化率	1.0462	-0.4992	0.3433	0.5870
	粮食自给率	0.1493	0.1285	0.1348	0.0089

续表

二级指标	三级指标	最大值	最小值	平均值	标准差
B 粮食流通安全指数	粮油加工企业加工能力	0.0246	0.0186	0.0222	0.0022
	粮食仓储企业仓储能力	1.6220	1.5081	1.5557	0.0454
	市场价格变动率	0.0800	0.0140	0.0245	0.0122
C 粮食消费安全指数	人口规模变动率	0.0418	0.0140	0.0245	0.0122
	粮食质量安全系数	1.0000	1.0000	1.0000	0.0000
	低收入人群相对收入	0.4749	0.4579	0.4703	0.0071

表 1-2-7 江苏粮食安全指标的数据统计特征量

二级指标	三级指标	最大值	最小值	平均值	标准差
A 粮食供给安全指数	粮食产量变化率	0.0924	0.0335	0.0513	0.0236
	净进口变化率	8.0413	-0.1434	1.6558	3.5746
	粮食自给率	1.0778	1.0278	1.0502	0.0209
B 粮食流通安全指数	粮油加工企业加工能力	0.2450	0.1545	0.2030	0.0374
	粮食仓储企业仓储能力	4.4245	3.7006	4.0052	0.2700
	市场价格变动率	0.1034	-0.0792	-0.0041	0.0679
C 粮食消费安全指数	人口规模变动率	0.0076	0.0025	0.0045	0.0022
	粮食质量安全系数	1.0000	0.9120	0.9646	0.0417
	低收入人群相对收入	0.4180	0.3705	0.3898	0.0194

表 1-2-8 浙江粮食安全指标的数据统计特征量

二级指标	三级指标	最大值	最小值	平均值	标准差
A 粮食供给安全指数	粮食产量变化率	0.0009	-0.0735	-0.0359	0.0299
	净进口变化率	4.1702	-0.6162	1.0633	1.8264
	粮食自给率	0.4183	0.3801	0.4028	0.0142
B 粮食流通安全指数	粮油加工企业加工能力	0.0512	0.0356	0.0449	0.0061
	粮食仓储企业仓储能力	1.7711	1.3576	1.5325	0.1877
	市场价格变动率	0.0834	-0.0782	-0.0037	0.0577
C 粮食消费安全指数	人口规模变动率	0.0070	0.0038	0.0059	0.0013
	粮食质量安全系数	1.0000	0.9730	0.9946	0.0121
	低收入人群相对收入	0.4467	0.4054	0.4214	0.0172

表 1-2-9 安徽粮食安全指标的数据统计特征量

二级指标	三级指标	最大值	最小值	平均值	标准差
A 粮食供给安全指数	粮食产量变化率	0.1202	0.0351	0.0729	0.0314
	净进口变化率	32.7273	-1.0000	10.3925	19.3438
	粮食自给率	1.3732	1.2518	1.3182	0.0496
B 粮食流通安全指数	粮油加工企业加工能力	0.3784	0.2059	0.3144	0.0702
	粮食仓储企业仓储能力	5.4762	3.8806	4.6739	0.5808
	市场价格变动率	0.0522	-0.1086	-0.0010	0.0633
C 粮食消费安全指数	人口规模变动率	0.0070	-0.0284	-0.0034	0.0143
	粮食质量安全系数	1.0000	0.9650	0.9880	0.0168
	低收入人群相对收入	0.5460	0.4264	0.4876	0.0425

2. 数据处理方法（无量纲化方法）

长三角地区粮食安全水平评价指标体系中，既有定性指标，又有定量指标；既有越大越好的指标，又有越小越好的指标；并有落在某个区间内或适中为宜的指标。因此，在计算长三角地区粮食安全总水平前，需要对各指标的不同类型进行同趋势化处理。此外，指标体系中包含不同计算单位及量纲的指标，部分指标以得分表示，部分指标以百分比表示。指标的量纲不同，就无法在综合评价时进行加权平均的计算。因此，为使综合评价方法能够具体应用于长三角地区粮食安全评价指标体系的计算，得出更为科学可靠的结果，应当在指标同趋势化的基础上再进行无量纲化处理。

指标的无量纲化处理方法较多，如标准化变换法、均值化法、极值处理法、功效系数法等。由于评价指标的性质是不同的，因而不能对所有指标采用同一种无量纲化计算函数进行处理。本报告根据指标的三种性质，即越大越好的指标、越小越好的指标、适中为宜的指标，分别采用不同的函数进行无量纲化处理。具体方法如下：

当指标值为“越大越好时”，采用上限效果测度，公式如下：

$$E'_{ij} = \frac{E_{ij} - m_{ij}}{M_{ij} - m_{ij}}$$

其中，$M_{ij} = \max\{E_{ij}\}, m_{ij} = \min\{E_{ij}\}$。 （2-12）

当指标要求“越小越好”时，采用下限效果测度，公式如下：

$$E'_{ij}=\frac{M_{ij}-E_{ij}}{M_{ij}-m_{ij}}$$

其中，$M_{ij}=\max\{E_{ij}\}, m_{ij}=\min\{E_{ij}\}$。（2－13）

当指标要求“适中为宜”时，采用中心效果测度，公式如下：

$$E'_{ij}=1-\frac{|E_{ij}|}{\max(|E_{ij}(\max,\min)|)} \quad (2-14)$$

其中，E'_{ij} 表示 j 年所对应的第 i 个指标进行无量纲化处理前的原始数据。

由于不同指标性质在后期无量纲化计算函数不同，在此我们对前面所建立的指标体系中各指标的性质进行界定，见表 1－2－10。

表 1－2－10　指标无量纲化计算函数

二级指标	三级指标	单位	权重	指标计算函数选择
粮食供给安全指数	粮食产量变化率	%	13	式（2－12）
	净进口变化率	%	10	式（2－14）
	粮食自给率	%	11	式（2－12）
粮食流通安全指数	粮油加工企业加工能力	吨/人	10	式（2－12）
	粮食仓储企业仓储能力	吨/人·天	11	式（2－12）
	市场价格变动率	%	12	式（2－14）
粮食消费安全指数	人口规模变动率	%	14	式（2－13）
	粮食质量安全系数	%	10	式（2－12）
	低收入人群相对收入	%	9	式（2－12）

（四）测算结果

运用长三角地区粮食安全评价指标体系，收集相关数据，计算得出长三角地区 2009～2013 年粮食安全水平，详见表 1－2－11。

表 1－2－11 长三角地区粮食安全水平指标得分

一级指标	二级指标	三级指标	权重（%）	2009 年	2010 年	2011 年	2012 年	2013 年
粮食安全总指数	粮食供给安全系数（34）	粮食产量变化率	13	3.39	0.94	0.00	4.54	14.00
		净进口变化率	10	0.00	6.06	9.90	7.51	9.81
		粮食自给率	11	0.34	0.00	3.68	10.00	9.37
	粮食流通安全系数（33）	粮油加工企业加工能力	10	0.00	1.22	5.62	7.93	10.00
		粮食仓储企业仓储能力	11	0.00	2.66	4.07	11.00	8.66
		市场价格变动率	12	10.87	1.97	11.59	0.00	11.77
	粮食消费安全系数（33）	人口规模变动率	14	0.00	14.00	2.53	5.37	2.11
		粮食质量安全系数	10	0.00	4.86	7.50	10.00	8.79
		低收入人群相对收入	9	0.00	1.73	4.50	9.00	2.63
	总得分		100	14.61	33.43	49.39	65.35	77.14

为更加清楚地认识长三角地区粮食安全水平状况，按照粮食安全评价指标体系和计算方法，对2013年全国、长三角地区、上海、江苏、浙江和安徽的粮食安全水平各指标进行了测算，结果见表1－2－12。

表 1－2－12 2013 年全国、长三角地区以及三省一市粮食安全水平指标得分

一级指标	二级指标	三级指标	权重（%）	全国	长三角地区	上海	江苏	浙江	安徽
粮食安全总指数	粮食供给安全系数（34）	粮食产量变化率	13	9.35	5.91	14.00	6.04	0.00	7.05
		净进口变化率	10	9.28	9.87	0.00	8.63	5.69	4.74
		粮食自给率	11	7.90	6.15	0.00	7.67	1.91	10.00
	粮食流通安全系数（33）	粮油加工企业加工能力	10	3.23	5.05	0.00	6.18	0.62	10.00
		粮食仓储企业仓储能力	11	7.69	2.91	0.00	8.70	0.57	11.00
		市场价格变动率	12	4.02	9.66	1.25	2.54	0.00	10.67
	粮食消费安全系数（33）	人口规模变动率	14	11.12	10.07	0.00	14.00	10.23	8.75
		粮食质量安全系数	10	7.65	7.50	10.00	0.00	10.00	10.00
		低收入人群相对收入	9	4.95	5.40	9.00	0.00	6.38	4.40
	总得分		100	65.19	62.50	34.25	53.76	35.41	76.62

第三章　长三角地区粮食安全状况与评价

一、长三角地区粮食安全水平逐年提高，各项指标差异较大

（一）长三角地区粮食安全水平逐年提高

本报告采用多指标综合评价方法对长三角粮食安全水平进行总体评价。具体指标设置以及评价方法详见第二章。粮食安全评价指标体系共包括三个二级指标，分别为粮食供给安全指数、粮食流通安全指数和粮食消费安全指数。这三个二级指标权重较为平均，这三个安全系数权重依次为34%、33%和33%（见图1-3-1）。

根据评价结果，可以看出：

（1）三大类指标得分变化存在较大差异。其中，粮食消费安全指数指标得分波动下降，2010年得分为20.59分，2013年仅为13.53分，下降幅度为34.29%；其余两个指标5年间都有不同程度的增加，其中粮食供给安全指数得分增加率最高，从2009年的3.74分增加到2013年的33.18分，增幅为787.17%，粮食流通安全指数增幅为179.95%。

（2）三大类指标实现程度整体水平尚可且存在巨大差异。粮食消费安全指数5年间平均实现程度仅为42.95%，并呈现较大的波动态势，2013年的实现程度为

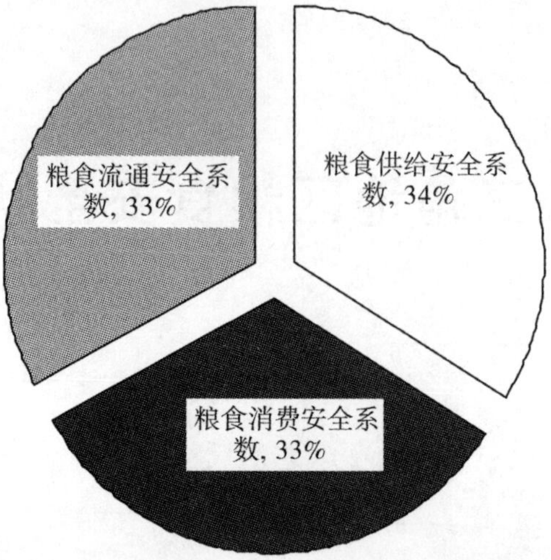

图1-3-1　长三角粮食安全水平三大类指标权重

39.78%，说明长三角粮食消费安全形式较为严峻；粮食供给安全指数的实现程度最高，为97.6%，其次为粮食流通安全指数实现程度为92.22%。

（3）粮食安全水平综合指标逐年增长。尽管三类二级指标实现程度各不相同，但三者相互补充，2009年以来，粮食安全评价指标得分和安全实现程度呈现逐步上升的趋势，从2009年综合得分14.61分，到2013年综合得分77.14分，提高了427.99%，年均增长率为85.60%，说明长三角粮食安全发展水平持续向好（见表1-3-1和图1-3-2）。

表1-3-1　长三角地区粮食安全三大类指标得分状况与实现程度

得分与实现程度		满分	2009年	2010年	2011年	2012年	2013年
粮食供给	安全系数	34	3.74	7.00	13.57	22.05	33.18
	实现程度	100	11.00	20.58	39.93	64.86	97.60
粮食流通	安全系数	33	10.87	5.84	21.28	18.93	30.43
	实现程度	100	32.94	17.71	64.49	57.37	92.22
粮食消费	安全系数	33	0.00	20.59	14.53	24.37	13.53
	实现程度	100	0.00	60.55	42.75	71.67	39.78
总得分		100	14.61	33.43	49.39	65.35	77.14

注：实现程度=（实际得分/满分）×100%。

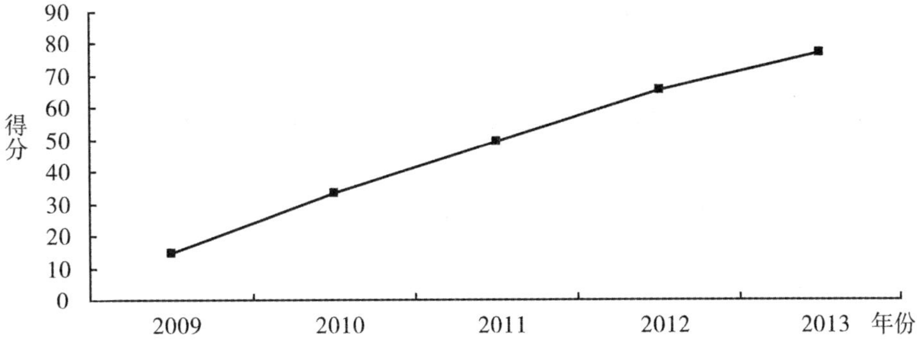

图1-3-2　长三角地区粮食安全水平指标变化趋势图

(二) 长三角地区粮食安全不同层面差异较大

1. 粮食供给安全水平作用突出

图1-3-3给出了从2009年到2013年间粮食供给安全指数得分状况与实现程度变化趋势情况。可以看出：得分值和实现程度都在逐年稳步提高，与其他两个指标实现程度横向比较，粮食供给安全的实现程度是最高的，2013年达到历史新高97.60%，并且粮食安全系数的权重也是最高的。从这种意义上说，粮食供给安全层面对长三角粮食安全的保障贡献最大。

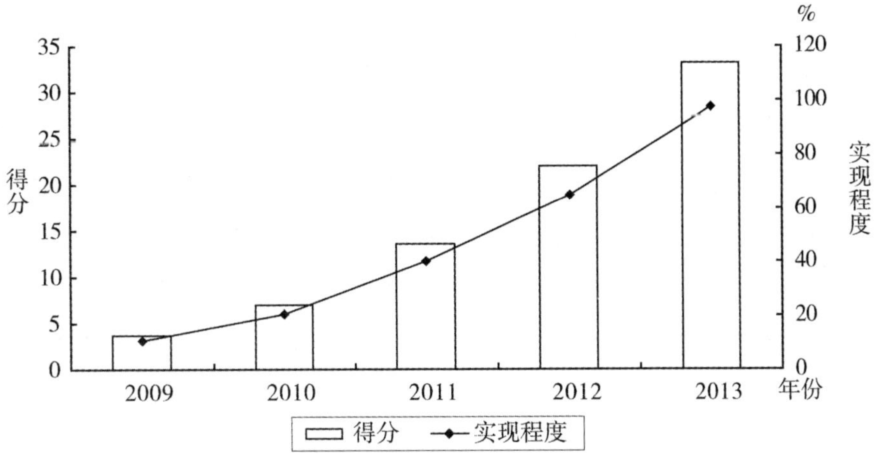

图1-3-3　粮食供给安全指数得分与实现程度变化趋势图

从粮食供给安全层面的具体指标变化来看也呈现出巨大的差异，见图1－3－4，其中，粮食净进口的贡献率最大，2010年、2011年、2012年和2013年持续高位徘徊；粮食产量变化率得分先下降后递增，从2009年的3.39分下降到2011年的最低值0分，之后逐年上升至2013年的14.00分；粮食自给率逐年上升，稳定至10分左右。截至2013年，粮食供给安全三大指标实现程度均达到94%以上。

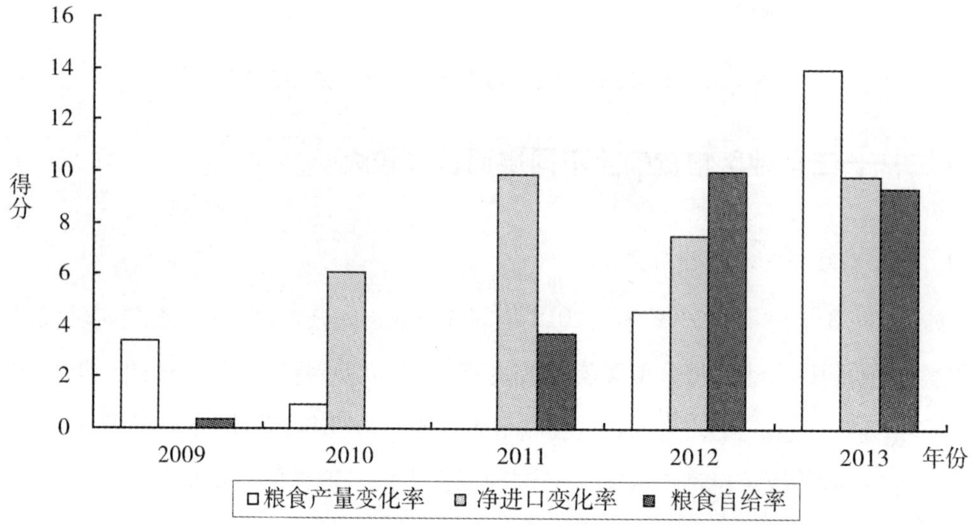

图1－3－4　长三角粮食供给安全指数各指标得分状况变化柱状图

2. *粮食流通安全在波动中上升*

图1－3－5给出了从2009年到2013年间粮食流通安全指数得分状况与实现程度变化趋势情况。可以看出：得分值和实现程度在波动中上升。从2009年的10.87分，逐步上升至2013年的30.43分，提高了179.94%，年均增长35.99%。需要注意的是，本报告分析的是2009年之后的状况，也是粮食流通确立开展市场化改革之后，粮食流通安全水平呈现间隔式的上涨态势，从图1－3－5中可以明显看出2010年和2012年两年粮食流通安全水平明显低于相邻的年份。2013年粮食流通安全实现程度高达92.22%，仅次于粮食供给安全水平。

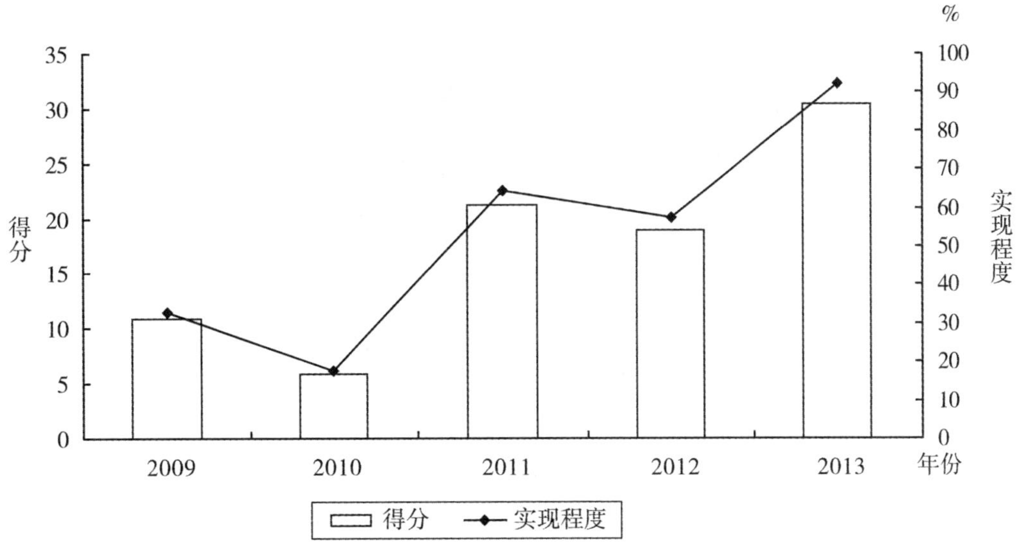

图 1－3－5　粮食流通安全指数得分与实现程度变化趋势图

从粮食流通安全层面的具体指标变化来看也呈现出巨大的差异（参见图 1－3－6），其中，粮食市场价格变化率呈现增长态势，但需要注意的是粮食价格波动在 2010 年、2012 年出现比较大的跳水，得分仅为 1.92 分和 0 分，这种逐年变化的态势与粮食价格波动状况密切相关。由于数据的缺乏，对于粮食储备无法获得省际层面数据，因此采用该地区粮食仓储企业人均仓储能力估算值来计算，用以衡量当地粮食储备满足能力；同时用该地区粮油加工企业主要粮食（大米和面粉）加工产量除以常住人口数量，得到人均粮食加工产量来衡量当地粮食加工满足能力。从图 1－3－6 可以看出，粮油加工企业人均加工能力和粮食仓储企业人均仓储能力逐年提升，得分从 2009 年的 0 分，分别增长至 2013 年的 10 分和 8.6 分。粮食加工和仓储能力的增长正是国家重视粮食流通产业发展的体现。同时，也可喜地看到，2013 年，粮食流通安全三大指标实现程度均值达到 90%以上。

3. 粮食消费安全水平不容乐观

图 1－3－7 给出了从 2009 年到 2013 年间粮食消费安全指数得分状况与实现程度变化趋势情况。可以看出：得分值和实现程度在波动中下降，与其他两个指标实现程度横向比较，粮食消费安全的实现程度是最低的。尽管粮食消费安全得分从 2009 年的 0 分，上升到 2013 年的 13.53 分，但与 2010 年、2011 年和 2012 年三年相比，2013 年的

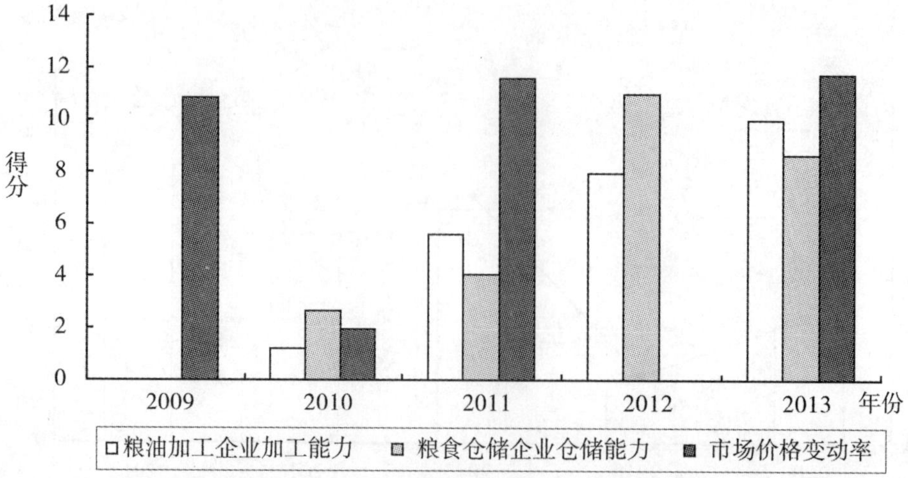

图1－3－6　长三角粮食流通系数各指标得分状况变化柱状图

得分值最低。需要注意的是，粮食消费安全水平也呈现间隔性的变化状况，2009年、2011年和2013年的得分均低于相邻年份。粮食消费安全水平最高的2012年和2010年，得分分别为24.37和20.59。2013年，粮食消费安全实现程度仅为39.78%。可见，长三角地区粮食消费安全状况形势严峻，需要各方面给予重视。

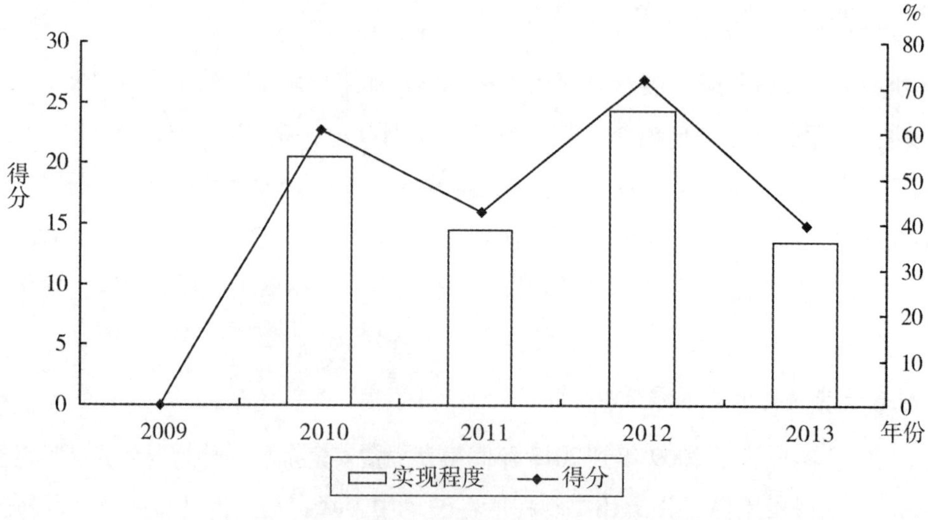

图1－3－7　粮食消费安全指数得分与实现程度变化趋势图

粮食消费安全指数中，权重最大的指标是人口规模变动率，权重达到42.42%，人口规模增长情况除了2010年得分为14分之外，其余年份均低于5分，可见长三角地区人口增长是粮食安全的重要影响因素。本报告的粮食质量安全系数采用中央储备粮质量合理率来测量，粮食质量安全系数呈现逐年上升的良好态势，2010年得分为4.86分，2012年达到最高值10分，增长2.06倍。由于受到数据资料的限制，本报告中长三角粮食质量安全有大幅度的提升，数值增加并不能说明粮食质量安全有大幅度的提升，近年来由于我国耕地资源的污染，粮食重金属超标事件不断发生，从报道数量来看呈现逐年增加的趋势，但是缺乏统一科学的统计标准和权威的数据，本书并没有把粮食重金属超标事件的数量纳入指标体系中来，该问题也成为今后探讨粮食安全评价体系的重要课题之一。低收入人群相对收入水平代表着该群体的粮食获得能力，该项指标越高，则说明其粮食获得能力越强，从图1－3－8看出，低收入人群相对收入呈现先递增后递减的态势，2009年得分为0分，直至增长到2012年的最高值9分，实现程度为100%，2013年则下降到2.63分，2013年的实现程度仅为29.20%。可见，低收入人群相对收入还需维持较为稳定的增长，这说明需要政府加强对低收入人群食物获得的长效保障机制。

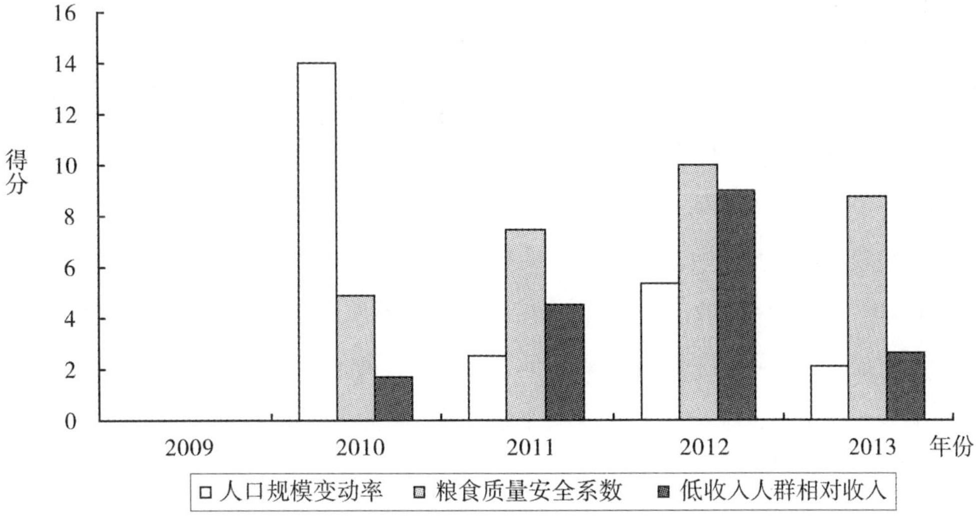

图1－3－8　长三角粮食消费系数各指标得分状况变化柱状图

二、长三角各地区粮食安全水平差异较大，各项指标差异明显

（一）长三角各地区粮食安全水平差异显著

进一步分析2013年全国、长三角地区、上海、江苏、浙江和安徽的粮食安全水平，可以发现：

（1）长三角粮食安全水平略低于全国平均水平。2013年全国粮食安全水平得分为65.19分，而长三角地区得分为62.50分，低于全国水平的4.08%。

（2）长三角各地区的粮食安全水平差异明显。作为粮食主产区的安徽粮食安全水平得分最高，为76.62分，高于长三角地区和全国17%以上。其次是作为粮食产销平衡区的江苏，粮食安全水平得分为53.76分，分别低于长三角地区和全国水平的13.98%和17.53%。作为粮食主销区的上海和浙江粮食安全状况形势严峻。2013年上海粮食安全得分最低，仅为34.25分，浙江得分为35.41分，分别为长三角地区粮食安全水平的54.8%和56.64%。

（3）长三角地区粮食安全令人担忧。如果仅以上海、江苏和浙江状况来衡量长三角地区的粮食安全状况，取这两省一市的粮食安全水平的均值，发现狭义的长三角地区粮食安全系数仅为41.14，是全国水平的63.11%。长三角粮食销区经济发达，粮食市场和粮食流通的发展水平较高，从其他方面弥补了粮食供给相对不足的矛盾，同时将安徽纳入长三角粮食论坛，无疑对增加长三角地区粮食供给发挥了重要作用（见表1-3-2和图1-3-9）。

表1－3－2　2013年全国、长三角地区以及三省一市三大类指标得分状况和实现程度

得分与实现程度		满分	全国	长三角地区	上海	江苏	浙江	安徽
粮食供给	安全系数	34	26.53	21.93	14.00	22.34	7.60	21.80
	实现程度	100	78.03	64.49	41.18	65.72	22.36	64.11
粮食流通	安全系数	33	14.94	17.61	1.25	17.41	1.20	31.67
	实现程度	100	45.27	53.36	3.79	52.77	3.63	95.98
粮食消费	安全系数	33	23.72	22.97	19.00	14.00	26.61	23.15
	实现程度	100	71.87	69.60	57.58	42.42	80.63	70.16
总得分		100	65.19	62.50	34.25	53.76	35.41	76.62

注：实现程度＝（实际得分/满分）×100%。

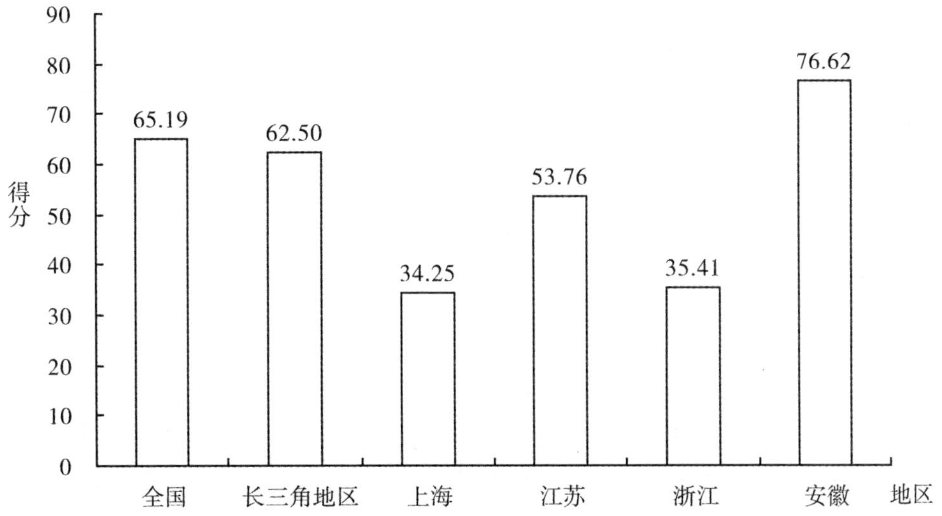

图1－3－9　全国、长三角地区及各地区粮食安全水平

（二）长三角各地区粮食供给安全水平均不同程度地低于全国水平

从表1－3－2和图1－3－10可以看出，长三角地区以及各地区粮食供给安全水平均低于全国水平。2013年全国粮食供给安全水平得分为26.53分，实现程度为78.03%，长三角地区该项指标得分为21.93分，实现程度为64.49%。长三角各地区中，粮食供给安全水平最高的是江苏和安徽，得分分别为22.34分和21.80分，与长三角地区平均水平基本相同，依然低于全国水平。得分最低的是浙江，仅为7.60分，实现程度为22.36%，上海处于中间状态，实现程度为41.18%。

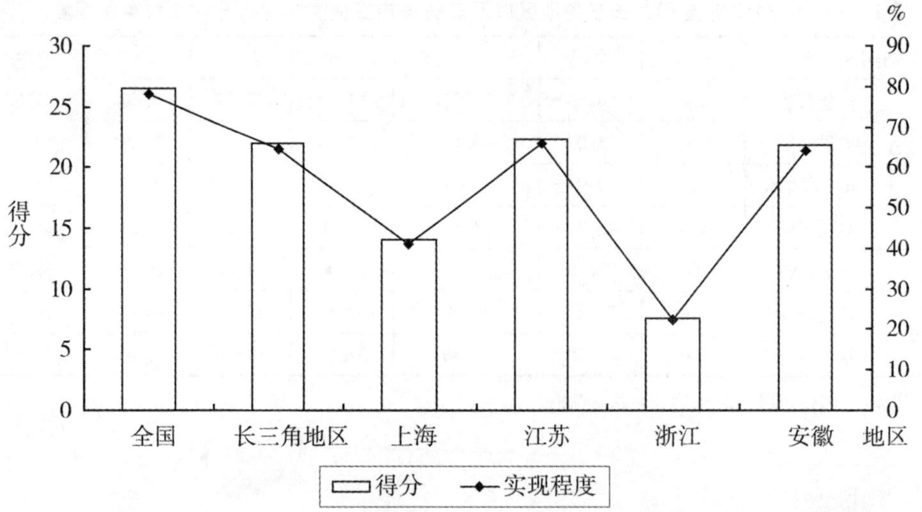

图1-3-10　全国、长三角地区及各地区粮食供给安全指数得分与实现程度

具体分析粮食供给安全指数的三个指标可以发现（见图1-3-11），粮食产量变化率指标，上海得分最高，达到14分，实现程度为100%，而浙江得分为0分，这主要是因为2013年上海粮食产量与预测值相比，出现31%的增长，而这一指标浙江仅为-7.35%。同期，全国粮食产量变化率为18.32%，长三角地区为8.87%，江苏和安徽分别为9.24%和12.02%，因此，这些地区的得分处于5.91分和9.35分之间。粮食净进口变化率指标是采用国有粮食企业净进口变化率来衡量的，该指标在上海形成了洼地，得分为0分，这主要是因为上海2013年国有粮食企业粮食净进口率上升了104.62%，处以及大值所致。粮食主销区的上海和浙江粮食净进口率增长率最高，分别为104.62%和45.05%，全国净进口率为7.55%。如果仅从粮食自给率来看，全国为110.59%，从全国层面来讲粮食出现盈余局面，但该项指标在各个地区之间呈现较大差距。特别是粮食主销区的上海和浙江得分最低，分别为0和0.191，2013年上海和浙江的粮食自给率仅为14.93%和38.01%；得分最高的是粮食主产区的安徽，为10分，实现程度为100%，2013年粮食自给率为135.97%。而粮食产销平衡区的江苏粮食自给率为107.78%，长三角地区粮食自给率为89.35%。若除去安徽，仅以上海、江苏和浙江计算粮食自给率仅为53.57%，明显低于全国水平。可见，长三角地区的粮食供给依然是粮食安全的重要内容。

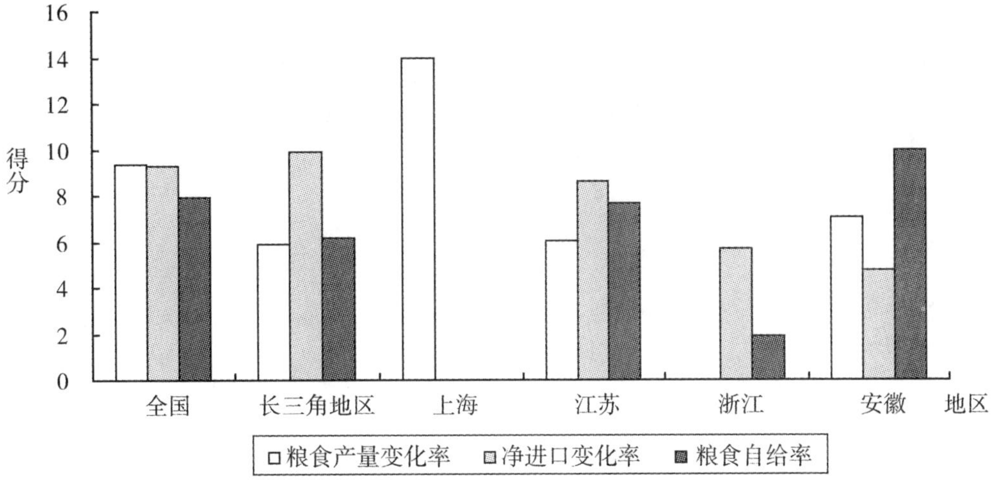

图 1-3-11　全国、长三角地区及各地区粮食供给安全指数各指标得分状况

（三）全国及长三角各地区粮食流通安全水平差异显著

从表 1-3-2 和图 1-3-12 可以看出，全国、长三角地区以及各地区粮食流通安全水平差异显著。2013 年全国粮食流通安全水平得分为 14.94 分，实现程度为 45.27%，长三角地区该项指标得分为 17.61 分，实现程度为 53.36%，高于全国水平的 17.87%。长三角各地区中，粮食流通安全水平最高的是安徽，得分为 31.67 分，实现程度为 95.98%，远远高于其他地区，得分最低的依然是上海和浙江，分别为 1.25 分和 1.20 分，实现程度均不足 4%，约是全国和长三角地区的 8% 和 7% 的水平。江苏得分为 17.41，实现程度为 52.77%，与长三角地区基本持平，高于全国水平 16.53%。

具体分析粮食流通安全指数的三个指标可以发现（见图 1-3-13），安徽在三个分项指标方面均呈现出很高的安全水平，实现程度均超过 90%，明显优于其他地区，特别是远超上海和浙江。从分类指标来看，粮油加工企业加工能力方面，长三角地区得分为 5.05 分，实现程度为 50.5%，高于全国 3.23 分的水平，江苏得分为 6.18 分，实现程度为 61.8%，由于上海和浙江人口众多，导致人均加工产量相对较少，在标准化处理下，上海和浙江得分仅为 0 分和 0.62 分。粮食仓储企业人均仓储能力方面，长三角地区得分为 2.91 分，实现程度为 26.45%，远低于全国 7.69 分的水平。江苏这一指标得分为 8.7 分，实现程度为 79.09%，远高于长三角地区，略高于全国水平 13.13%。上海和浙江得分仅为 0 分和 0.57 分。粮食主销区的加工能力和仓储设施建设依然要引起重视。粮食市场价格变动率各地区在2013年均出现-0.9%~0.8%之间的波动，根据市场价格波动率适中性的原则，长三角地区得分为9.66分，高于全国4.02分的水平，处于波动率最低值和最高值的浙江、上海则得分较低，分别为0分和1.25分，安徽得分最高为10.67分，江苏为2.54分。

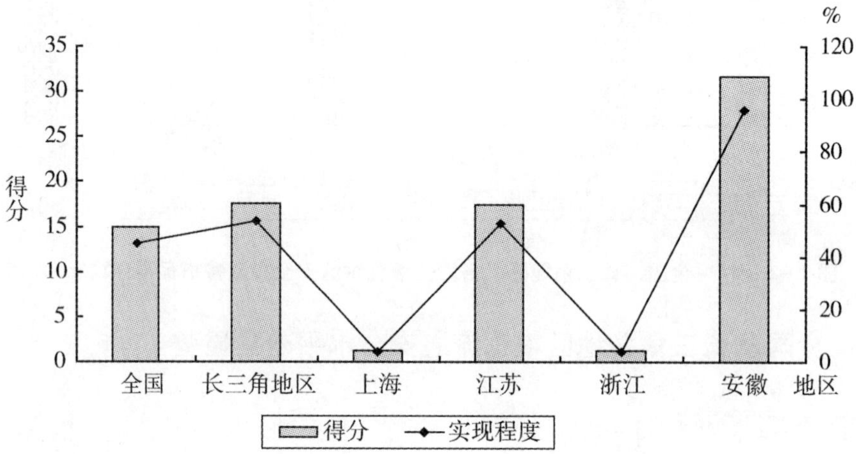

图1-3-12 全国、长三角地区及各地区粮食流通安全指数得分与实现程度

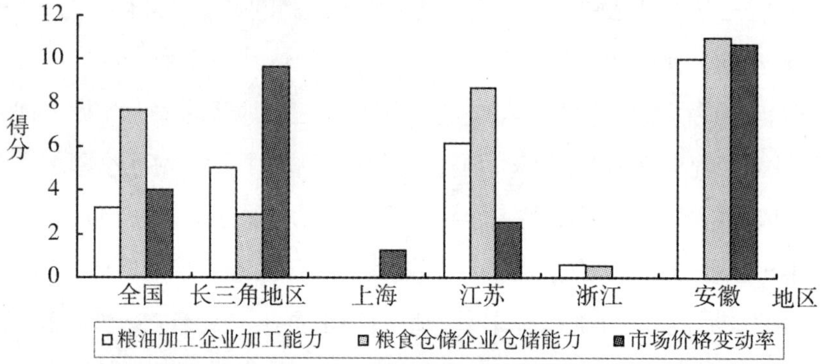

图1-3-13 全国、长三角地区及各地区粮食流通安全指数各指标得分状况

（四）全国及长三角各地区粮食消费安全水平状况良好

从表1-3-2和图1-3-14可以看出，全国、长三角地区以及各地区粮食流通安全水平差异不大。2013年全国粮食消费安全水平得分为23.72分，实现程度为

71.87%，长三角地区该项指标得分为22.97分，实现程度为69.6%，略低于全国水平的3.16%。长三角各地区中，粮食消费安全水平最高的是浙江，得分为26.61分，实现程度为80.63%，高于全国和长三角地区，安徽得分为23.15分，与全国水平基本持平。得分最低的是上海和江苏，分别为19分和14分，实现程度分别为57.58%和42.42%，均低于全国和长三角地区。

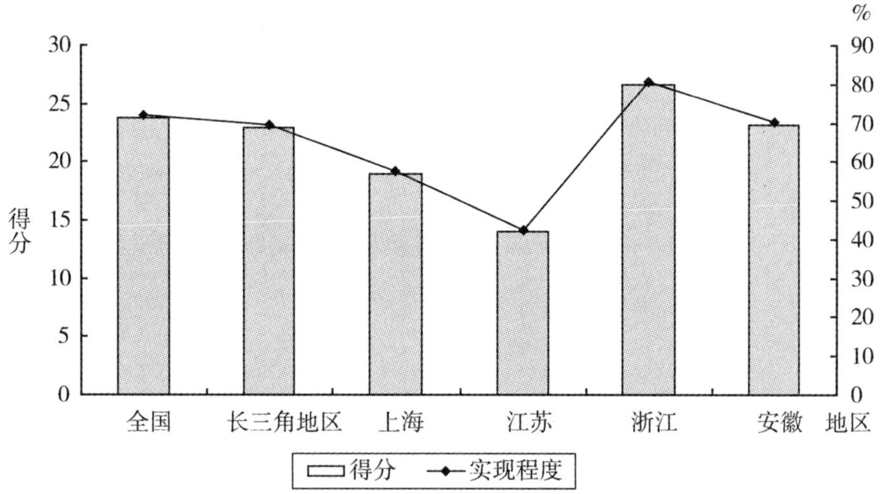

图1-3-14　全国、长三角地区及各地区粮食消费安全指数得分与实现程度

具体分析粮食消费安全指数的三个指标可以发现（见图1-3-15），人口规模变动率指标，江苏得分最高，达到14分，实现程度为100%，而上海得分为0分，这与上海人口规模相对增长率最快有关，2013年上海常住人口规模增长率为14.59‰，而江苏仅为2.45‰，同期这一指标，全国为4.97‰，长三角地区为5.87‰，浙江为5.74‰，安徽为7.01‰，因此，其他地区的人口规模变动实现程度在60%~80%之间。粮食质量安全系数从绝对值来看，各个地区中央储备粮抽检合格率均超过了98.3%，上海、浙江和安徽均达到100%，由于江苏合格率相对最低，为98.3%，因此得分为0分，全国和长三角地区得分为7.65分和7.5分，实现程度均超过75%。低收入人群相对收入水平指标，长三角地区得分为5.40分，实现程度为59.97%，略高于全国4.95分的水平。上海得分最高，达到9分，实现程度为100%，其次是浙江和安徽，得分为6.38分和4.40分，实现程度分别为70.93%和48.89%，得分最低的是江苏，得分为0分。

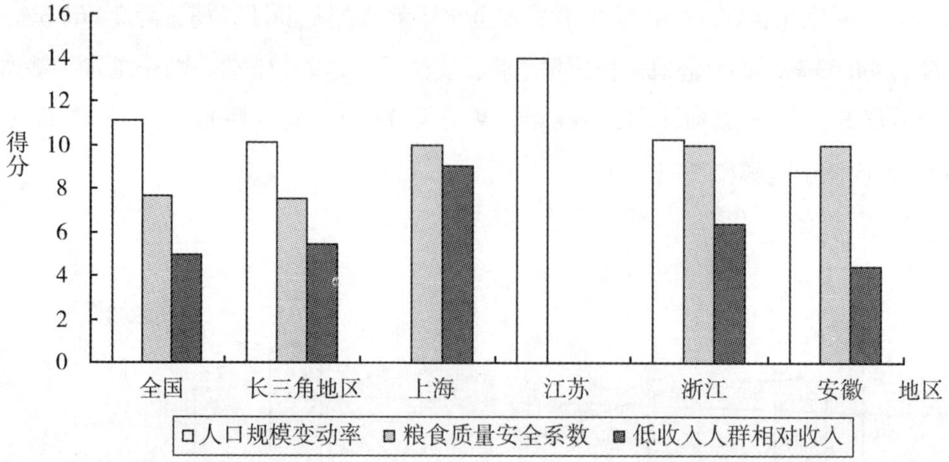

图1-3-15 全国、长三角地区及各地区粮食消费安全指数各指标得分状况

三、长三角地区粮食安全态势的几个重大特点

（一）粮食供给安全依然是长三角地区粮食安全的重要内容

长三角地区是我国重要的经济发展带，它以不足4%的面积，16%的人口，创造了全社会24%的GDP。尽管长三角地区自然条件优越，是历史上著名的“粮仓”。但自改革开放以来，长三角地区经济飞速发展，工业化城市化进程加快，粮食生产相对于其旺盛的需求来说相对不足。一旦发生粮食供给不足，将会产生极为严重的“抢购”等现象，对社会公共安全产生负面影响。目前从长三角地区整体层面上来看，粮食自给率达到89%，基本实现粮食自给。但长三角地区粮食生产不平衡，这不仅表现在上海、浙江粮食自给率低，尤其是上海粮食自给率仅为15%，江苏和安徽自给水平均高达107%以上，而且还表现在各地区内部粮食生产不平衡，如江苏的苏南地区是典型的

粮食主销区，而苏北地区是粮食主产区，苏中则是产销平衡区。这种不平衡加剧了长三角地区粮食产销失衡。若单以省级层面保障粮食供应的角度来看，上海、浙江这样的粮食主销区在粮食本地生产方面形势严峻。同时，江苏、安徽随着经济的快速发展，也将逐渐向粮食主销区和粮食产销平衡区转变。保障区域内粮食充足供给依然是长三角现在以及未来实现粮食安全保障的重要内容。可喜的是，上海为解决本地粮食供给，分别在黑龙江虎林、江苏、河南等地建立了粮源基地，浙江也在东北地区积极开展粮源基地建设，江苏的苏南粮食销区和苏北粮食产区城市间开展了粮食采购业务。长三角粮食论坛的开展，为长三角各地区之间开展粮食利益协调机制提供了良好的平台，要充分发挥长三角内部各地区之间的粮食合作，同时，长三角地区也要充分利用国家“一带一路”战略，结成利益团体，积极开展海外采购业务等。

（二）人口快速增长成为未来影响粮食安全的重要方面

满足消费者对粮食数量和质量的要求是未来粮食安全永恒的主题。这不仅包含着人口数量的绝对增长对粮食需求的增长，还包含着人口消费结构变动使粮食消费形式变化而引起的对粮食需求的增加，同时，也包含着低收入群体收入水平变化引起其满足粮食消费能力的变化。长三角地区经济发达，以上海为首的经济发达城市和地区对海内外人士具有很强的吸引力，常住人口规模快速增长，使得对粮食数量的绝对需求增长，同时，随着人们生活水平的提高，奢侈粮食消费等的示范作用，使得人们增加了对肉蛋奶、海产品等的消费，这种消费习惯对粮食间接消费产生影响，从而引起粮食需求总量的增加。另外，大量人口流入长三角地区，特别是大量农民工的进入，一方面对粮食需求总量产生影响，另一方面将与低收入群体一起，可能面临着由于收入低下，而粮食满足能力不足的难题。因此，密切关注人口数量变动、分析人口消费结构变化、改善低收入群体的收入状况，是实现长三角地区粮食消费安全的重点内容。

（三）大市场大流通格局成为解决长三角地区粮食安全的重要手段

随着我国从20世纪90年代末，对粮食流通市场机制的基本确立，我国粮食流通市场化机制已初见成效。以上海为例，上海积极创新与粮食主产省的合作方式，推进在粮食主产省建立集粮食生产、销售、加工功能为一体的粮源基地，将有规模、有品牌、有信誉的粮食经营加工企业引入产销合作平台。例如，上海在黑龙江省虎林市并购控股绿都集团，一个集收购、中转、储存、加工、销售于一体的大型中心的新格局已初步确立形成，在确保上海粮食安全和市场供应稳定中将发挥重要的主渠道作用。建立粮食收储基地，同时通过健全粮食仓储物流体系，建立畅通的粮食物流通道，延伸粮油深精加工区域，大力开拓市内外市场，做到上控粮源、中控物流、下控渠道，是未来粮食主销区实现粮食安全的重要实现方式。但包括上海在内的长三角地区仍需要通过“互联网+”的形式不断改造粮食产业，完善粮食流通大市场，利用国际、国内两个市场，充分满足本地的粮食供给。

（四）以上海为代表的长三角地区粮食安全保障措施将发挥引领作用

长三角地区是我国经济发展的重要增长极，上海更是处于长三角地区的龙头地位。早在2006年，中央对上海提出“四个率先”，即要求上海“率先转变经济增长方式，率先提高自主创新能力，率先推进改革开放，率先构建社会主义和谐社会”。2013年9月，随着上海自贸区的建立，负面清单管理对政府行政管理能力提出了新的要求。“四个率先”以及自贸区的建立对上海粮食流通产业发展和上海粮食安全保障都提出了新要求，必将在全国积极发挥引领作用。“十二五”期间，上海实行订单收购和产销对接，积极拓展粮源渠道，深化产销区合作，建立产销区利益联结机制，2014年，上海以良友集团、光明米业等骨干企业为主体，在东北、苏北、安徽等地建有9个粮源基地，可控粮源200多万吨。上海16家企业根据国家北粮南运运输补贴政策，在保持原有采购渠道的基础上，采购东北地区粮食31.2万吨。同时，调研推进了与河南的小麦产销合作；完善建成以外高桥粮食物流中心、邬桥储备库扩建和浦东新区粮食储备库为代表的重大项目；深入推进信息化在粮食业务、商务和政务领域的广泛应用，2014年中心批发市场获批组建“上海国家粮食交易中心”，全年竞价交易储备粮52.6万吨。明确自贸区负面清单和进一步扩大开放措施（2014年版）有关涉粮事项，上海粮食流通产业在制度安排、企业创新和技术利用等方面都将成为各地区产业发展的表率和楷模。

第四章　长三角地区粮食安全的重大挑战

一、粮食供给能力相对不足

（一）自然资源约束日趋严峻

1. 城市化背景下粮食生产用地紧张

随着工业化城市化的飞速发展，工业用地不断增加，粮食生产用地紧张局面持续存在，尤其是对于经济发达的长三角地区来说更是如此。根据全国两次土地调查的数据来看，截至 1996 年 12 月 31 日，全国拥有耕地 182697 万亩（这也就是通常所说的 18 亿亩红线），人均耕地面积为 1.59 亩/人。到 2009 年 12 月 31 日，全国耕地面积增加 11.16%，达到 203077 万亩，但人均耕地面积略微下降，为 1.52 亩/人。除安徽之外，上海、江苏和浙江的耕地面积均有不同程度的下降，其中上海的耕地面积下降最快，从 1996 年的 452.85 万亩，下降到 2009 年的 284.64 万亩，下降了 37.14%，人均耕地面积则从 0.32 亩/人下降至 0.12 亩/人，居全国最末尾。江苏和浙江的耕地面积缓慢下降，下降比例分别为 8.69% 和 6.52%。安徽是唯一耕地面积所有增加的省份，但人均耕地面积呈现下降趋势，且其数值低于全国平均水平。值得注意的是，这四个地区，上海和浙江的人均耕地面积均低于联合国粮农组织确定的人均耕地 0.795 亩的警戒线。因此，上海和浙江粮食安全更加受到土地资源的制约。

表1-4-1　长三角耕地变化情况

地区	1996年（第一次土地调查）		2009年（第二次土地调查）		备注
	耕地面积（万亩）	人均耕地面积（亩/人）	耕地面积（万亩）	人均耕地面积（亩/人）	
上海	452.85	0.32	284.64	0.12	联合国粮农组织确定人均耕地0.795亩的警戒线
江苏	7592.5	1.07	6932.6	0.90	
浙江	3188.03	0.72	2980.03	0.56	
安徽	8594.4	1.42	8860.6	1.3	
全国	182697	1.59	203077	1.52	

数据来源：国家以及上海、江苏、浙江、安徽第二次土地调查主要数据成果的公报。

从耕地变化的原因来看，第二次调查全国耕地增加主要是由于调查标准、技术方法的改进和农村税费政策调整等因素的影响。从耕地总量和区位看，全国有14945万亩耕地位于东北、西北地区的林区、草原以及河流湖泊最高洪水位控制线范围内和25度以上陡坡，其中，相当部分需要根据国家退耕还林、还草、还湿和耕地休养生息的总体安排作逐步调整；有相当数量耕地受到中、重度污染，大多不宜耕种；还有一定数量的耕地因开矿塌陷造成地表土层破坏或因地下水超采，已影响正常耕种。① 上海耕地面积快速下降的主要原因是建设用地增速过快。上海建设用地为2829.95平方公里，增加了794.80平方公里，相当于大半个浦东新区的面积。2006年至2020年上海的指标建设用地总规模为3226平方公里，增长空间十分有限。②江苏耕地减少主要是由于二次调查技术方法、调查标准改进以及农业结构调整、建设占用和一次详查耕地基数偏高等因素影响。综合考虑现有耕地数量、质量和人口增长、发展用地需求等因素，江苏耕地保护形势十分严峻。③浙江耕地面积下降的同时，其耕地质量也呈现出平原优质耕地（大部分为水田）逐渐减少，坡耕地范畴（大部分为旱地）增补的现象。④ 安徽

① 关于第二次全国土地调查主要数据成果的公报［EB/OL］. 中央政府门户网站，http：//www.gov.cn/jrzg/2013-12/31/content_2557453.htm，2013-12-13.

② 市政府新闻发布会：耕地面积锐减4成　建设用地增速过快［EB/OL］. 长三角城市网，http：//www.csjcs.com/df/shs/sz/2014-05-15/648164.html，2014-05-15.

③ 江苏省第二次土地调查主要数据成果的公报［EB/OL］. 中国江苏网，http：//jsnews.jschina.com.cn/system/2014/06/26/021261360.shtml，2014-06-26.

④ 关于浙江省第二次土地调查主要数据成果的公报［EB/OL］. 浙江统计信息网，http：//www.zj.stats.gov.cn/zwgk/wjtg/201406/t20140619_139565.html.

耕地增加的主要原因：一是耕地田坎面积的变化。二次调查因田坎系数测算、耕地田坎面积扣除的方法不同，导致了田坎面积减少，从而增加了耕地面积。二是土地开发复垦整理工程的实施。近十几年，安徽省共新增耕地145万亩。三是部分滩涂地、洼地的认定。二次调查期间，由于雨水偏少，在淮河流域、长江流域水网地区的部分县（区）滩涂地，以及淮南、淮北、宿州煤炭产业区等地的采煤塌陷地，农民自发种植了粮食和其他农作物，按照规定，这类土地作为耕地调查，增加了耕地面积。四是晒谷场地类的变化。由于农业生产的机械化，部分晒谷场被农民自发复垦为耕地，致使耕地面积有所增加。①但考虑到现有耕地数量、质量和人口增长、发展用地需求等因素，包括安徽在内的耕地保护形势十分严峻。人均耕地少、耕地后备资源不足的基本情况没有改变，耕地质量持续提高的难度加大。这些都是未来制约粮食生产的重要因素。

2. *农业用水污染严重成为影响粮食质量的重要因素*

我国正面临着重金属污染趋重的严峻形势。重金属一般指比重大于4或5的金属元素，常见的有镉、铬、铅、铜、锌、汞等。我国粮食作物和土壤重金属来源主要有几个方面：一是土壤本身就存在一定量的重金属，即土壤背景值。二是矿产开发，特别是金属矿藏的开采、冶炼产生的尾矿、废渣和矿渣，处理不当时，其中含有的重金属溶出，进入到水环境和土壤。三是农业化学投入品（如磷肥）往往含有少量重金属，不合理或过量使用，导致过量重金属进入土壤；同时，由于化肥农药使土壤酸化，导致原来钝化的重金属释放和生物有效化。可见，除土壤和化肥因素之外，工业污染是重金属污染中的重要原因。重金属在工业上有着广泛用途，但进入农田，会对作物生长及产品安全带来严重危害。我国土壤重金属污染目前虽多为局部性和地区性发生，一般集中在工矿企业附近及采用污水灌溉的地区，但随着经济快速发展，有愈加严重的趋势。长三角地区经济发达，随着工业产值的不断增长，重金属排放也成为影响粮食质量的重要因素。

表1-4-2列示了长三角地区废水中重金属物排放的情况，从全国数据来看我国近年来铅、汞、镉、铬、砷等重金属物在废水中的排放有减缓的趋势，但从绝对数量来看，依然维持在相对高位。从地区来看，上海的重金属排放量绝对值和相对值都最低，与其他几种相比，铬排放量相对较高。其他三省的重金属排放量各不相同，江苏

① 安徽公布第二次土地调查数据：耕地总量增加，人均耕地偏少［EB/OL］. 人民网——安徽频道，http：//ah. people. com. cn/n/2014/0909/c358266-22252086. html，2014-09-09.

的汞排放比重最高，浙江镉、铬的排放较为突出，而作为粮食产区的安徽铅、砷排放最为显著，其绝对值远高于其他省份。废水中的重金属成为粮食重金属超标的重要隐患，也成为未来进一步提升粮食质量需要改进的重要方面。

表1-4-2　2013年长三角地区废水中重金属物排放情况

项目		上海	江苏	浙江	安徽	全国
铅	排放量（千克）	173.65	1128.66	555.28	1550.01	76111.97
	比例（%）	0.23	1.48	0.73	2.04	100
汞	排放量（千克）	11.81	15.82	7.42	7.58	916.52
	比例（%）	1.29	1.73	0.81	0.83	100
镉	排放量（千克）	12.74	28.3	220.2	131.81	18435.72
	比例（%）	0.07	0.15	1.19	0.71	100
铬	排放量（千克）	2443.66	8869.82	18684.67	714.56	163117.68
	比例（%）	1.5	5.44	11.45	0.44	100
砷	排放量（千克）	68.34	237.56	292.73	4827.07	112230.03
	比例（%）	0.06	0.21	0.26	4.3	100

3. 气象灾害频发影响粮食安全

粮食生产除了受到耕地、水资源等因素的制约之外，还受到气象条件的限制。由于气象因素覆盖整个农业的各个领域和各个环节。适宜的光照、水、湿度等或多或少地影响着粮食产量。我国是世界上自然灾害程度较为严重的国家，自然灾害种类多、频率高、分布广、强度大。近年来，全球极端天气频发，最为显著的就是“厄尔尼诺”①和“拉尼娜”②现象交替出现，对农业生产造成负面影响。长三角地区地处我国

① 厄尔尼诺（西班牙语：El Niño），又称圣婴现象，是秘鲁、厄瓜多尔一带的渔民用以称呼一种异常气候现象的名词。主要指太平洋东部和中部的热带海洋的海水温度异常地持续变暖，使整个世界气候模式发生变化，造成一些地区干旱而另一些地区又降雨量过多。其出现频率并不规则，但平均约每4年发生一次。基本上，如果现象持续期少于5个月，会称为厄尔尼诺情况（condition）；如果持续期是5个月或以上，便会称为厄尔尼诺事件（episode）。正常情况下，热带太平洋区域的季风洋流是从美洲走向亚洲，使太平洋表面保持温暖，给印尼周围带来热带降雨。但这种模式每2~7年被打乱一次，使风向和洋流发生逆转，太平洋表层的热流就转而向东走向美洲，随之便带走了热带降雨，使地球出现大面积干旱，这就是“厄尔尼诺现象”（出自：百度百科）。

② 拉尼娜是指赤道太平洋东部和中部海面温度持续异常偏冷的现象（与厄尔尼诺现象正好相反），是热带海洋和大气共同作用的产物。拉尼娜是西班牙语“La Niña”——“小女孩，圣女”的意思，是厄尔尼诺现象的反相，也称为“反厄尔尼诺”或“冷事件”，它是指赤道附近东太平洋水温反常下降的一种现象，表现为东太平洋明显变冷，同时也伴随着全球性气候混乱，总是出现在厄尔尼诺现象之后（出自：百度百科）。

东部沿海地区，雨量充沛，但“厄尔尼诺”带来的过多的雨水，使得长三角地区洪涝灾害比例较高。表1－4－3和表1－4－4中列示了长三角和全国农作物受灾和绝收情况，其中比例指标是指与播种面积的比例。从表中可以看出，受灾和绝收面积以浙江最为突出，浙江2010年到2013年间的农作物受灾比例年均为27.53%，其中2013年高达57.39%，同年的绝收比例为6.16%。安徽农作物每年也遭受着比较大面积和比例的灾害，其年均受灾面积在13%～20%之间波动，绝收比例年均为85.53千公顷，这对于粮食产区来说，是不小的数字。

表1－4－3　长三角地区农作物受灾情况

	2013年		2012年		2011年		2010年	
	受灾面积（千公顷）	受灾比例（%）	受灾面积（千公顷）	受灾比例（%）	受灾面积（千公顷）	受灾比例（%）	受灾面积（千公顷）	受灾比例（%）
上海	28.00	7.42	14.7	3.79	24.3	6.07	—	—
江苏	487.10	6.34	697.5	9.12	1032.1	13.47	648.4	8.51
浙江	1326.90	57.39	554.2	23.85	431.1	17.51	282.5	11.37
安徽	1769.70	19.78	1152.5	12.85	1317.2	14.60	1751.6	19.35
全国	31349.80	19.04	24962	15.28	32470.5	20.01	37425.9	23.29

表1－4－4　长三角地区农作物绝收情况

	2013年		2012年		2011年		2010年	
	绝收面积（千公顷）	绝收比例（%）	绝收面积（千公顷）	绝收比例（%）	绝收面积（千公顷）	绝收比例（%）	绝收面积（千公顷）	绝收比例（%）
上海	1.60	0.42	1.90	0.49	2.70	0.67	—	—
江苏	25.10	0.33	43.40	0.57	37.00	0.48	13.80	0.18
浙江	142.50	6.16	42.00	1.81	43.70	1.77	12.60	0.51
安徽	138.20	1.54	59.20	0.66	38.90	0.43	105.80	1.17
全国	3844.40	2.34	1826.30	1.12	2891.70	1.78	4863.20	3.03

（二）粮食生产比较收益偏低

1. 粮食生产成本快速上升

粮食生产成本快速上涨是造成粮食生产收益偏低的一个重要原因。根据《全国农产品成本收益资料汇编》的统计数据可以发现，在2000～2013年间，我国稻谷、小麦、玉米和大豆生产成本的变动趋势基本相同。在这一期间，粮食生产成本的变动大致可以分为三个阶段。第一阶段是2000～2003年，粮食生产略有上涨，总体保持平稳；第二阶段是2004～2008年，除大豆生产成本保持平稳外，稻谷、小麦和玉米的生产价格呈现上扬态势，但增幅并不算大；第三阶段是2009～2013年，粮食作物的生产成本都呈现出了快速上涨的态势。

农用生产资料价格大幅上涨导致了农民种粮成本的大幅增长，是导致农民种粮比较效益不高的根本原因。农资是农业生产的物质保障，其价格高低直接决定着农民的生产成本。专业人士指出，如果农资平均涨价10%，农民种粮成本就要提高6%。农资价格的上涨是广大农民难以承受的，最伤农民种粮积极性，也是制约粮食生产的一大“瓶颈”。近年来，稻谷、小麦、玉米和大豆生产的化肥费、农药费在2000～2013年间均有不同程度的上涨，农药费用上涨更为明显，年均增长率为9.93%，化肥费用增长率则为8.62%。从品种上来看，稻谷和玉米的农药费用增长率最高，分别为10.87%和10.42%。农药费用增长率最高的是大豆，为10.84%。

表1－4－5　全国粮食生产的化肥和农药成本变动情况

单位：元/亩

年份	稻谷		小麦		玉米		大豆	
	化肥费	农药费	化肥费	农药费	化肥费	农药费	化肥费	农药费
2000	57.02	14.87	65.01	6.00	57.86	4.08	16.33	5.52
2001	56.19	15.58	52.55	5.01	55.51	4.34	17.90	4.33
2002	57.10	15.50	55.93	5.88	58.77	4.71	18.22	5.13
2003	58.69	17.45	54.74	5.59	60.39	4.62	20.79	5.18
2004	72.80	22.22	66.89	6.82	74.61	5.62	29.52	8.82
2005	85.12	28.68	86.79	7.98	80.97	6.49	35.41	8.65

续表

年份	稻谷		小麦		玉米		大豆	
	化肥费	农药费	化肥费	农药费	化肥费	农药费	化肥费	农药费
2006	84.15	33.60	91.00	8.25	85.20	6.60	35.49	7.43
2007	89.47	37.33	94.54	9.22	88.43	7.96	36.97	8.23
2008	124.02	42.37	110.86	9.88	120.60	9.59	53.75	9.81
2009	108.22	40.69	135.38	11.35	109.08	9.95	45.95	10.61
2010	105.98	43.17	118.49	13.07	108.39	10.93	46.42	11.56
2011	124.15	44.51	131.16	13.43	129.53	12.23	52.04	12.01
2012	133.57	48.97	153.78	15.87	142.79	13.79	58.19	14.89
2013	141.16	54.40	156.98	17.13	142.15	14.38	54.28	14.33
年均增长率（%）	7.95	10.87	7.90	8.93	7.78	10.42	10.84	9.49

数据来源：历年《全国农产品成本收益资料汇编》。

分析2013年长三角地区粮食生产数据可以发现，江苏、浙江的大部分粮食生产成本明显高于全国水平。安徽作为粮食主产区，各种品种生产成本与全国水平相差不大，明显的生产成本优势并不突出。总体而言，化肥费用略低于全国平均水平，农药费用普遍超过全国平均水平。

表1-4-6 2013年上海、江苏、浙江、安徽粮食生产的化肥和农药成本变动情况

单位：元/亩

地区	稻谷		小麦		玉米		大豆	
	化肥费	农药费	化肥费	农药费	化肥费	农药费	化肥费	农药费
上海								
江苏	186.72	103.97	150.55	28.44	145.54	16.57		
浙江	137.85	119.00						
安徽	114.54	64.01	160.82	17.07	133.96	17.84	18.65	24.20
全国	141.16	54.40	156.98	17.13	142.15	14.38	54.28	14.33

数据来源：《全国农产品成本收益资料汇编》（2013）。

2. 工业化快速发展制约粮农生产积极性

与城市第二和第三产业相比，粮食种植收益相对较低。按照经济学原理，农民进城务工的机会成本是农业收入，而农民务农的机会成本是务工收入。表1-4-7和1-4-8分别列示出了长三角地区和全国2000~2013年的城乡收入差距比，从表中可以看出，城乡收入差距都呈现出先上升后下降的趋势。大约在2008年附近出现最高值之后，逐渐缓慢下降，从比例数值来看，全国的城乡收入差距比值均高于长三角地区。上海的城乡收入差距比一直相对稳定，大约在2.11~2.30之间。而安徽的城乡收入比尽管低于全国平均水平，但在长三角地区相对较高，显示出二元经济特征。较高的城乡收入差距无疑是对农业劳动力流动具有很强的吸引作用，同时也会对当地的粮食生产产生一定的负面影响。①

对农业劳动力流动产生影响的除了城乡差距以外，地区收入差距也是很重要的影响因素。以全国最为发达的上海为参照，以江苏、浙江、安徽三省的人均GDP与上海的人均GDP比值计算地区间收入差距比，发现2000~2013年江苏、浙江、安徽三省与上海的收入差距逐渐缩小，江苏和浙江作为经济发达地区，2013年其人均GDP分别为上海的82.81%和75.99%，而安徽依然存在较大差距，近5年以来基本维持在三成左右。巨大的地区经济差异，是吸引劳动力迁移的重要原因。根据全国第六次人口普查数据显示，较之第五次人口普查结果，全国31个省级行政区中，人口净流入地区有14个，净流出地区17个，人口流失数量超过200万的省份已超过10个，省际人口流动呈加速态势。人口流失数量最多的安徽省，已有962.3万人在其他省生活或工作，占到全国跨省流动人口的11.2%。② 农村劳动力的大量流失，农村青壮年劳动力进城务工，妇女老人儿童成为农业的主力军，这势必影响未来粮食生产。

表1-4-7　2000~2013年长三角地区和全国城乡收入比

年份	上海	江苏	浙江	安徽	全国
2000	2.11	1.89	1.51	2.74	2.79
2001	2.20	1.95	2.28	2.81	2.90
2002	2.13	2.05	2.37	2.85	3.11
2003	2.23	2.18	2.43	3.19	3.23

① 徐建玲．收入差距、劳动力流动与粮食生产［J］．人口与发展，2013（3）：21-28.

② 全国十余省份人口流失超20万，安徽省流失最多［EB/OL］．人民网，http：//365jia.cn/news/2015-07-10/F1046AA002655BDE.html，2015-07-10.

续表

年份	上海	江苏	浙江	安徽	全国
2004	2.27	2.20	2.39	3.01	3.21
2005	2.24	2.33	2.45	3.21	3.22
2006	2.24	2.42	2.49	3.29	3.28
2007	2.31	2.50	2.49	3.23	3.33
2008	2.34	2.54	2.45	3.09	3.31
2009	2.34	2.57	2.46	3.13	3.33
2010	2.32	2.52	2.42	2.99	3.23
2011	2.32	2.44	2.37	2.99	3.13
2012	2.31	2.43	2.37	2.94	3.10
2013	2.28	2.39	2.35	2.85	3.03

数据来源：《中国统计年鉴》（2013）。

表1-4-8　2013年江苏、浙江、安徽与上海收入差距比

年份	江苏	浙江	安徽
2000	39.16	44.65	15.91
2001	39.84	45.50	16.43
2002	40.61	47.90	16.18
2003	41.94	50.94	15.89
2004	43.25	52.08	16.43
2005	47.18	53.21	16.65
2006	49.94	55.25	17.38
2007	51.12	56.37	18.15
2008	54.18	57.73	19.81
2009	63.98	63.39	23.72
2010	69.46	67.97	27.46
2011	75.45	71.76	31.08
2012	80.06	74.23	33.72
2013	82.81	75.99	35.17

数据来源：《中国统计年鉴》（2013）。

(三)粮食生产发展不平衡

1. 长三角粮食生产份额逐年下降

从20世纪90年代开始，我国粮食生产呈现出“南粮北上”向“北粮南下”、“东粮西进”向“西粮东输”转变。从粮食生产集中度[①]指标可以清晰地看出这一变化。表1-4-9列示了全国各大区域（包括长三角地区在内）粮食集中度的变化情况。从六大区域来看，粮食生产集中度增加和减少各为一半。粮食集中度呈现增长状态的三个区域是东北地区、华北地区和西北地区，年均增长率依次为4.32%、1.27%和0.73%，其他三大区域都呈现不同程度的下降，其年均下降率依次为，西南地区1.30%，华东地区0.86%和中南地区0.84%。从粮食生产份额增加的区域来看，都分布在北部地区，其中粮食生产自然条件较差的西北地区也包括在内。而粮食生产份额减少的区域则为南部和东部区域。长三角地区地处我国的东南区域，自然条件较为优越，但近年来该地区粮食生产份额呈现逐年下降趋势，从2000年的15.08%下降到2014年的12.81%，考虑到本报告中的长三角包括粮食主产省安徽，如果仅就上海、江苏、浙江而言，其粮食生产集中度会呈现明显的下降趋势，从2000年的9.73%下降到2014年的7.18%，年均下降率高达1.75%。

表1-4-9 全国各区域粮食生产集中度一览表

单位:%

年份	华北地区	东北地区	华东地区		中南地区	西南地区	西北地区
				其中：长三角			
2000	10.63	11.52	28.73	15.08	27.21	15.59	6.32
2001	10.32	13.25	28.29	14.73	27.10	14.66	6.38
2002	10.91	14.59	27.02	14.76	26.06	14.82	6.60
2003	11.34	14.56	25.95	12.95	25.62	15.82	6.71
2004	11.16	15.40	26.48	13.87	25.52	15.01	6.44
2005	11.30	15.33	26.34	13.14	25.77	14.75	6.51

① 粮食生产集中度＝各省的粮食产量/全国粮食总产量×100%。

续表

年份	华北地区	东北地区	华东地区		中南地区	西南地区	西北地区
				其中：长三角			
2006	11.77	16.80	27.01	13.71	25.49	12.56	6.36
2007	11.78	15.45	27.03	13.70	25.88	13.50	6.36
2008	11.99	16.88	26.41	13.41	25.00	13.36	6.36
2009	11.52	15.83	26.74	13.58	25.56	13.50	6.84
2010	11.88	17.60	25.91	13.18	24.72	13.02	6.87
2011	12.32	18.87	25.38	12.86	24.25	12.36	6.82
2012	12.42	18.95	25.12	12.81	24.03	12.51	6.96
2013	12.83	19.52	24.69	12.54	23.54	12.44	6.99
2014	12.66	18.99	25.01	12.81	23.78	12.55	7.01
年均变化率	1.27	4.32	-0.86	-1.00	-0.84	-1.30	0.73

注：华北地区指北京、天津、河北、山西和内蒙古，东北地区是指辽宁、吉林和黑龙江，华东地区是指上海、江苏、浙江、安徽、福建、江西和山东，中南地区是指河南、湖北、湖南、广东、广西和海南，西南地区是指重庆、四川、贵州、云南和西藏，西北地区是指陕西、甘肃、青海、宁夏和新疆。此处的长三角地区是指上海、江苏、浙江和安徽。

数据来源：国家统计局网站，http：//www.stats.gov.cn/。

2. 长三角地区三省一市粮食生产差异化明显

长三角地区粮食生产状况呈现较大的差异化特征。表 1-4-10 列示出了上海、江苏、浙江、安徽粮食生产和集中度情况。其中上海和浙江是典型的粮食主销区的特征，无论从粮食生产的绝对量还是相对量来看，都呈现较大幅度的下降。上海的粮食产量从 2000 年的 174 万吨下降到 2014 年的 112.54 万吨，这与上海力保年产量 100 万吨的目标相吻合，从生产集中度来看，15 年间下降了一半。浙江的粮食生产下降速度更加显著，粮食产量年均下降 2.52%，粮食生产集中度年均下降 3.51%，这两项指标均高于上海。江苏作为粮食产销平衡区，粮食生产方面基本稳定。从粮食产量来看，其处于波动性增长状况，但近年来出现增长乏力的局面，从粮食生产集中度来看，略有下降，从 2000 年的 6.72% 下降至 5.75%。安徽则是粮食主产省，其粮食产量稳定上升，从 2000 年的 2472.10 万吨增加到了 2014 年的 3415.83 万吨，但生产集中度增加缓慢，基本维持在 5.35% ~6.05% 之间。

表1-4-10　上海、江苏、浙江、安徽粮食生产和集中度情况

年份	上海		江苏		浙江		安徽	
	产量（万吨）	集中度（%）	产量（万吨）	集中度（%）	产量（万吨）	集中度（%）	产量（万吨）	集中度（%）
2000	174.00	0.38	3106.63	6.72	1217.70	2.63	2472.10	5.35
2001	151.42	0.33	2942.05	6.50	1072.68	2.37	2500.30	5.52
2002	130.46	0.29	2907.05	6.36	942.27	2.06	2765.00	6.05
2003	98.75	0.23	2471.85	5.74	793.38	1.84	2214.80	5.14
2004	106.29	0.23	2829.06	6.03	834.90	1.78	2742.96	5.84
2005	105.36	0.22	2834.59	5.86	814.70	1.68	2605.30	5.38
2006	111.30	0.22	3096.03	6.22	769.51	1.55	2853.71	5.73
2007	109.20	0.22	3132.24	6.24	728.64	1.45	2901.40	5.78
2008	115.67	0.22	3175.49	6.01	775.55	1.47	3023.30	5.72
2009	121.68	0.23	3230.10	6.09	789.15	1.49	3069.87	5.78
2010	118.40	0.22	3235.10	5.92	770.67	1.41	3080.49	5.64
2011	121.95	0.21	3307.76	5.79	781.60	1.37	3135.50	5.49
2012	122.39	0.21	3372.48	5.72	769.80	1.31	3289.10	5.58
2013	114.15	0.19	3422.99	5.69	733.95	1.22	3279.60	5.45
2014	112.54	0.19	3490.62	5.75	757.41	1.25	3415.83	5.63
年均变化率（%）	-2.35	-3.38	0.82	-0.96	-2.52	-3.51	2.55	0.35

注：生产集中度是指该地区粮食产量与全国粮食产量总量的比例。

数据来源：国家统计局网站，http：//www.stats.gov.cn/。

3. 长三角各区域地级市粮食生产差异越发突出

长三角各区域内部粮食生产差异更加明显。江苏经济地带明显划分为苏南、苏中、苏北三大区域，浙江则分为浙东北和浙西南两大区域，安徽划分为皖南、皖中和皖北三大区域，各个省域内部粮食生产也呈现较为明显的差异。

以江苏2013年的数据分析（见表1-4-11），可以发现，2013年江苏全省人均粮食占有量达到485.04公斤/人，以人均400公斤/人的标准计算，全省是粮食盈余区。但苏南地区人均粮食占有量仅为165.89公斤/人，而这一指标在苏中和苏北地区分别为592.83公斤/人和779.45公斤/人。苏南五市除镇江之外，粮食均出现较大缺口。苏中和苏北的全部城市都处于粮食盈余状况。其中人均粮食占有量最低的城市依次为苏州、无锡、南京，分别为106.93公斤/人、122.82公斤/人和142.83公斤/人。人均粮食占有量最高的城市依次为淮安、盐城、连云港，分别为955.11公斤/人、950.87公斤/人和801.05公斤/人。巨大的内部差异为粮食产销合作提供了很好的合作机遇。

表1－4－11　2013年江苏13个地级市粮食生产、人口与人均粮食占有量情况

地区	粮食产量（万吨）	常住人口（万人）	人均粮食占有量（公斤/人）
苏南合计：	549.22	3310.81	165.89
南京	116.95	818.78	142.83
无锡	79.64	648.41	122.82
常州	113.71	469.21	242.34
苏州	113.12	1057.87	106.93
镇江	125.79	316.54	397.39
苏中合计：	972.34	1640.17	592.83
南通	333.46	729.77	456.94
扬州	312.19	447.00	698.41
泰州	326.68	463.40	704.96
苏北合计：	2329.38	2988.51	779.45
徐州	451.13	859.10	525.12
连云港	354.73	442.83	801.05
淮安	461.02	482.69	955.11
盐城	686.51	721.98	950.87
宿迁	375.99	481.91	780.21
江苏全省	3850.94	7939.49	485.04

数据来源：江苏省统计局网站，http：//www.jssb.gov.cn/。

浙江作为粮食销区的特征非常明显。从浙江2013年的数据来看（见表1－4－12），2013年浙江全省人均粮食占有量为133.49公斤/人，远远低于人均400公斤/人的标准。浙东北的人均粮食占有量稍高于浙西南。但从区域内部来看，两个区域粮食占有程度均有较大差异。

表1-4-12　2013年浙江11个地级市粮食生产、人口与人均粮食占有量情况

地区	粮食产量（万吨）	常住人口（万人）	人均粮食占有量（公斤/人）
浙东北合计：	532.38	3007.2	177.04
杭州	95.92	884.4	108.46
宁波	81.25	766.3	106.03
嘉兴	138.83	455.8	304.59
湖州	90.55	291.6	310.53
绍兴	120.68	494.9	243.85
舟山	5.14	114.2	45.01
浙西南合计：	383.46	2490.8	153.95
温州	83.06	919.7	90.31
金华	88.30	542.8	162.68
衢州	79.92	212.4	376.27
台州	79.91	603.8	132.35
丽水	52.28	212.2	246.37
浙江全省	733.95	5498.0	133.49

数据来源：浙江统计信息网，http：//www.zj.stats.gov.cn/。

以安徽2013年的数据进行分析（见表1-4-13），可以发现，2013年安徽全省人均粮食占有量达到543.90公斤/人，远超过人均400公斤/人的标准，全省是粮食盈余区。三大区域人均粮食占有量均超过400公斤/人，但皖南地区最少，为400.80公斤/人，皖北和皖中分别724.48公斤/人和621.75公斤/人。

表1-4-13　2013年安徽16个地级市粮食生产、人口与人均粮食占有量情况

地区	粮食（万吨）	常住人口（万人）	人均粮食占有量（公斤/人）
皖中合计：	1405.24	2260.13	621.75
合肥	299.68	761.14	393.72
安庆	247.61	534.47	463.28
滁州	413.83	396.18	1044.53

续表

地区	粮食（万吨）	常住人口（万人）	人均粮食占有量（公斤/人）
六安	444.13	568.33	781.46
皖北合计	1870.32	2581.59	724.48
淮北	120.08	214.22	560.56
亳州	447.45	494.97	903.99
宿州	379.14	543.11	698.10
蚌埠	263.60	322.04	818.52
阜阳	526.11	771.61	681.84
淮南	133.94	235.65	568.39
皖南合计	476.19	1188.09	400.80
芜湖	132.71	359.56	369.09
宣城	127.77	256.31	498.49
马鞍山	101.79	220.80	461.01
铜陵	15.25	73.62	207.22
池州	65.22	142.23	458.53
黄山	33.45	135.58	246.72
安徽全省	3279.60	6029.82	543.90

数据来源：安徽省统计局网站，http：//www.ahtjj.gov.cn/。

截至2015年7月30日，从参加长三角粮食发展与合作论坛的24市的情况来看，除上海之外，江苏8个，浙江省8个，安徽省7个（见表1－4－14）。从所处区域来看，现有会员城市多为当地的经济发达区域，目前的会员城市中，15个城市属于粮食销区，3个城市属于粮食产销平衡区，6个城市是粮食产区。粮食主销区的城市更加关心当地粮食安全情况，积极利用流通渠道来解决当地粮食短缺情况；粮食主产区城市则更关心本地盈余粮食的销售。长三角论坛城市内部粮食余缺情况的不同，给长三角城市之间展开合作和交流通提供了空间和机遇。但同时也要充分利用长三角社会经济发达的优势，会员城市之间开展合作并加强组织与外部粮食生产的合作。

表 1-4-14　2013 年长三角粮食发展与合作论坛的 24 市粮食人均占有量情况

地区	人均粮食占有量（公斤/人）	所处地区	所处省份	性质
上海	165.89		上海	粮食销区
南京	142.83	苏南	江苏	粮食销区
无锡	122.82	苏南	江苏	粮食销区
常州	242.34	苏南	江苏	粮食销区
苏州	106.93	苏南	江苏	粮食销区
镇江	397.39	苏南	江苏	粮食产销平衡区
南通	456.94	苏中	江苏	粮食产区
扬州	698.41	苏中	江苏	粮食产区
泰州	704.96	苏中	江苏	粮食产区
杭州	108.46	浙东北	浙江	粮食销区
宁波	106.03	浙东北	浙江	粮食销区
嘉兴	304.59	浙东北	浙江	粮食销区
湖州	310.53	浙东北	浙江	粮食销区
绍兴	243.85	浙东北	浙江	粮食销区
舟山	45.01	浙东北	浙江	粮食销区
台州	132.35	浙西南	浙江	粮食销区
衢州	376.27	浙西南	浙江	粮食产销平衡区
合肥	393.72	皖中	安徽	粮食产销平衡区
滁州	1044.53	皖中	安徽	粮食产区
马鞍山	461.01	皖南	安徽	粮食产区
宣城	498.49	皖南	安徽	粮食产区
芜湖	369.09	皖南	安徽	粮食销区
黄山	246.72	皖南	安徽	粮食销区
铜陵	207.22	皖南	安徽	粮食销区

二、粮食消费能力快速增长

（一）粮食消费总量持续增加

粮食消费直观地反映了一国居民的饮食水平及生活质量的高低。受人口增长、城乡居民收入不断提高和粮食加工转化增长较快等因素影响，当前我国粮食消费总量继续保持平稳增长的态势。

长三角是中国人口密度最大的地区。根据表 1－4－15 所示，在人口规模方面，上海地区的常住人口数量在 2000 年，截至 2013 年年底，常住人口规模是 2000 年的 1.5 倍，常住人口年平均增长率为 35.78‰。江苏地区的常住人口数量在 2000 年，截至 2013 年年底，常住人口规模是 2000 年的 1.08 倍，常住人口年平均增长率为 5.97‰。浙江地区的常住人口数量在 2000 年，截至 2013 年年底，常住人口规模是 2000 年的 1.17 倍，常住人口年平均增长率为 12.48‰。安徽地区的常住人口数量在 2000 年，截至 2013 年年底，常住人口规模略微下降，但总体上变化不大，这可能是由于安徽流向省外的劳动力人数逐年增加造成的。整个长三角地区的常住人口数量在 2000 年，截至 2013 年，常住人口年平均增长率为 5.39‰。人口数量的持续增长使长三角地区粮食消费需求量不断增加，粮食保供压力持续加大。

表 1－4－15　上海、江苏、浙江、安徽常住人口数量

单位：万人

年份	上海	江苏	浙江	安徽	合计
2000	1609	7327	4680	6093	18100
2001	1668	7359	4729	6128	18215
2002	1713	7406	4776	6144	18326
2003	1766	7458	4857	6163	18478

续表

年份	上海	江苏	浙江	安徽	合计
2004	1835	7523	4925	6228	18676
2005	1890	7588	4991	6120	18699
2006	1964	7656	5072	6110	18837
2007	2064	7723	5155	6118	18996
2008	2141	7762	5212	6135	19110
2009	2210	7810	5276	6131	19217
2010	2303	7869	5447	5957	19273
2011	2347	7899	5463	5968	19330
2012	2380	7920	5477	5988	19385
2013	2415	7939	5498	6030	19467

数据来源：上海市统计局：《上海统计年鉴》（2001～2014），北京：中国统计出版社；江苏省统计局：《江苏统计年鉴》（2001～2014），北京：中国统计出版社；浙江省统计局：《浙江统计年鉴》（2001～2014），北京：中国统计出版社；安徽省统计局：《安徽统计年鉴》（2001～2014），北京：中国统计出版社。

城乡居民生活水平的提高以及城镇化建设进程的快速推进对粮食消费需求总量以及消费需求结构产生了重要影响。如表1－4－16所示，2000年上海地区城镇居民家庭人均可支配收入为11718元，农村居民家庭人均可支配收入为5565元；到2013年，其城镇居民家庭人均可支配收入增长至43851元，农村居民家庭人均可支配收入为19208元，两者分别是2000年的3.74倍和3.45倍。2000年，江苏地区城镇居民家庭人均可支配收入为6800元，农村居民家庭人均纯收入为3595元；到2013年，其城镇居民家庭人均可支配收入增长至32538元，农村居民家庭人均可支配收入为13598元，两者分别是2000年的4.79倍和3.78倍。浙江地区2013年的城镇居民家庭人口可支配收入为37851元，农村居民家庭人均纯收入为16106元，分别是2000年的4.08倍和3.79倍。安徽地区2013年的城镇居民家庭人口可支配收入为2000年的4.37倍，农村居民家庭人均纯收入为2000年的4.19倍。可见，近十年来，整个长三角地区城乡居民人均可支配收入（人均纯收入）都大幅上升，这必然会带动该地区城乡居民消费水平的稳步上升。城乡居民生活水平的提高将促进粮食等食品消费的增长，特别是肉蛋奶等粮食转化物的消费量的增长。

表 1－4－16　城乡居民家庭人均可支配收入（人均纯收入）

单位：元

年份	上海		江苏		浙江		安徽	
	城市	农村	城市	农村	城市	农村	城市	农村
2000	11718	5565	6800	3595	9279	4254	5294	1935
2001	12883	5850	7375	3785	10465	4582	5669	2020
2002	13250	6212	8178	3996	11716	4940	6032	2118
2003	14867	6658	9263	4239	13180	5431	6778	2127
2004	16683	7337	10482	4754	14546	6096	7511	2499
2005	18645	8342	12319	5276	16294	6660	8471	2641
2006	20668	9213	14084	5813	18265	7335	9771	2969
2007	23623	10222	16378	6561	20574	8265	11474	3556
2008	26675	11385	18680	7357	22727	9258	12990	4202
2009	28838	12324	20552	8004	24611	10007	14086	4504
2010	31838	13746	22944	9118	27359	11303	15788	5285
2011	36230	15644	26341	10805	30971	13071	18606	6232
2012	40188	17401	29677	12202	34550	14552	21024	7160
2013	43851	19208	32538	13598	37851	16106	23114	8098

数据来源：上海市统计局：《上海统计年鉴》（2001～2014），北京：中国统计出版社；江苏省统计局：《江苏统计年鉴》（2001～2014），北京：中国统计出版社；浙江省统计局：《浙江统计年鉴》（2001～2014），北京：中国统计出版社；安徽省统计局：《安徽统计年鉴》（2001～2014），北京：中国统计出版社。

一般来说，收入越低的家庭用来购买食物的支出占个人消费支出总额的比例（恩格尔系数）就越大，随着家庭收入的增加，其用来购买食物的支出比例则会下降；也就是说，越穷的居民家庭用来购买食物的支出占的比例就越大，反之越小。随着居民家庭收入水平的提高，长三角地区城乡居民食品消费支出占生活消费总支出的比重越来越小，也就是说我国城乡居民家庭恩格尔系数正在逐步下降。在表 1－4－17 中，2000 年上海地区城镇居民家庭恩格尔系数为 44.5%，农村居民家庭为 44%，到 2013 年两者降为 34.9%和 39.7%，分别下降了 9.6%和 4.3%；江苏地区城镇居民家庭恩格尔系数在 2000 年为 41.1%，农村居民家庭为 43.5%，到 2013 年两者降为 34.7%和

36.3%，分别下降了6.4%和7.2%；2000年浙江地区城镇居民家庭恩格尔系数为39.2%，农村居民家庭为43.5%，到2013年两者分别下降了4.8%和7.9%；安徽地区城乡居民家庭恩格尔系数从2000年至2013年则分别下降了6.6%和12.8%。这一事实也充分说明，随着收入水平的提高，人们用于粮食消费支出的比重正在逐渐下降。居民传统的饮食结构以谷物类等植物性食物为主，动物性食物相对较少。但是，随着长三角地区社会经济的发展以及城乡居民家庭生活水平的改善，人们在最基本的粮食消费需求得到满足的情况下，必然会进一步改变饮食结构，增加动物性食物的摄入，即居民消费结构面临转型升级，消费方式由直接消费粮食转向间接消费粮食，增加肉蛋奶等粮食转化物的消费，且消费需求由数量转向质量。

表1-4-17　城乡居民家庭恩格尔系数

单位:%

年份	上海		江苏		浙江		安徽	
	城市	农村	城市	农村	城市	农村	城市	农村
2000	44.5	44.0	41.1	43.5	39.2	43.5	45.7	52.5
2001	43.4	40.3	39.7	42.6	36.3	41.6	44.2	49.8
2002	39.4	35.2	40.4	40.0	37.9	40.8	43.2	47.5
2003	37.2	35.4	38.3	41.4	36.6	38.2	44.2	46.0
2004	36.4	34.6	40.0	44.2	36.2	39.5	43.9	47.5
2005	35.9	36.8	37.2	44.0	33.8	38.6	43.7	45.5
2006	35.6	37.8	36.0	41.8	32.9	37.2	42.4	43.2
2007	35.5	36.8	36.7	41.6	34.7	36.4	39.7	43.3
2008	36.6	40.9	37.9	41.3	36.4	38.0	41.0	44.3
2009	35.0	37.1	36.3	39.2	33.6	37.4	39.6	40.9
2010	33.5	37.2	36.5	38.1	34.3	35.5	38.0	40.7
2011	35.5	40.1	36.1	38.5	34.6	37.6	39.8	41.1
2012	36.8	40.0	35.4	37.4	35.1	37.7	38.7	39.3
2013	34.9	39.7	34.7	36.3	34.4	35.6	39.1	39.7

数据来源：上海市统计局：《上海统计年鉴》（2001~2014），北京：中国统计出版社；江苏省统计局：《江苏统计年鉴》（2001~2014），北京：中国统计出版社；浙江省统计局：《浙江统计年鉴》（2001~2014），北京：中国统计出版社；安徽省统计局：《安徽统计年鉴》（2001~2014），北京：中国统计出版社。

随着城乡居民生活水平的不断提高，城镇化建设速度的不断加快，人们对肉蛋奶的消费需求日趋旺盛，这些消费偏好的改变导致现阶段和将来一定时期内我国人均口粮消费的下降，但粮食消费的总量很有可能出现平稳增长。在表 1－4－18 中，2000 年上海地区城镇居民家庭平均每人全年购买的粮油数量为 64.3 公斤，肉类为 28.3 公斤；到 2013 年，粮油降低至 49.7 公斤，而肉类却增加至 30.9 公斤；粮油年均下降比率为 1.62%，肉类年均增长比率为 0.66%。江苏地区 2000 年城镇居民家庭平均每人全年购买粮油 70.5 公斤，肉类为 21.48 公斤；到 2013 年，粮油总共下降了 9.59 公斤，肉类总共增加了 3.81 公斤；前者年均下降比率为 0.97%，后者年均增长比率为 1.27%。浙江地区从 2000 年至 2013 年城镇居民家庭平均每人全年购买粮油降低了 13.99 公斤，肉类增加了 6.67 公斤；前者年均下降 1.19%，后者年均上升 1.84%。安徽地区从 2000 年至 2013 年城镇居民家庭平均每人全年购买的粮油变化不大，总共下降了 2.05%；肉类从 32.8 公斤增加至 41.89 公斤，年平均增长率为 1.98%。虽然长三角地区城镇居民家庭平均每人全年购买的粮油数量呈下降趋势，但肉类等粮食转化品的消费量却逐渐上升。总体上，长三角城镇地区人均口粮消费下降，饲料用粮和工业用粮需求增加，粮食消费总量平稳上升。

表 1－4－18　城镇居民家庭平均每人全年购买粮油及肉类数量

单位：公斤

年份	上海		江苏		浙江		安徽	
	粮油	肉类	粮油	肉类	粮油	肉类	粮油	肉类
2000	64.3	28.3	70.50	21.48	83.97	25.84	103.50	32.80
2001	80.1	34.6	—	—	80.93	24.54	102.20	32.00
2002	80.2	38.6	87.55	23.90	76.99	29.66	93.02	35.38
2003	74.2	37.4	83.65	23.39	79.37	29.69	98.23	35.12
2004	69.8	32.7	82.65	22.57	80.83	29.32	94.71	32.80
2005	69.0	33.7	65.20	23.35	77.23	31.02	95.03	36.45
2006	52.9	29.6	65.93	22.85	76.71	29.95	96.44	36.10
2007	50.5	30.2	64.37	20.84	60.55	26.26	81.72	29.00
2008	52.7	31.1	65.49	21.53	62.95	26.65	70.95	30.97

续表

年份	上海		江苏		浙江		安徽	
	粮油	肉类	粮油	肉类	粮油	肉类	粮油	肉类
2009	51.0	30.3	61.61	22.70	61.12	27.28	67.32	31.50
2010	47.9	30.8	60.86	24.28	60.52	28.36	91.33	33.04
2011	47.4	31.5	57.89	23.89	61.50	29.77	98.94	35.38
2012	46.1	32.5	57.56	25.73	60.19	30.15	97.04	35.59
2013	49.7	30.9	60.91	25.29	69.98	32.51	105.62	41.89

注：粮油：江苏和浙江包括大米、面粉和食用植物油，上海仅包括大米和食用植物油，安徽则包括粮食和食用植物油。肉类：上海和浙江指猪肉、牛羊肉和鸡鸭之和，江苏仅包括猪肉和牛羊肉，安徽则包括猪肉、牛羊肉和家禽。

数据来源：上海市统计局：《上海统计年鉴》（2001～2014），北京：中国统计出版社；江苏省统计局：《江苏统计年鉴》（2001～2014），北京：中国统计出版社；浙江省统计局：《浙江统计年鉴》（2001～2014），北京：中国统计出版社；安徽省统计局：《安徽统计年鉴》（2001～2014），北京：中国统计出版社。

从表1－4－19中可见，虽然长三角地区农村居民家庭平均每人的粮食消费量逐渐下降，但肉禽及其制品等粮食转化食品的消费量却以更高的增长率上升，其结果是长三角地区的饲料粮和工业用粮需求急剧增加，而且饲料用粮和工业用粮需求的增长将显著大于对口粮需求的减弱作用，因此，综合来看，长三角农村地区的粮食消费总量必然大幅度上升。

表1－4－19　农村居民家庭平均每人粮食和肉禽及其制品消费量

单位：公斤

年份	上海		江苏		浙江		安徽	
	粮食	肉禽及其制品	粮食	肉禽及其制品	粮食	肉禽及其制品	粮食	肉禽及其制品
2000	222.27	29.68	288.1	17.8	227.26	23.30	270.24	13.08
2001	230.48	30.39	—	—	232.62	22.12	257.00	14.60
2002	210.51	28.36	263.6	16.4	224.02	21.60	241.32	13.24
2003	189.98	29.08	253.1	23.2	207.26	22.45	229.51	13.34
2004	171.01	26.26	233.6	22.7	203.17	20.37	209.76	12.10
2005	146.16	36.48	208.6	23.0	187.85	23.99	214.68	15.34
2006	160.58	35.92	218.9	23.0	187.64	23.33	210.57	14.74
2007	158.00	33.95	214.5	21.6	180.59	20.56	195.49	13.75

续表

年份	上海		江苏		浙江		安徽	
	粮食	肉禽及其制品	粮食	肉禽及其制品	粮食	肉禽及其制品	粮食	肉禽及其制品
2008	140.06	33.19	202.8	21.9	183.23	20.66	191.24	14.11
2009	138.82	35.41	200.7	22.4	178.39	21.23	181.59	14.29
2010	135.82	34.98	176.7	24.0	165.13	21.87	174.75	14.91
2011	123.48	39.16	158.0	23.5	137.04	23.39	164.89	16.90
2012	119.71	39.35	159.8	23.4	128.60	22.79	151.43	17.65
2013	133.10	43.07	158.6	25.3	115.88	26.80	142.84	19.92

数据来源：上海市统计局：《上海统计年鉴》（2001～2014），北京：中国统计出版社；江苏省统计局：《江苏统计年鉴》（2001～2014），北京：中国统计出版社；浙江省统计局：《浙江统计年鉴》（2001～2014），北京：中国统计出版社；安徽省统计局：《安徽统计年鉴》（2001～2014），北京：中国统计出版社。

2000年以来，长三角地区城镇迅速发展，城镇化水平进一步提高。随着城镇化进程的推进，越来越多的农村人口转向城市，城镇人口数量逐年增加。由于城乡居民消费习惯和消费结构的差别，城镇化水平的提高也会带来粮食消费的结构性变化。在城镇化过程中，部分居民会减少口粮消费，增加肉蛋奶等粮食转化品的消费量，因此饲料用粮和工业用粮将急剧增加，从而影响到长三角地区的粮食安全。如表1－4－18和表1－4－19所示，从城乡居民家庭平均每人全年主要食品消费量可知长三角地区城镇居民和农村居民在食品消费上存在一定的差异。在口粮消费上，农村居民显著地高于城镇居民。2013年，上海地区的城镇居民家庭人均粮油购买量为49.7公斤，而其农村居民家庭的粮食消费量则为133.1公斤，后者高于前者83.4公斤；江苏地区城镇居民家庭人均粮油购买量为60.91公斤，而农村居民则为158.6公斤，两者相差97.69公斤；浙江地区城乡居民的差距为45.9公斤；安徽地区则为37.22公斤。从肉类的消费量来看，上海地区城镇居民的消费量低于农村；江苏地区城乡居民的消费量差别不大；而浙江和安徽地区城镇居民的消费量仍然显著高于农村居民，虽然近几年两者的差距在逐年减小，2013年的数据显示，浙江地区城镇居民肉类消费量约为农村居民的1.21倍，安徽地区则高达2.10倍。总体来看，城镇化水平的提高在使长三角地区城乡居民口粮消费量减少的同时，会使居民对肉类及其制品等营养价值较高的食品的需求不断增长，从而使得饲料用粮和工业用粮的需求持续增加。因此，长三角地区不仅要满足口粮消费需求，在保障粮食供求基本平衡的情况下，还要满足粮食消费升级所带来的粮食结构需求。长三角地区一方面要保证足够的粮食供给，另一方面还要保障不同品种的粮食供给。

（二）流动人口的粮食消费能力不容忽视

长三角地区是我国综合实力最强的区域，也是中国人口密度最大的地区，其经济快速发展促进了流动人口的大量增加。流动人口已经成为长三角区域经济增长过程中不可忽视的一个重要因素，其对长三角地区经济发展的贡献率越来越大。据中国之声《新闻和报纸摘要》报道，在长三角地区的城市中，外来人口规模达到百万级的城市已达7个。其中，上海以每平方公里9589人，成为全国人口密度最大的城市。国家统计局统计数据显示，长三角地区年末常住人口由2001年的1.58亿增至2010年的1.76亿，户籍人口由2001年的1.29亿增至2010年的1.36亿。至2008年年底，长三角地区流动人口达到了3935.48万，其中上海市为642.27万，江苏省为1469.78万，浙江省为1823.43万；来自省内的流动人口828.25万，来自省外的流动人口3107.23万，占长三角地区全部流动人口的79.0%。近十年间，长三角地区常住人口增加约2000万左右，而户籍人口仅增加了700多万。长三角地区常住人口增加的主要原因是非户籍迁移流动人口的增加，流动人口以“省市外”为主。根据2010年的第六次人口普查数据，最近5年来向长三角地区迁移的人口主要来自河南、四川、江西等地，同时，向长三角地区的人口导入主要是向上海迁移流动，其次是迁入杭州、宁波等城市。从长三角地区迁移外出的人口主要方向是北京、广东、山东等地。在长三角地区内部迁入人口中，上海的省外人口迁入比例最高，安徽省内人口迁出比例最高。而江苏和浙江的迁移流动人口中，省内人口迁移流动比例相对更高。在长三角“三省一市”之中，上海是外来人口比重最大且人口规模扩张速度最快的，而户籍人口的增加则是最慢的，这在一定程度上反映出了移民对于上海城市成长的作用。那么，新上海人中的外来移民人口主要来自哪里呢？根据2010年的第六次人口普查数据，上海有近900万的外来人口，占常住人口的39%，其中由长三角内部江苏和浙江两省流入的数量分别是150.35万和45.05万，占外来人口总量的21.7%。除江浙外，来自河南和安徽的人口也占相当大的比重，仅安徽省就占28.99%，成为上海外来人口最大的来源地。长三角地区流动人口规模庞大，且主要集中于大城市。通过对长三角地区行政区域数字化，利用地理信息系统的空间分析功能，可以看出长三角地区流动人口西起南京，途经镇江、常州、无锡、苏州、上海、嘉兴、杭州、绍兴，止于浙江省的宁波市。长三角地区流动人口数量最多的区域就集中在这些城市。

长三角地区作为我国突出的人口导入地区，流动人口仍在持续快速地增加。长三角地区流动人口新政促进了人口流动，从2008年下半年到2009年11月，长三角地区相继出台了有关流动人口的政策。如2008年10月，江苏省劳动保障厅和公安厅联合发出的《关于做好优秀农民工落户城镇工作的意见》的规定，2009年6月上海市印发了《持有〈上海市居住证〉人员申办本市常住户口试行办法》实施细则等。流动人口政策的调整，促进了长三角地区人口的流动。相应政策的出台为流动人口进城又开了一扇门。另外，长三角地区正处于工业化加速发展阶段，产业集群日趋国际化，第三产业发展迅速，制造业空间布局变化突出。我们通过建立长三角产业结构与人口变动的关联模式分析可知，城市人口的分布变动与地区的产业结构和布局变化紧密相关，第二、第三产业的经济增长是拉动长三角地区人口就业的主要因素，第三产业是扩大就业的主要渠道和吸引人口流入的主要动力。长三角地区流动人口的持续增加必然对该地区的粮食安全产生巨大压力。而在以往的统计中，农民工的粮食需求并没有被计算进去，这将进一步加剧长三角地区粮食安全隐忧。

（三）低收入群体粮食安全值得关注

低收入群体主要包括失业者群体、无劳动能力群体和老龄群体。这类群体在劳动市场上处于弱势地位，相比中高收入群体，其收入水平相对较低。不同收入等级群体的食品消费支出比重存在较大差异，因而当粮价上涨时，其承受能力也必然不同①。粮价上涨主要威胁低收入群体的粮食安全，而对中高收入群体的影响不大②。保障低收入群体粮食安全是政府宏观调控的首要任务。在粮食产量一定的情况下，粮食获取主要取决于粮食价格和居民的可支配收入水平。但是由于低收入群体的可支配收入水平一直处于低位，因此，提高低收入群体的平均收入水平是保障粮食安全的重要途径

① 黄春燕，蒋乃华．粮食价格、收入水准与城镇低收入人群保障［J］．改革，2012（1）：81－85.
② 陈锡文．工业化、城镇化要为解决“三农”问题做出更大贡献［J］．经济研究，2011（10）：8－10.

之一。

如表1－4－20所示，2000年，上海城镇居民家庭高收入户平均每人全年可支配收入水平为19959元，而低收入户和中低收入户则分别为6840元和8815元，前者是后两者的3倍和2倍。到2013年，城镇居民家庭高收入户平均每人全年可支配收入水平已上涨为87676元，是2000年的4.39倍，年平均增长率为24.23%；而低收入户和中低收入户则分别为20766元和30221元，约为2000年的3.04倍和3.43倍，其年平均增长率分别为14.54%和17.35%。在农村地区，2000年，上海农村居民家庭高收入户平均每人全年可支配收入水平为10405元，而农村低收入户和中低收入户则分别为2330元和3906元，前者是后两者的4倍和3倍。到2013年，农村居民家庭高收入户平均每人全年可支配收入水平已上涨为31196元，是2000年的3倍，年平均增长率为14.27%；而低收入户和中低收入户则分别为8708元和14415元，约为2000年的3.73倍和3.69倍，其年平均增长率分别为19.55%和19.22%。由此可见，上海地区城乡居民中，低收入群体的可支配收入水平相对偏低，而且其年平均增长率也低于其他群体。

表1－4－20　上海市按收入等级分主要年份城乡居民家庭人均可支配收入

单位：元

年份	2000		2005		2010		2012		2013	
	城市	农村	城市	农村	城市	农村	城市	农村	城市	农村
总平均	11718	5565	18645	8342	31838	13746	40188	17401	43851	19208
低收入户	6840	2330	7851	3347	14996	5968	19059	7707	20766	8708
中低收入户	8815	3906	11800	5594	21780	10107	27597	13071	30221	14415
中等收入户	10529	5264	15668	7612	27484	12929	34351	16490	36989	18152
中高收入户	12892	6725	21313	9755	35120	16327	44474	20340	48141	22618
高收入户	19959	10405	37722	15309	62465	24536	78522	29180	87676	31196

数据来源：上海市统计局：《上海统计年鉴》（2001～2014），北京：中国统计出版社。

在表1－4－21中，2000年，江苏城镇居民家庭高收入户平均每人全年可支配收入水平为12870元，而低收入户和中低收入户则分别为3308元和4930元，前者是后两者的4倍和3倍。到2013年，城镇居民家庭高收入户平均每人全年可支配收入水平已上涨为69311元，是2000年的5.39倍，年平均增长率为31.32%；而低收入户和中低收入户分别为12404元和21473元，约为2000年的3.75倍和4.36倍，其年平均增长率分别为19.64%与23.97%。2005年，江苏农村居民高收入群体的人均纯收入是低收入群体和中低收入群体的5倍和3倍，至2013，前者为后两者的7倍和4倍，收入差距不断扩大。可见，江苏省城乡居民之间收入差距较大，低收入群体和中低收入群体的人均收入水平仍然较低。

表1-4-21　江苏省按收入等级分主要年份城乡居民家庭人均可支配收入（人均纯收入）

单位：元

年份	2000		2005		2010		2012		2013	
	城市	农村	城市	农村	城市	农村	城市	农村	城市	农村
总平均	6800	—	12319	5509	22944	9551	29677	12839	32538	14363
低收入户	3308	—	4267	2314	8677	2994	12404	3860	12404	4558
中低收入户	4930	—	7260	3649	14149	5684	19404	7293	21473	8487
中等收入户	6350	—	10295	4773	19246	8028	25402	10680	28900	12038
中高收入户	8230	—	14401	6261	26141	11072	34220	15291	38191	16785
高收入户	12870	—	26842	10551	49112	19977	59761	27072	69311	29945

数据来源：江苏省统计局：《江苏统计年鉴》（2001~2014），北京：中国统计出版社。

在表1-4-22中，2006年，浙江省城镇居民家庭低收入户的人均可支配收入为17093元，高收入户的人均可支配收入是低收入户的5.22倍，至2013年为4.46倍。2006年浙江农村居民家庭的人均纯收入为4799元，高收入户的人均纯收入是低收入户的6.74倍，而至2013年增长至7.15倍。可见，浙江省城乡居民家庭中低收入户的收入水平较低，和高收入户之间的差距较大。城镇居民之间的收入差距有缩小趋势，而农村居民之间的收入差距则不断扩大。

表1-4-22 浙江省按收入等级分主要年份城乡居民家庭人均可支配收入（人均纯收入）

单位：元

年份	低收入户		中低收入户		中等收入户		中高收入户		高收入户	
	城市	农村	城市	农村	城市	农村	城市	农村	城市	农村
2006	6948	2301	11426	4693	15370	6649	20798	9062	36247	15517
2007	7940	2505	12911	5200	17219	7449	23518	10184	41449	17594
2008	8992	2766	14263	5879	19294	8325	26113	11273	47890	19819
2009	9645	2988	15371	6374	20796	8963	28028	12139	51025	21473
2010	10850	3391	17259	6897	22955	9930	30694	13626	55829	24661
2011	11960	3687	20171	8111	26936	11582	35587	15814	63025	28404
2012	14059	4096	23073	8725	30173	12700	40064	17714	69536	31483
2013	17093	4799	26461	10185	33649	14388	42931	19290	76291	34327

数据来源：浙江省统计局：《浙江统计年鉴》（2001～2014），北京：中国统计出版社。

在表1-4-23中，2000年，安徽省城镇居民家庭高收入户平均每人全年可支配收入水平为9667.73元，而低收入户和中低收入户则分别为2589.45元和3884.84元，前者是后两者的3.73倍和2.49倍。到2013年，城镇居民家庭高收入户平均每人全年可支配收入水平已上涨为47736.45元，是2000年的4.94倍，年平均增长率为28.13%；而低收入户和中低收入户则分别为9854.71元和16044.23元，约为2000年的3.81倍和4.13倍，其年平均增长率分别为20.04%与22.36%；高收入户的人均可支配收入是低收入户和中低收入户的4.84倍和2.98倍。相比其他收入群体，安徽省低收入户和中低收入户的收入增长较慢，收入水平较低。

表1-4-23 安徽省按收入等级分主要年份城镇居民家庭人均可支配收入

单位：元

年份	低收入户	中低收入户	中等收入户	中高收入户	高收入户
2000	2589.45	3884.84	5054.79	6494.52	9667.73
2005	4227.95	6420.74	8343.11	10654.14	16830.06
2006	5211.30	7560.47	9726.51	12428.73	18806.54

续表

年份	低收入户	中低收入户	中等收入户	中高收入户	高收入户
2007	6067.02	8855.60	11359.33	14436.90	22591.55
2008	6129.96	9579.96	12490.77	16215.17	27973.88
2009	6854.48	10518.29	13573.40	18229.04	29939.67
2010	7651.58	11894.66	15367.31	20010.76	34244.43
2011	9193.36	14127.30	17966.28	23618.83	39065.71
2012	11480.00	16625.00	21150.00	27132.00	41884.00
2013	9854.71	16044.23	21211.08	28001.74	47736.45

数据来源：安徽省统计局：《安徽统计年鉴》（2001～2014），北京：中国统计出版社。

随着经济的发展和人们生活水平的提高，各收入等级的城乡居民家庭平均每人全年粮食消费性支出都有所增加。相比中高收入群体，城镇低收入群体居民家庭平均每人全年粮食消费性支出比重更大。低收入群体粮食消费支出比重越大，粮食波动对其影响也越大。即不同收入群体粮食消费性支出比重差异较大，且该比重随收入的减少而增加。因此，当粮价大幅上涨时，低收入群体的粮食安全将首当其冲地受到较大影响。

如果不考虑收入的影响，粮食价格就是影响居民获取粮食的重要因素。一般地，由于低收入群体的粮食消费呈刚性，且粮食消费支出比重较大，因而粮食价格对他们的影响也就可能较大。对于低收入群体来说，粮食价格上涨降低了城镇居民的实际收入①，同时还可能使原本脱离贫困的低收入群体再度返贫②，加剧贫富差距③。当低收入群体因粮价上涨而影响粮食获取时，他们可能会采取借钱或减少用餐次数或质量来应付粮食不足④。对20世纪90年代末印度尼西亚稻米价格上涨的研究也发现，稻米价

① 卢锋，谢亚．我国粮食供求与价格走势（1980～2007）——粮价波动、宏观稳定及粮食安全问题探讨［J］．管理世界，2008（3）：70－81.

② 郭劲光．粮食价格波动对人口福利变动的影响评估［J］．中国人口科学，2009（6）：49－58.

③ 张克中，冯俊诚．通货膨胀、不平等与亲贫式增长——来自中国的实证研究［J］．管理世界，2010（5）：27－33，74.

④ Maxwell D. The political economy of urban food security in Sub－Saharan Africa［J］．World Development，1999，27（11）：1939－1953.

格上涨影响低收入群体家庭粮食安全，导致该类家庭中母亲的热量摄入明显不足[①]。因此，为保障低收入群体的粮食安全，政府应合理调控粮食价格，缩小收入差距，提高低收入群体的平均收入水平。

三、粮食品质的安全要求提高

（一）食品安全日益受到各方关注

民以食为天，食以安为先[②]，食品安全问题日益受到人民群众的关注。自2008年"三鹿奶粉"起，诸如"瘦肉精"、"地沟油"、"速成鸡"等重大食品安全事件频繁发生，国内民众对食品安全风险的关注达到了前所未有的程度[③]。《2011～2012中国饮食安全报告》表明，对当前的食品安全现状，有80.4%的公众缺乏食品安全感，绝大多数的民众认为近年的食品安全状况变得更为糟糕。食品安全风险正逐渐成为我国当前最大的社会风险之一。长三角地区由于人口高度集中、流通渠道复杂，往往是食品安全事件的多发地带。2009年，上海食品安全问题的关注强度仅排名第10位，2011年该问题的排名上升至第4位，其关注率高达64.6%（仅次于"物价上涨"），这与近年来有些省市频繁出现恶性食品安全事故有着密切的关联[④]。

① Block S. A., Kiess L., Webb P., et al. Macro shocks and micro outcomes: child nutrition during Indonesia's crisis [J]. Economics & Human Biology, 2004, 2 (1): 21-44.

② 张莉侠，俞美莲．关于上海市消费者对生鲜食品安全认知及购买行为的调查与思考［J］．上海农村经济，2008 (8): 28-30.

③ 刘瑞新，刘艳丽．消费者搜寻猪肉安全信息行为的实证研究——基于江苏省淮安、扬州和无锡三市的调查［J］．农村经济与科技，2015 (4): 110-113.

④ 陈群民，吴也白，张声明，方圆．2011年上海民生调查报告［J］．科学发展，2012 (3): 106-116.

专栏1：消费者对食品安全的关注

上海市城乡居民对食品安全的关注

选取上海市杨浦区、徐汇区、普陀区、闵行区、长宁区作为调查区域，调查地点主要集中在超市、农贸市场和大卖场，在每个地点采取随机抽样方式对上海市居民进行问卷调查，共426份调查问卷，剔除漏答的关键信息及出现错误信息的问卷，回收有效问卷416份，问卷有效回收率达97%。

调查样本中，从性别来看，女性占调查样本的64.9%，男性占35.1%，考虑到现代家庭中大部分仍由女性负责购买生鲜食品，因此调查对象以女性为主。从年龄分布看，30~40岁与40~50岁年龄段的比例基本相当，分别占26.92%、29.33%，合计已经超过50%，20~30岁与50~60岁的比例也很接近，分别占到20%左右。从受教育程度来看，超过一半的被访者接受过大学及以上的教育，体现了上海作为经济中心，会集着大量高学历人才的特点，考虑到样本的一般性，高中或技校的被访者比例占33.89%。从家庭人均月收入来看，人均月收入在3000~6000元的比例占47.36%，接近被访问者的一半，这个收入段基本代表了普通上海市民的平均月收入水平；6000元以上的占15.38%；3000元以下的占37.26%，包含了各收入阶层。调查样本具有一定的代表性。

调查结果显示，上海市消费者对食品质量安全非常关注。其中，最关注的是新鲜度，关注程度高达68.03%；其次，农药残留度的关注程度占64.18%；其后依次关注的是营养成分、价格、产品品牌、生产日期、产品产地、广告、卖方信誉、媒体信息、是否有安全认证标识等。从食品安全的角度，除了农药残留度的关注程度比较高之外，与食品安全密切相关的生产日期、卖方信誉等信息关注也较多，体现了上海市民对食品安全关切度较高的特点。

资料来源：沈杰，倪晓锋，沈生荣．浙江省城镇居民食品安全信心调查与分析［J］．食品安全质量检测学报，2014（4）：1235－1240.

表1－4－24统计了2012年12月间对江苏淮安、扬州和无锡3个城市各等量发放150份问卷进行调查的结果。调查中有92.8%的受访者对质量安全表示非常关注或比较关注，65.6%的受访者认为质量安全问题十分严重或比较严重，总体上对质量持悲

观态度，还有52.2%和44.2%的受访者分别将安全和新鲜作为购买时考虑的首要因素，这表明受访者对质量安全具有较高的风险感知。

表1-4-24 受访者对质量安全的风险感知

单位:%

质量安全关注程度	受访者所占百分比	质量安全评价	受访者所占百分比	购买时首要考虑因素	受访者所占百分比
不关注	0	不严重	0.2	价格	1.2
不太关注	3.4	不太严重	2.9	安全	52.2
一般	3.8	一般	31.3	新鲜	44.2
比较关注	29.3	比较严重	39.9	营养	1.2
非常关注	63.5	十分严重	25.7	口感	1.2

数据来源：刘瑞新，刘艳丽．消费者搜寻猪肉安全信息行为的实证研究——基于江苏省淮安、扬州和无锡三市的调查［J］．农村经济与科技，2015（4）：110-113.

表1-4-25显示，73.6%的受访者认为质量安全信息可以降低其风险感知，有87.3%的受访者表示需要安全信息。信息需求是信息搜寻行为的动因，而信息搜寻行为也是信息需求的外在表现形式。调查同时显示，有78.1%的受访者在日常生活中会有意识地通过电视、网络、亲友等方式主动搜寻安全信息，这从侧面反映了江苏地区多数受访者非常关注食品安全。

表1-4-25 受访者对安全信息的认知与需求

单位:%

安全信息能否降低风险		是否会主动搜寻安全信息	
不能	26.4	不会	21.9
能	73.6	会	78.1
对信息的需求程度		获取安全信息的便利程度	
不需要	2.9	困难	38
一般	9.9	一般	38.9
需要	87.3	方便	23.1

数据来源：刘瑞新，刘艳丽．消费者搜寻猪肉安全信息行为的实证研究——基于江苏省淮安、扬州和无锡三市的调查［J］．农村经济与科技，2015（4）：110-113.

调查还显示，92.7%、91.3%、81.0%和80.3%的受访者表示最关注的安全信息是保质期、外观、有无质检标识和药物残留等信息，其次关注的安全信息依次是销售场所信誉、是否是质量认证产品、商标品牌、产地和价格，而只有17.8%的受访者认为媒体广告信息也是比较重要或非常重要的安全信息，这可能是因为消费者对媒体广告信息缺乏信任感（如表1-4-26所示）。从消费者关注的信息排序综合分析，受访者购买时所关注的信息，首要的功能是判断质量安全。

表1-4-26 受访者关注的安全信息

单位：%

重要程度	外观	商标品牌	价格	药物残留	产地	保质期	销售场所信誉	是否是质量认证产品	有无质检标识	媒体广告
不重要	0.5	1.9	2.4	1.7	2.9	0.2	1.0	0.5	0.7	12.7
不太重要	1.7	6.7	8.9	3.8	14.4	0.5	6.3	7.5	3.6	31.7
一般	6.5	25.7	40.6	14.2	31.7	6.5	15.1	24.8	14.7	37.7
比较重要	32.2	40.4	31.3	24.8	29.3	27.6	38.9	28.8	29.3	11.8
非常重要	59.1	25.2	16.8	55.5	21.6	65.1	38.7	38.4	51.7	6.0

数据来源：刘瑞新，刘艳丽．消费者搜寻猪肉安全信息行为的实证研究——基于江苏省淮安、扬州和无锡三市的调查［J］．农村经济与科技，2015（4）：110-113.

蒋凌琳和李宇阳（2012）在浙江省11个设区市的市区范围内（城区和郊区），按照城区、街道（乡镇）、社区（村）等行政规划特征进行多阶段分层随机抽样。参照《2009年浙江省食品安全公众满意度调查问卷》进行问卷调查。本次调查共发放问卷7550份，回收问卷7500份。剔除漏答问题及出现错误信息的问卷外，回收有效问卷7460份，有效回收率为98.81%。采用Epidata3.0进行数据录入，经录入核对、逻辑检错和频率检错后，采用SPSS16.0软件进行卡方检验、秩和检验。$P<0.05$时有统计学意义。调查结果如表1-4-27所示，99.3%的消费者对食品安全有着不同程度的关注，仅有0.7%表示不关注食品安全。经检验，不同人口学特征的消费者之间差别有统计学意义（$P<0.001$），其中居住在城区、女性、年龄较小、居住时间较短、从事机关企事业管理工作、文化程度较高、家庭年收入较高的消费者对食品安全的关注度较高，而农民、工人等职业人群对食品安全的关注度较低（如表1-4-27所示）。

表1-4-27 消费者对食品安全关注情况的单因素分析结果

变量名	χ^2	P
居住地	25.962	<0.001
性别	21.246	<0.001
年龄	110.100	<0.001
居住时间	34.517	<0.001
职业	116.143	<0.001
文化程度	179.948	<0.001
家庭年收入	98.612	<0.001

数据来源：蒋凌琳，李宇阳．浙江省消费者食品安全认知现状及对饮食行为的影响［J］．中国卫生政策研究，2012（2）：59-63.

在表1-4-28中，64.1%和31.1%的消费者表示在购买食品时会看和偶尔会看食品标签说明，仅有4.6%表示不会看。经检验，不同人口学特征和食品安全关注度的消费者之间差别有统计学意义（$P<0.05$），其中居住在城区、女性、年龄较小、居住时间较长、从事服务性工作、文化程度较高、家庭年收入较高、食品安全关注度较高的消费者对食品标签的关注较多，而农民、工人等职业人群对食品标签的关注较少。在关注食品标签的7116名消费者中，其关注的信息依次为：生产日期（86.6%）、保质期（76.5%）、厂名、厂址（29.7%）和配料表（26.0%）。

表1-4-28 消费者对食品标签关注情况的单因素分析结果

变量名	χ^2	P
居住地	50.266	<0.001
性别	34.512	<0.001
年龄	34.813	<0.001
居住时间	19.075	<0.001
职业	111.000	<0.001
文化程度	172.300	<0.001
家庭年收入	53.508	<0.001
食品安全关注度	1156.000	<0.001

数据来源：蒋凌琳，李宇阳．浙江省消费者食品安全认知现状及对饮食行为的影响［J］．中国卫生政策研究，2012（2）：59-63.

专栏2：消费者对食品安全的关注

浙江省城乡居民对食品安全的关注程度

在浙江省11个设区市的市区范围内（城区和郊区），按照城区、街道（乡镇）、社区（村）等行政规划特征进行多阶段分层随机抽样。本次调查共对1658位居民进行了问卷调查，其中1613份为有效问卷，合格率为97.3%。在本次调查中，有67.95%的被调查者高度关注食品安全，26.29%的被调查者一般关注，5.76%的被调查者不关心。由此可见，食品安全问题成为浙江省居民高度关注的公共问题。通过对食品安全消费知识获得途径进行调查，发现多数居民受访者获得途径为电视、广播（62.62%）和网络（61.07%），其次为有购买经验的人（42.10%），而报纸杂志等平面媒体（38.75%）也起着非常重要的作用。在对食品安全最大隐患的调查中，超过一半的消费者认为最大的隐患在生产加工环节（58.71%），其余分别为种植养殖环节（18.54%）、持续性零售环节（10.73%）、餐饮消费环节（8.99%）和其他（3.03%）。进而提出为了消除这些隐患，提高食品安全水平最有效的做法，消费者最担心的食品主要为肉类（71.42%）、奶制品（60.57%）、蔬菜（54.62%）、粮食（52.51%）、油类（43.96%）、水果（39.62%）。其中最担心的问题是有害化学物质的残留（71.92%）、注水肉、病死牲畜（66.40%）、食品添加剂（66.03%）、食品过期变质的问题（55.55%）和没有明确标注转基因食品（36.14%）。基于食品安全问题的严重性，消费者判断食品是否安全，最主要的是看生产日期和保质期（72.29%）、产品的包装色泽气味（54.06%）、品牌知名度（47.06%）以及相关检验证明标识标签（41.29%）。而当购得的食品有质量问题时，有50.34%的消费者抱着多一事不如少一事的态度，处理方法只是把问题食品丢了，奉劝亲友不再购买，47.37%的消费者选择与商家、厂家协商要求退款或赔偿，35.28%的消费者选择向消协或媒体投诉，25.98%的消费者希望通过法律部门解决。

资料来源：沈杰，倪晓锋，沈生荣．浙江省城镇居民食品安全信心调查与分析［J］．食品安全质量检测学报，2014（4）：1235－1240.

（二）富裕群体对粮食品质的要求更高

收入水平是影响消费水平的重要因素。收入水平的提升会使消费者自觉地产生优胜劣汰的观念，消费者有能力选择质量更好、更有安全保障的食品。自2000年以来，长三角地区城乡居民的恩格尔系数处于下降的趋势，这标志着该地区的消费水平已经很高。消费水平的提高必然伴随着消费结构的改变，消费者愿意承担消费结构改变的溢价。尤其是近些年来，食品安全事故频发，造成消费者对传统农产品的不信任，使现代人追求健康生活与传统农产品的安全隐患之间矛盾尖锐。在现代人的思维当中，传统农产品由于使用化肥、农药以及添加剂等而不安全。伴随着长三角地区高收入人群的逐年扩大、消费者受教育程度的提高以及对食品安全问题的关注，富裕群体对粮食品质将有更高的要求。体现在消费行为上，富裕群体将更多地消费相对比较安全的粮食，如在生产过程中不涉及农药化肥等添加成分的天然有机粮食。随着经济水平的不断提高，富裕群体对于粮食品质的要求越来越苛刻，对于有营养、有质量的饮食需求越来越强烈，这是他们自身追求健康生活的必然选择。

专栏3：富裕群体对粮食品质的要求更高

江苏省城市消费者可追溯食品购买意愿

随着一系列全球性的重大食品安全问题的爆发，消费者对食品质量与安全的信心逐渐下降，受污染食品的消费量大幅下降。由于食品安全具有信任属性（消费者即便在消费后也仍然难以确定食品的质量和安全水平），容易在生产者与消费者之间产生信息不对称，并导致食品安全问题。而食品可追溯体系则主要通过向消费者提供食品质量与安全信息（尤其是市场上所缺失的信任属性的信息），能够有效解决信息不对称的问题，且在发生食品安全问题时可以快速追溯食品风险的主要来源，及时召回不安全食品，因而被认为是从根本上预防食品安全问题的主要工具。

本文的研究以江苏为例，主要是基于江苏是我国经济最发达的省份之一，且具有食品可追溯体系建设的基础（2007年江苏省被农业部列为食品可追溯体系试点省份）这一客观现实。样本数据来源于江苏省食品安全研究基地组织的对江苏省范围内的徐州、连云港、盐城、宿迁、淮安、泰州、扬州、南通、镇江、南京、苏州、常州、无锡13个城市的居民所进行的消费者调查。调查时间是2008年9月27日至10月25日。具体调查地点选择江苏省13个省辖市的连锁超市。选择连锁超市主要是基于可追溯食品的销售终端主要集中在超市，而且连锁超市在江苏13个城市普及率较高等方面的考虑。在每个城市调查150名左右的消费者，共回收1757份有效问卷。

调查的实证结果显示，分别有21%、34%被调查的城市消费者非常担忧、比较担忧其所在城市的食品安全问题，占被调查的消费者总数的55%；同时有26%被调查的城市消费者对其所在城市的食品安全问题担忧程度一般，只有19%被调查的城市消费者认为并不担忧其所在城市的食品安全问题。这说明城市消费者对食品安全状况的评价不太乐观，这与近年来我国食品安全事件屡禁不止密切相关。

在本次调查过程中，访问员在面对面地逐个引导被调查的城市消费者关于食品可追溯体系的认知后仔细询问其是否会尝试购买可追溯食品。结果显示，33.3%被调查的城市消费者选择会购买可追溯食品，而49%、14.7%和2.9%的消费者则分别选择购买绿色食品、有机食品和普通食品。选择购买绿色食品的城市消费者比例最高，一个合理的解释是我国对绿色食品推广时间较长，绿色食品在市场上的普及率较高。然而市场上销售的绿色食品并非一定是可追溯，可见城市消费者接受可追溯食品需要一个相对持续的过程。

表1-4-29显示，模型整体显著性水平比较高。消费者对食品安全问题的忧患程度、对食品可追溯体系的认知、食品安全信息的需求度和性别对消费者可追溯食品购买意愿在1%水平上有显著影响，消费者对食品可追溯体系功能的认可度、婚姻状况和收入在5%的水平上显著，且这7个变量的符号与预期效应相同。在消费者特征统计变量中，只有性别、婚姻和收入对其可追溯食品购买意愿有显著影响。而高收入的消费者更倾向于购买可追溯食品，这可能是由于富裕群体更关注食品品质，而且也有能力支付价格相对较高的可追溯食品，以保障食品安全。

表1-4-29　logistic模型回归结果

自变量B	B	S. E.	Wald	Exp (B)
食品安全问题忧患程度	0.413**	0.062	44.235	1.512
可追溯体系功能的认可度	0.133*	0.068	3.835	1.142
对食品可追溯体系的认知	1.137**	0.112	103.908	3.116
食品安全信息的需求度	0.382**	0.086	19.757	1.465
性别	0.434**	0.111	15.218	0.648
年龄	0.098	0.071	1.910	0.906
婚姻	0.363*	0.165	4.836	1.437
受教育水平	-0.047	0.070	0.452	0.954

续表

自变量 B	B	S. E.	Wald	Exp (B)
家庭成员结构	0.000	0.055	0.000	1.000
收入水平	0.134*	0.074	3.321	1.143
Constant	-5.026**	0.593	71.733	0.007

注：模型结果检验：-2LL=1968.348，Cox & Snell $\chi^2=0.141$，Nagelkerke $\chi^2=0.196$；综合性检验：$\chi^2=267.438$。自由度=10，显著性水平：0.000。*表示在5%水平上显著，**表示在1%水平上显著。

数据来源：徐玲玲，吴林海，山丽杰. 江苏省城市消费者可追溯食品购买意愿研究［J］. 华东经济管理，2012（1）：7-11.

魏洁和李宇阳（2012）采用社区横断面拦截方式开展现场自填式问卷并利用多阶段随机抽样方法抽取样本，对杭州市6个主城区（包括城区和郊区）进行调查，调查实际回收有效问卷为1110份，问卷有效率为95%①。随着城乡居民改善生活质量、提高健康水平的需求不断增加，食品安全受到广大居民的高度关注。在调查问卷中，将居民对食品安全的关注度分为5个等级：非常关注、比较关注、一般、不太关注和不关注。结果显示，35.4%的被调查居民认为自己非常关注食品安全，38.9%认为比较关注，10.9%表示关注度一般，仅7.6%和7.2%的居民表示日常生活中对食品安全不太关注和不关注。分析居民食品安全关注度，结果发现，不同人口学特征的居民对食品安全关注度不同，且差异具有统计学意义（$P<0.05$）。其中，居民家庭月收入和月食品消费额较高人群对食品安全的关注程度显著更高，这表明富裕群体更关注品质问题。

根据消费者理论的基本假设，收入水平是影响居民购买食品偏好的重要因素之一，收入的变化会引起消费者在选择商品时所追求利益的变化。因此，富裕群体更关注粮食品质，同时对当前的粮食品质的满意程度也相对较低，原因可能是富裕群体自身食品安全意识较强，且一般具有稳定收入，生活水平相对较高，对粮食品质有更高的要求。

① 魏洁，李宇阳. 杭州市居民食品安全满意度现状及影响因素分析［J］. 中国卫生政策研究，2012（6）：65-69.

（三）转基因粮食的安全问题备受争议

随着转基因技术的诞生，其技术研究和产业化应用在全球迅速发展。自1996年转基因作物开始大规模商业化种植以来，截至2010年，种植转基因作物的国家由6个增加到29个，种植面积由1996年的170万公顷上升到1.48亿公顷，增长了86倍，其中四大作物（大豆、玉米、棉花和油菜）的两种转基因性状（抗虫和耐除草剂）占据主导地位①。2010年"中央一号"文件提出，继续实施转基因生物新品种培育科技重大专项，抓紧开发具有重要应用价值和自主知识产权的功能基因和生物新品种，在科学评估、依法管理基础上，推进转基因新品种产业化。目前我国批准的转基因产品主要包括两种：一种是批准用于商业化生产的转基因食用农作物，包括抗病毒的甜椒、耐储藏的番茄、抗病毒的番木瓜；另一种是我国用于进口加工原料的转基因农产品，包括大豆、玉米、油菜，它们都会进入生产环节。中国是世界上唯一的主动将转基因粮食直接大量用于居民消费的国家，其消费市场上充斥着多种转基因粮食及其制品。2011年，中国居民食用植物油的80%来自转基因的大豆和油菜籽，饲养动物的豆粕和棉籽饼全部是转基因产品，甚至相当部分玉米也是非法的转基因产品，棉花80%是转基因抗虫棉。

转基因粮食的安全性之争由来已久，2009年农业部批准了转基因水稻和玉米的安全证书，这意味着其生产性试验的结束，技术方面的障碍基本扫除，转基因大米和玉米商业化迈出了实质性的一步，这引起了广大消费者的担忧和质疑，社会各界关于转基因粮食及其制品的安全性的争论愈演愈烈。正方观点认为目前没有任何证据能够证明转基因食品对人类有伤害，相反，转基因技术可以提高农作物产量、降低生产成本、改善农产品品质，是解决粮食安全的重要途径，并且有利于环保，可以带来巨大的经济、环境和社会效益，人们对转基因食品的质疑是因为对转基因技术的不了解。反对者观点是出于对食品安全、生态安全 、道德伦理等角度的担忧，认为转基因技术对人体健康和环境的长期影响是未知的，任何违反自然规律的行为都会导致灾难性的后果，并且抗虫、抗病性是转基因作物的主要特点，虫子都不食用的作物更不应该供人类食

① 张秀芳，张宪省．城市居民对转基因食品的认知与消费：鲁省调查［J］．改革，2012（7）：146－151.

用；此外，将被外国专利技术控制的转基因作物商业化将严重影响我国的粮食安全。双方争论的焦点主要集中在转基因生物和食品对于人类健康和生态环境两方面潜在的风险和安全问题上。反对者认为，对目前推广的一些转基因作物，虽然进行了相关的安全性研究，但这些研究都是短期的，短期证明是安全的，不能证明长期无害，未来潜在的不确定性值得非常谨慎地对待。在人类健康方面，人们主要担心转基因食品的安全性问题，主要包括转基因食品的潜在毒性以及过敏性问题。在生态环境方面，人们主要从基因扩散和生态失衡的角度对转基因技术提出反对意见。另外，转基因食品的发展在伦理和宗教问题上也颇有争议。总之，备受争议的转基因食品对消费者行为产生了更加复杂的影响，也给其健康发展带来了重重困扰，任何抵制都有可能推迟相关产品在市场上的接受和推广，影响消费者的认知、态度和购买意愿。

转基因食品争论的焦点在于其对健康和环境影响的不确定性，现实中反对者与支持者各执一词，而科学界对该问题也尚无定论。在长三角地区，钟甫宁和陈希（2008）采用江苏省城调局的固定调查点数据，样本选自江苏省苏南、苏中、苏北 6 市的共 1000 户城市家庭，调查方式是入户访谈，对象是家庭食用油主要购买者①。调查结果显示，被访者中，52.6% 的人听说过转基因油，其中 16.7% 的人经常听说，35.9% 的人偶尔听说。消费者是否听说过转基因油在很大程度上受到被调查者特征的影响。54.7% 的男性听说过转基因油，比女性稍高。男性中经常听说的比例明显高于女性。总体来说，青年人听说过转基因油的比例明显较高，中年人听说的比例略高于老年人。被调查人的受教育水平也显著地正向影响其是否听说过转基因油。人均收入水平越高的消费者听说过转基因食用油的比例越高。另外，消费者听说转基因油的比例随着居住城市规模的增大而上升。在听说过转基因油的被访者中，听说 1 年和 2 年的最多，共占样本的 77.95%，平均听说时间为 1.82 年。听说者中有 65.21% 的人其信息来自报纸杂志，22.62% 的人来自广播，70.5% 的人来自电视，15.97% 的人来自互联网，47.72% 的人来自同事、朋友或亲戚。可见，报纸杂志、电视、亲朋好友是消费者获取转基因信息的最主要渠道。消费者听说转基因油的时间与对转基因油相对于非转基因油营养成分的看法显著相关。随着听说时间的增加，回答“不清楚”的比例不断下降。

① 钟甫宁，陈希. 转基因食品、消费者购买行为与市场份额——以城市居民超市食用油消费为例［J］. 经济学（季刊），2008（3）：1061－1077.

由“从未听说”到“听说1年”，被访者对转基因油的营养成分持更积极评价的比例明显上升，随后逐渐下降。此外，随着听说时间的增加，被访者对转基因食用油对于环境、人体健康的影响也表现出类似的规律。

陈超等（2013）于2012年7~8月对上海、南京等城市进行调查，调查结果显示，消费者对转基因食品的健康风险更担忧。关于转基因食品对人类健康与环境的风险方面，认为转基因食品对健康、环境的好处大于风险的被访者占23.5%、22.3%，认为转基因食品对健康、环境的风险大于好处的被访者占26.0%、21.8%，一半以上的被访者无法判断其对健康与环境的风险与收益，分别占50.5%、55.9%（如表1-4-30所示）。

表1-4-30　消费者对转基因食品安全的判断

单位：人次，%

转基因食品是否安全			对健康的好处大于风险			对环境的好处大于风险		
选项	频次	比例	选项	频次	比例	选项	频次	比例
安全	414	41.8	同意	233	23.5	同意	221	22.3
不确定	359	36.2	不知道	500	50.5	不知道	554	55.9
不安全	218	22.0	不同意	258	26.0	不同意	216	21.8

数据来源：陈超，石成玉，展进涛，吕新业．解读粮食安全问题的新视角：转基因食品陈述性偏好与购买行为的偏差分析——以城市居民食用油消费为例［J］．农业经济问题，2013（6）：82-88.

如表1-4-31所示，对消费者不愿意购买转基因食品影响较大的三个因素分别是“了解不多，担心健康影响”、“负面消息较多，不愿尝试”与“不信任转基因食品的监管”，三者比例分别为53.7%、40.6%和40.6%。虽然消费者不购买转基因食品的主要原因是担心“不安全”，但食物不安全的具体因素“担心食物过敏或中毒”、“担心破坏食物营养”等原因的选择比例较低（分别为12.6%和16.1%）。表明受转基因食品争论及负面信息的影响，消费者对转基因食品安全性持怀疑态度；同时，由于信息不对称等原因，对转基因食品及其监管仍然缺乏了解和信心。

表1-4-31　消费者不愿购买转基因食品的原因

单位：人次，%

不愿意购买的原因	频次	比例	不愿意购买的原因	频次	比例
了解不多，担心健康影响	532	53.7	了解一些，仍担心安全性	224	22.6
负面消息较多，不愿尝试	402	40.6	担心破坏食物营养	160	16.1
不信任转基因食品的监管	402	40.6	心理或宗教原因	147	14.8
身边购买的人较少	257	25.9	担心食物过敏或中毒	125	12.6

数据来源：陈超，石成玉，展进涛，吕新业．解读粮食安全问题的新视角：转基因食品陈述性偏好与购买行为的偏差分析——以城市居民食用油消费为例［J］．农业经济问题，2013（6）：82-88.

如表1-4-32所示，在购买转基因食品时，消费者购买意愿影响较大的三个因素分别是“增加食物营养”、“农药残留较少”和“口味更佳”，三者占比分别为48.1%、40.9%和36.0%。其次是“价格更低”和“食物种类更多”，两者比例分别为34.7%和26.7%。“保鲜期更长”所占的比例最低，为24.4%。这表明转基因食品的消费决策中，消费者最先考虑的因素仍然是营养价值和安全性，其次是食物口味和价格，而食物的保存时间并不是消费决策的重点。

表1-4-32　消费者愿意购买转基因食品的原因

单位：人次，%

愿意购买的原因	频次	比例	愿意购买的原因	频次	比例
增加食物营养	477	48.1	价格更低	344	34.7
农药残留较少	405	40.9	食物种类更多	265	26.7
口味更佳	357	36.0	保鲜期更长	242	24.4

数据来源：陈超，石成玉，展进涛，吕新业．解读粮食安全问题的新视角：转基因食品陈述性偏好与购买行为的偏差分析——以城市居民食用油消费为例［J］．农业经济问题，2013（6）：82-88.

四、粮食流通现代化水平有待提升

（一）新形势下粮食流通现代化势在必行

1. 粮食流通现代化是国家粮食安全的重要保障

粮食自古以来便是治国安邦的战略商品，粮食产业是安天下、稳民心的基础产业，粮食问题是最根本、最基础的民生问题，粮食流通对于保障经济发展、社会稳定和人民生活安定具有十分重要的意义，在国民经济中占有特殊地位和重要作用。从国际上看，国际能源价格和金融投机行为、资源环境、极端气候等因素增大了世界粮食市场和生产的不稳定性，粮食需求将继续呈刚性增长，粮价大幅度波动的可能性依然存在，各国政府将更加重视保障本国的粮食安全，我国利用国际粮食市场资源的调剂空间将受到制约，国内粮油市场和价格基本稳定面临较大压力。从国内来看，我国农业资源不足的矛盾将长期存在，农业和粮食生产基础仍不稳固，种粮比较效益偏低，促进种粮农民增收和粮食稳产增产难度加大。粮食库存品种结构和区域布局不合理，“北粮南运”格局日益突出，给区域粮食供需平衡带来难度。同时，粮食流通基础设施、市场主体能力、产业发展布局和粮食法制建设等与保障国家粮食安全的要求还存在较大差距。[①] 从长三角地区来看，随着工业化、城镇化的快速发展，耕地资源约束、人口刚性增长、消费水平提高、区域粮食供需不平衡对长三角粮食生产、市场供给和政府调控提出了更高要求。

粮食流通现代化就是不断用现代发展理念、现代物质条件、现代科学技术、现代管理方式、现代组织制度和现代经营形式，改造和提升传统粮食流通产业，提高粮食流通效率和调控效率，提高粮食流通产业市场竞争能力和粮食安全保障能力。粮食流

① 江苏省粮食局课题组．关于江苏基本实现粮食流通现代化的调研报告［J］．中国粮食经济，2012（12）：53－57.

通现代化是保证粮油市场和价格基本稳定，促进粮食生产稳定发展和种粮农民持续增收，确保国家粮食安全的重要战略举措。粮食流通现代化是顺应建立资源节约型和环境友好型社会的需要，有利于整合现有粮食流通网络、基础设施等软、硬件资源，以规模化、集约化、现代化的方式，提高粮食流通效率和国家宏观调控效率。也只有加快推进粮食流通现代化，才能从容应对挑战，从更高水平、更高层次保障长三角乃至全国粮食安全。

2. 粮食流通现代化促进粮食产业链的整合

产业链包含价值链、企业链、供需链和空间链四个维度，这四个维度在相互对接的均衡过程中形成了产业链，这种“对接机制”是产业链形成的内模式，作为一种客观规律，它像一只“无形之手”调控着产业链的形成。粮食产业链由粮食生产、流通、消费等环节构成，其中生产是上游环节，流通是中游环节，消费是下游环节。粮食流通作为粮食产业链的中间环节，连接着生产和消费。上游的粮食生产者为粮食流通环节提供原粮，中游环节的为消费者提供粮食消费，是直接面向消费者的环节。粮食产业链每个环节［产前—产中（储藏、加工、储运、批发、零售）—流通—消费］又涉及各自的相关子环节和不同的组织载体。例如：产前环节包括种子、农机等生产资料的供应环节（涉及种子、农机供应商）；产中环节包括粮食种植管理和农用物资供应环节（涉及农户或生产企业、农资供应商）；流通环节包括产品分类、包装、加工、贮藏（涉及加工企业），产品的储运、批发、零售（涉及物流企业、批发商、零售商）。从产业价值链角度来看，粮食产业链的各个组成部分构成一个有机整体，每个部分相互作用，相互依存，相互制约，有大量的信息、物质、价值方面的交换关系存在于上游生产、中游流通和下游消费产业环节之间，通过各个环节间的交换实现粮食产品的最终价值。粮食流通现代化是促进粮食产业链的整合的重要手段，粮食流通产业向上游产业和下游产业的延伸，可以极大程度上促进粮食产业的整合。近年来，随着粮食流通体制改革的不断深入、市场化程度的不断加深，我国国有粮食企业以资产为纽带进行重组、深化产权制度改革，积极转换体制、机制，大力进行资源整合，收购、加工、销售各环节正在进行产业链条联结，涌现出一批多种形式联合联营的粮食加工龙头企业，如“加工购销”、“库厂合一”、“公司＋农户＋订单”、“公司＋基地＋农户”等，这些企业在整合中向生产环节（种植）和流通环节（销售）两头延伸，建立了优质粮食种植基地，健全市场营销网络，发展订单粮油，延伸了粮食产业链。以上海为例，上海良友集团（现已并入上海光明集团）是上海最大的从事粮食经营的国有企业集团，承担政府委托或指定的职能，为保障上海粮食安全和供给稳定服务，其在粮食全产业链的整合方面成果突出。良友集团围绕“主业集聚、产业扩展”的战略思路，实现“上控粮源、中控物流、下控渠道”，经营领域涵盖粮油加工、仓储物流、便利连锁、粮油贸易、进出口业务、实业投资等，使集团成为具有较强行业辐射力、带动力和影响力的大型现代化企业集团，成为全国地方粮食企业改革发展的排头兵。

3. 粮食流通现代化能极大满足消费者的需求

粮食全产业链的组织形式能够极大满足消费者对粮食质量安全的要求。随着人们生活水平的提高，食品安全成为消费者日益重视的话题，食品安全体系在世界各国相继建立。具体就粮食而言，粮食质量可追溯体系是保证粮食质量安全的重要屏障。由于粮食流通紧密联系着消费者和生产者，面向消费者的流通产业，无法仅仅通过粮食流通安全的保障来实现整个粮食质量安全。因此，需要从粮食种植、采购、贸易、物流、加工、销售和推广等一系列环节来控制和保障粮食质量安全。这种以消费者粮食质量安全需求为导向，从粮食产业链源头做起，关注粮食生产、流通、加工和销售整个环节的全产业链组织形式，成为现代粮食流通产业的重要组织形式，也是实现粮食质量安全可追溯，形成安全、营养、健康的食品供应全过程的重要载体。

粮食流通现代化通过提高粮食流通效率满足消费者对粮食价格和质量的要求。目前我国粮食跨区域流通已成为普遍态势。但传统落后的粮食物流方式成为粮食流通现代化的短板。我国粮食从产区到销区的物流成本占粮食销售价格的20%～30%，比发达国家高出1倍左右；东北地区的粮食运往南方销区一般需要20～30天，为发达国家同等运距所需时间的2倍以上。由于运输装卸方式落后，每年损失粮食800万吨（160亿斤）左右。实现由麻袋包装、人工搬运向粮食“四散化”的转变，是世界粮食物流领域的一场革命。美国、加拿大自20世纪30年代开始，历经三四十年的努力，发展出以圆筒仓自动装卸、散粮汽车、散粮火车、散粮专用船舶为标志的散粮运输系统。到20世纪80年代，各主要发达国家已全部实现粮食“四散化”运输。我国东北地区发展粮食“四散化”的实践也充分证明了实现“四散化”运输变革的优越性。推进粮食“四散化”运输的变革，有利于提高我国粮食流通效率、减少粮食流通损耗、增加粮食有效供给。2015年3月23日，国家发展改革委、国家粮食局、财政部联合颁布的《粮食收储供应安全保障工程建设规划（2015~2020年）》就是在目前国家粮食收储仓容能力不足、物流通道不畅、应急供应能力薄弱、质量安全隐患较大、粮情监测预警滞后、产后损失浪费严重等矛盾日益突出的情况下，对粮食流通基础设施等方面的全方位建设和优化，是迈向粮食流通现代化的重要手段和阶段。

（二）粮食流通现代化形式还需不断创新

1. 创新是粮食流通现代化实现的重要手段

经济学大师熊彼特于20世纪初，最先提出了技术创新理论。在其经典著作《经济发展理论》中，他提出创新是现代经济增长的核心，此后，许多学者也对技术创新理论从不同的侧面进行了多视角、多层次的分析，提出了许多新的观点。在创新领域较为著名的是“制度决定论”和“技术决定论”之争。以诺斯为代表的制度决定论者认为，制度变迁比技术变迁更为优先，且更为根本。他们强调了一个市场经济的扩张，即使没有发生技术变迁时也能为人均收入的提高做出贡献。诺斯始终认为制度创新决定技术创新，虽然他不否认技术创新对制度创新有促进作用，但是技术创新是依附于制度创新的。以拉坦代表的技术决定论者认为，技术创新是经济发展过程中的内生因素，他从制度变迁的供给和需求角度分析指出，制度变迁的需求和供给都是由技术创新决定的，也就是技术创新决定制度创新。

就中国粮食流通体制的特点而言，技术创新和制度创新是同等重要、互为促进的关系。卢现祥就指出：“技术创新往往是创新的突破口，来自市场的竞争是企业技术创新的根本动力，技术创新拉动了制度的创新。技术创新是持续进行的，当其达到一定规模时，就必然要求制度创新发生变迁以适应技术创新，制度创新是非连续的，同时它也为技术创新提供了必要的准备。”粮食流通领域的技术创新特别是新技术的应用，能够有效地提升粮食流通效率，技术创新直接降低了流通过程中的交易成本。技术创新同样也推动了粮食流通制度创新，特别是粮食流通微观制度层面的创新。信息技术和物流技术促进了粮食的交易制度、管理制度、贸易制度、储备制度等一系列的制度创新。微观制度在创新后，其逐步实施使粮食流通新技术的应用更加常态化，形成了粮食流通微观制度创新和粮食流通新技术发展互为促进的机制，最终使总体粮食流通体制的运行更有效率。①

2. 创新全方位提振粮食流通现代化

“互联网+”浪潮席卷整个产业，粮食信息化建设更加受到各方的关注。粮食流通过程中信息技术的广泛应用已经极大地降低了粮食流通的交易成本。首先，表现为粮食信息的搜寻成本的极大降低。目前，省级以上的粮食批发市场都建立了自己的网站，定时公布各种粮食的价格信息、供求信息。国家粮食局牵头组建了一批国家级的粮食交易市场，其中重要的职能是以拍卖的形式对中央和地方的储备粮进行轮换。所以，储备粮的各种信息包括数量信息、品种信息、质量信息等都通过交易平台做到了信息的完全公开，极大地方便了参与储备粮拍卖的各个粮食经销商和加工商。同时在成品粮批发方面，包括部分城市的农产品批发市场，例如上海农产品批发市场等都建立了交易信息平台，对粮食的零售市场能够较为有效地实行产品质量的追索制。其次，降低了粮食交易的支付成本。电子支付功能在一些大型的粮食批发市场的电子交易平台上也逐步得到应用，这有效地提高了交易效率，并保证了资金安全。再次，提高了粮食物流效率。粮食物流成本居高不下的突出表现就是物流技术水平的低下。目前国家大力推进的粮食物流体系建设要求逐步推广“四散化”，即粮食的散装、散运、散卸、散存的物流方式。“四散化”的粮食物流方式从技术角度改变了传统的粮食物流模式，极大地提高了粮食物流效率。采用新技术建设的储备粮仓库通过自动化的调温、调湿功能保证了粮食在一定的储藏期内保持品质不变，降低了粮食耗损率。复次，粮食检测手段的提高。新的粮食（包括食用油）国家标准的制定能够保护各个粮食购买主体的利益，同时提高了大批量粮食交易（特别是期货交易）的运行效率。最后，新技术尤其是信息技术的应用使政府进行管理的措施和手段能够上升到一个新的台阶，从而确保国家间接调控的有效性。②

3. 未来粮食流通产业创新的新方向

互联网粮食产业将迅猛发展。“互联网+”就是“互联网+各个传统行业”，但这

① 狄强．基于安全与效率的中国粮食流通体制改革与创新研究［D］．西南财经大学博士学位论文，2010：92-93.

② 狄强．基于安全与效率的中国粮食流通体制改革与创新研究［D］．西南财经大学博士学位论文，2010：93.

并不是简单的两者相加，而是利用信息通信技术以及互联网平台，让互联网与传统行业进行深度融合，创造新的发展生态。“互联网+粮食产业”（互联网粮食产业），即互联网与粮食产业的结合，是指将互联网技术与粮食生产、加工、销售等产业链环节结合，实现粮食产业发展的科技化、智能化、信息化。互联网粮食产业的模式可以分为以下三种：一是互联网技术深刻运用的智能粮食产业模式，二是互联网营销综合运用的电商模式，三是互联网与粮食产业深度融合的产业链模式。目前，互联网粮食产业从电子商务等网络销售环节向生产、流通各个领域渗透，为粮食产业带来了新的机遇，提供了广阔发展空间。

粮食生产环节互联网技术所形成的智能化种植，即是以计算机为中心，对当前信息技术的综合集成，集感知、传输、控制、作业为一体，将农业的标准化、规范化大大向前推进了一步，不仅节省了人力成本，也提高了品质控制能力，增强了自然风险抗击能力，正在得到日益广泛的推广。粮食流通环节互联网技术所形成的智能化运输、储存、加工，则能够及时掌握粮食物流路线、数量、品质等变化。粮食销售环节互联网技术所形成的智能化销售，除了一般意义上的电子商务销售之外，还应建立面向消费者需求的销售模式，即根据消费者的需求进行特色定制服务。如患有糖尿病的消费者，需要不同种类杂粮按照一定比例掺杂在一起的面粉，那么应根据消费者要求进行小规模化的生产，以满足消费者需求。

互联网与粮食产业深度融合形成的产业链是指互联网技术与粮食产业所有环节的整合，不仅用互联网技术去改造生产环节提高生产水平，而且运用互联网技术管控整个生产经营过程确保产品品质，还运用互联网技术对产品营销进行了创新设计，最终将传统隔离的农业第一、第二、第三产业环节打通，形成了完备的产业链。通过这种全产业链的运营以完全实现粮食产品质量全程可追溯。

“一带一路”促使大型粮食企业集团的产生。伴随我国“一带一路”愿景与行动规划的出台，这给我国粮食企业“走出去”带来重要的历史机遇。农业领域跨国并购也早已取得一些突破。截至2015年，中粮集团以15亿美元并购新加坡来宝农业公司和以12.9亿美元并购荷兰尼德拉公司，成为迄今农业领域对外投资最大的两个项目。农业部对外经济合作中心副研究员何君认为，从整体趋势上可以判断，中国农业对外投资，特别针对农业生产和产品加工为主的投资还是以亚洲和非洲为主。虽然农业对外投资尚处于起步阶段，规模和总量较小，但国内外大型涉农企业以及国际资本正在逐渐追逐未来农业国际投资的市场，农业对外投资的潜力巨大。很多企业将农业领域的对外投资重点瞄向了见效快、投资回报率高的行业。但农业所面临的政治风险、自然风险、市场风险、技术风险以及当地社会环境的风险与其他行业不同，农业投资周期较长。农业企业对外投资的短期行为与政府推动农业对外投资的长期战略之间可能存在一定程度的错位，应由政府去引导推动鼓励企业在兼顾自身市场经济行为的同时能够服务国家长期农业对外投资和贸易的战略。① 长三角地区作为经济发达的缺粮地区，经济实力雄厚，拥有优质的大型国有粮食企业，“一带一路”战略给长三角粮食企业“走出去”提出要求，也为粮食企业提供未来发展的机遇。“一带一路”战略需要有实力的大型粮食企业来实现。由于粮食产业是一个长周期产业，需要巨额资本的长期投入，这就需要资本下沉粮食产业，使得未来粮食产业面临重大兼并重组。

（三）粮食流通现代化主体意识不强

1. 粮食流通主体在现代化过程中发挥着重要作用

粮食流通主体是粮食市场体系的重要组成部分，包括粮食生产者、粮食中间商、粮食加工企业和消费者以及粮食流通的政策性调控机构等。粮食市场体系的发育和完善必须以粮食流通主体的形成和有效运作为核心。经济学原理表明，没有多元化的竞争主体，就难形成充分的竞争，市场机制就难以发挥作用。首先，粮食全产业链的整合需要多元化的竞争主体。粮食流通各个主体是粮食全产业链重要节点，只有发动各个主体的主动性，才能以市场化的手段形成良好的全产业链的整合，以促进产业良性发展。其次，粮食流通市场培育需要多元化的市场主体。我国粮食流通领域长期以来，呈现出垄断有余、竞争不足的特点。尽管随着粮食流通体制市场化改革的不断推进，这一局面有所改善，但不管是收购环节，还是粮食批发环节，甚至是粮食的对外贸易方面，主要由国有粮食部门垄断经营，粮食的其他经营主体太少。目前粮食流通的经营主体主要由体制内经营主体和体制外经营主体两部分组成。体制内经营主体一直享受着特殊政策扶持，成长为巨型的原国有粮食企业；体制外经营主体则是1985年后陆续产生的、不断受打压的各类粮商。无论从资本量、社会联系，还是运作能力来看，

---

① “一带一路”带来食企新机遇［EB/OL］. 北京青年报，北青网，http：//epaper. ynet. com/html/2015－04/21/content_ 128494. htm，2015－04－21.

两者的力量现在都是明显不对称的。一个可以说是带有垄断寡头性质的组织，另一个是零散力单的小商小贩，不足以形成充分的竞争。因此，要让市场在粮食流通领域发挥作用，最重要的一点是要培养多元化的粮食经营主体。①

2. 粮食流通行政管理部门亟待转型

粮食行政管理部门是粮食流通领域重要环节，也是重要的政府职能主体。在历次国家级粮食行政管理机构改革、变动中，省、市、县级粮食行政管理机构和职能都相对保持稳定，但进入21世纪以后，随着粮食流通体制改革的深化和粮食流通市场化进程的加快，特别是由于粮食供求形势的变化和中央承担了不少地方粮食事务等原因，地方粮食行政管理机构纷纷被“撤、并、降”，地位“边缘化”、职能“空心化”。② 其主要表现：一是省级粮食行政管理部门从政府序列退出，大多数被并到发展改革、农业或商务等部门，格局下降，职能弱化，这与粮食安全省长负责制加强的局面不相适应。二是市、县两级尤其是县级粮食行政管理部门分别被合并、撤销，或转为事业单位，机构、人员编制和运行经费缺乏保障。与其承担的粮食流通监督检查、应急管理、社会粮食统计、市场监管等职责很不适应。

随着我国粮食流通体制改革不断发展，粮食行政管理部门的职能也随之发生变化。尤其是2013年9月，上海自贸区正式成立以来，负面清单管理模式开启了我国政府行政管理新的里程碑。所谓负面清单管理，是指政府列出禁止和限制进入的行业、领域、业务等清单，清单之外的领域都可以自由进入，即所谓“法无禁止即可为”。负面清单大幅度收缩了政府审批范围，条款相对清晰，有助于实质性推动政府审批制度改革，提高政府工作效率，减少自由裁量权和相应的寻租空间。这不仅是市场准入管理方式的改革，而且是市场经济体制建设的重要一步。政府管理从以往的“事前”移至“事中事后”，这对包括粮食行政管理部门在内的政府部门的行政能力水平提出了更高要求。

长三角地区在粮食行政管理方面走在了全国前列。长三角地区作为全国经济最为发达的地区之一，也是我国人口密度最高、粮食缺口最大的区域之一，是我国典型的粮食主销区域。其粮食流通领域有很多共性的地方，在合作发展方面具有明显优势，

① 邓大才．粮食流通主体：增量培养与存量改造同步推进［J］．粮食问题研究，2004（3）：4－8.

② 王耀鹏．中国粮食流通支持政策研究［D］．北京林业大学博士学位论文，2010：53.

并在2005年建立了长三角粮食发展与合作论坛，随着长三角合作进程的不断推进，其成员发展为上海、江苏、浙江和安徽的24市。这无疑是粮食合作跨区域发展在全国范围内的重要典范。尽管如此，粮食行政管理部门与其他部门相比，还有待发展。以信息化建设为例，在长三角地区乃至全国最早对粮食流通现代化进行全面诠释并且对粮食流通现代化进行测量的地区是江苏省粮食局。针对粮食流通未来发展的现状，江苏省粮食局与南京财经大学粮食经济研究院组成"粮食流通现代化"课题研究组，对粮食流通现代化的各个方面进行详细阐述和研究。其中对粮食信息化建设进行测量，以江苏为例，按照江苏省粮食局提供的2013年和2014年两年数据[①]计算，收购系统、仓储系统、储备管理系统、电子商务系统、行政执法系统、财务系统、辅助决策系统、公共服务系统、门户网站、办公自动化系统十个方面的综合信息化覆盖率分别为60.88%和61.71%。具体而言，行政执法系统和门户网站信息化覆盖率均为100%，财务系统、公共服务系统和办公自动化系统信息化覆盖率均超过90%，收购系统和仓储系统的信息化覆盖率在60%～80%，储备管理系统、电子商务系统和辅助决策系统信息化覆盖率在30%～50%。可见，在政府行政管理部门管理方面的信息化水平建设较为完善，这离不开国家和地方对这方面的大力投入。收购系统、仓储系统、储备管理系统、电子商务系统和辅助决策系统信息化覆盖率相对较差，这说明粮食系统信息化建设还有比较大的提升空间，这也指明了未来信息化建设的重点方向。

3. 粮食流通企业创新意识不强

国有粮食企业经营模式单一。很多国有粮食企业尤其是地方国有粮食企业主要还是以买原粮、卖原粮的方式为主，距离"收购、仓储、物流、加工、销售等一体化发展"的目标太远，其生存和发展主要依靠国家政策性补贴，难以创造经济效益。同时，国有粮食企业是国家粮食宏观调控的依托，由于原粮无法直接投放口粮市场，进而会影响应急保供功能的实现。地方储备粮以原粮为主，又不被允许进行多样化经营，限制了国有粮食企业的发展空间。

粮油工业企业技术创新能力不足。无论从内部机制还是外部发展环境来看，粮油工业企业缺乏对技术创新的有效激励。从企业内部看，粮油工业企业制度创新缓慢，

① 因其他粮食局还没有系统的统计过，暂时没有准确的数据。

法人治理存在严重缺陷，自主创新愿望与动力不强，自主创新效率不高，企业创新缺乏主动性和前瞻性。从外部机制看，粮油工业企业政企不分特征明显，政府对企业的行政干预过多，许多企业的技术引进、技术改造带有浓重的政府行为色彩。此外，我国粮食行业技术创新活动多数在高校和科研院所进行，而企业技术储备不足，缺乏有实力的研发机构和有效的创新机制，企业自主研发能力不足。许多企业沿用传统的粗放型发展模式，由于对新产品、新工艺研发投入力度不够，热衷于低水平的扩张，愿意引进国外成套设备和产品，不但原创性技术创新成果偏少，而且企业忙于应付消化吸收引进技术，在消化吸收基础上的再创新投入严重不足，致使二次开发能力也不强，容易陷入"技术引进陷阱"。①

从我国粮食流通科技支持政策来看，对粮食流通企业的科技创新推动不足。从现实来看，主要存在以下问题：一是研究成果相对多，能真正推广应用的项目少。由于投入方向和科研院所自身等原因，国家有关部门批准立项的粮食流通科技研究项目小而多，但距离企业的实际应用需求还有不小差距，不能给企业带来直接经济效益。二是开发的新工艺相对多，自主创新的核心工艺和装备少。由于科技项目研究缺乏长远规划和战略思维，研究人员和研究单位急于出成果，绝大部分项目研究时间短，不少项目从财政和科技部门批准预算、经费拨付到项目结题，不足一年。研究时间不足，直接导致研究成果主要以消化吸收和模仿为主，自主创新的关键工艺和核心技术成果较少。三是支持粮食生产方面的科技投入较多，投入到粮食流通方面的资金少。近几年来，国家对粮食生产环节新技术应用投入力度较大，而对粮食流通特别是粮食收储、加工等流通环节和流通领域的科技投入明显薄弱。②

---

① 朱丽莉，王怀明，李光泗．我国粮食流通产业技术发展的制约因素与政策优化［J］．中国科技论坛，2012（11）：117－121.

② 王耀鹏．中国粮食流通支持政策研究［J］．北京林业大学博士学位论文，2010：89.

第五章 长三角地区粮食安全战略与政策选择

一、长三角地区粮食安全的战略选择

（一）长三角地区粮食安全战略的指导思想

长三角地区粮食安全战略应以邓小平理论、“三个代表”重要思想、科学发展观、习近平总书记系列重要讲话为指导，贯彻中共十八大和十八届三中、四中全会精神，落实“以我为主、立足国内、确保产能、适度进口、科技支撑”的国家粮食安全战略和粮食安全省长责任制要求，根据本地区特点，综合考虑并妥善处理当前与长远、局部与整体、国际与国内、市场与政府及经济与政治的关系，构建长三角地区一体化的粮食安全保障体系，筑牢粮食产能、物流储备、贸易渠道等多道防线，牢牢掌握保障长三角地区粮食安全的主动权，为实现全面建成小康社会、加快推进社会主义现代化的最高国家战略和“一带一路”、“长江经济带”的国家发展战略提供有力支持，为本地区的社会稳定和国家安全提供有力支撑。

保障长三角地区粮食安全，必须坚持以下原则：

原则一：增强地区粮食安全协同保障能力。在本地区经济一体化的新形势下，长三角粮食部门和粮食产业间需要建立更紧密合作关系，以开放促发展，以合作求多赢，协同保障地区粮食安全。为此，要以《国家粮食安全中长期发展规划》为指导，突破行政区域限制，把区内各省市粮食工作统一纳入整个长三角区域粮食安全规划，通过粮食宏观调控、粮食物流网络、粮食产业集群、粮食科技研发、粮食社会化服务网络、粮食经营网络等方面的紧密合作，增强长三角粮食安全协同保障能力。

原则二：增强地区粮食生产能力。综合考虑区内资源环境条件、粮食供求格局和长三角区内外，国内外粮食贸易环境变化，贯彻实施“以我为主、立足国内、确保产能、适度进口、科技支撑”的国家粮食安全战略。任何时候都不能放松长三角区内粮食生产。要强化对长三角区内粮食主产省和主产县的政策倾斜，保障产粮大县重农抓粮得实惠、有发展的落实。创新长三角地区粮食生产投融资机制，加大资金投入，集中力量加快建设一批重大水利工程，实施粮食丰产科技工程和盐碱地改造科技示范，深入推进粮食高产创建和绿色增产模式攻关，实施植物保护建设工程，开展农作物病虫害专业化统防统治。长三角区内粮食主销区要切实承担起自身的粮食生产责任，确立粮食面积底线，严守耕地保护红线，划定永久基本农田，探索建立粮食生产功能区，将口粮生产能力落实到田块地头、保障措施落实到具体项目。

原则三：维持地区粮食市场基本稳定。要健全地区粮食宏观调控制度，综合运用储备吞吐、进出口调节等手段，合理确定粮食价格波动调控区间。要科学确定粮食储备功能和规模，强化地方尤其是主销区的储备责任，优化区域布局和品种结构。完善中央储备粮管理体制，鼓励符合条件的多元市场主体参与粮食政策性收储。完善粮食价格形成机制。继续执行稻谷、小麦最低收购价政策和玉米、油菜籽、食糖临时收储政策。继续坚持市场定价原则，探索推进农产品价格形成机制与政府补贴脱钩的改革，逐步建立农产品目标价格制度，在市场价格过高时补贴低收入消费者，在市场价格低于目标价格时按差价补贴生产者，切实保证农民收益。探索粮食目标价格保险试点，开展粮食生产规模经营主体营销贷款试点。

原则四：提升地区粮食流通效能。通过加快长三角地区粮食市场体系转型升级，着力加强设施建设和配套服务，健全交易制度等创新粮食流通方式，增强粮食流通效能。为此，要完善长三角地区粮食流通骨干网络，加大粮食仓储物流设施建设力度，继续实施农户科学储粮工程，提高地区粮食收储保障能力；加强粮食产地市场建设，加快构建跨区域物流体系，继续开展公益性粮食批发市场建设，推进合作社与超市、学校、企业、社区对接；发展粮食期货交易。支持电商、物流、商贸、金融等企业参与粮食电子商务平台建设。

原则五：积极利用国际资源调剂补充区内粮食供给。抓紧制定粮食国际贸易战略，加强进口粮食规划指导，优化进口粮食来源地布局，建立稳定可靠的贸易关系。有关部门要密切配合，加强进出口粮食检验，打击粮食进出口走私行为，保障进口粮食产品质量安全和国内粮食产业安全。加快实施粮食走出去战略，培育具有国际竞争力的粮油大型企业。支持到境外特别是与周边国家开展互利共赢的粮食生产和进出口合作。鼓励金融机构积极创新为粮食国际贸易和农业走出去服务的金融品种和方式。探索建立粮食国际贸易基金和海外农业发展基金。

原则六：在重视粮食数量的同时，更加注重品质和质量安全。建立最严格的覆盖全过程的粮食和食品安全监管制度，完善法律法规和标准体系。建立全程可追溯、互联共享的农产品质量和食品安全信息平台。健全食品安全监管综合协调制度，落实地方政府属地管理和生产经营主体责任，完善粮食质量安全工作考核评价制度，严惩各类粮食质量安全违法犯罪行为，严格粮食生产投入品管理，大力开展标准化、规模化种植，大力发展名特优新粮油产品，培育知名品牌。提高群众安全感和满意度。增强全社会节粮意识，在生产流通消费全程推广节粮减损设施和技术。

需要强调的是，长三角地区粮食安全战略的确立和实施既需要党和政府的意志和智慧，又需要广大群众的支持和共同努力，是在实践中不断探索、逐步形成、逐步发展、逐步提高、逐步完善的过程。

（二）长三角地区粮食安全战略的确立依据

长三角地区粮食安全战略是依据国家及本地区经济社会发展及粮食供需形势变化对粮食安全工作的新要求而提出的。

1. 宏观粮食安全形势要求

目前国际国内安全形势都出现了新的变化，当代中国正处于由大到强的关键阶段。我国周边形势总体稳定，但面临的风险挑战十分严峻，传统安全威胁与非传统安全威胁的因素相互交织，国家面临的安全威胁呈现出多样化趋势。与此同时，世界经济仍处于深度调整期，国内经济处于“三期叠加”位置，即经济增长速度换挡期、结构调整阵痛期、前期刺激政策消化期相叠加。新的安全形势和经济形势对粮食安全保障提出了更高、更繁重的要求。习近平总书记多次强调要把保障国家粮食安全放在经济工作的首位，强调只要粮食不出大问题，中国的事就稳得住。目前宏观经济形势对国内粮食市场的影响显著加深。一方面，受耕地、淡水等资源环境约束，粮食连续增产的难度越来越大，而另一方面随着人口增加、消费结构升级、城镇化进程加快，粮食需求将继续刚性增长，“紧平衡”将成为我国粮食供求的长期态势。与此同时，国内粮食生产成本快速攀升、粮食价格普遍高于国际市场的粮食贸易形势使粮食进口压力增大。如何既能坚持“确保谷物基本自给、口粮绝对安全，把饭碗牢牢端在自己手上”的基本战略要求，规避粮食贸易的大国效应，又能统筹运用好国际国内两个市场两种资源，降低粮食安全保障成本，是当前和今后一个阶段粮食工作面临的重大课题和重大挑战。长三角区域是我国目前经济发展速度最快、总量规模最大、内在潜质最佳、发展前景最好的经济区，也是全国粮食需求最集中、粮食产销、粮食流通最为活跃的地区之一，对我国乃至世界粮食流通与市场格局均有重要影响。随着国家“一带一路”战略和“长江经济带”战略的制定实施，促进和完善这一区域的粮食安全体系建设，制定实施长三角一体化的粮食安全战略，率先破解上述粮食安全课题和挑战，必将带动、牵引和辐射整个华东地区、长江经济带乃至全国的粮食安全格局，也能够为其他地区及全国粮食产业发展及粮食安全保障发挥示范作用。

2. *长三角地区粮食安全形势要求*

长江三角洲位于我国东部沿海，地处长江下游，区域内以平原为主，气候温和湿润，降水量充沛，土壤肥沃，生产能力强。得天独厚的资源禀赋条件使得长江三角洲地区长期以来一直是我国最重要的“粮仓”。然而，伴随着长三角地区工业化和城镇化的进一步推进，本身稀缺的生产资源禀赋受到更大的冲击。近年来长江三角洲地区耕地面积逐年下降，耕地总量和人均量呈现持续减少的态势，已成为长三角地区粮食产量下降的重要因素。如今，随着又一产粮大省安徽省的加入，长三角地区内部粮食生产和供应实力更为雄厚。就区内安徽、苏北等粮食产区而言，虽然近几年粮食生产连续丰收，但“种粮大县、财政穷县”的状况仍普遍存在：粮食生产者还难以分享到不同行业的平均利润率；工农业产品的“剪刀差”客观存在；在整个农业生产结构中，无论同畜牧养殖业相比，还是同种植业内部其他经济作物相比，粮食生产的比较效益也一直处于低谷。机会成本较高影响了产区粮农的积极性，对耕地投入不足，复种指数下降，甚至出现耕地抛荒现象。与此同时，随着经济发展和农业结构调整，区内流动人口及商品粮消费的数量和质量也在大幅度增加。因此，粮食生产与需求的矛盾仍是长三角地区粮食安全面临的主要矛盾。因此，确立长三角地区粮食安全新战略以确保长三角地区的粮食安全和区域经济安全是区域发展的迫切需要。

3. 区域经济一体化趋势要求

当前，长三角地区具有区域经济一体化的大背景。该地区具有发达的城市群落和产业集群，建立了完善的基础设施和发达的区域交通通信网络，具备了区域经济一体化的硬件条件。同时，推动长三角区域经济一体化的软件也日益成熟。政府、金融和企业制度改革不断推进，区域内统一市场逐步形成，沪、苏、浙、徽三省一市在一体化发展上已形成了“合作共赢”的共识。“长江经济带”的国家战略更是进一步强化了长三角地区的一体化发展趋势。为顺应这一趋势，迫切需要推进区域粮食战略合作，从而整体提高长三角地区粮食产业效率和粮食安全政策效果。首先，通过区域粮食战略合作，能协同确保地区粮食供应，有效缓解长江三角洲粮食产能下降对粮食安全的不利影响。在“政府推动、市场运作”的战略行为下，将逐步拆除粮食在产销区之间自由流动的市场和行政壁垒，使得各类市场主体及时获取充分的粮食产销信息，引导粮食合理、有序流通，协同确保粮食主销区的缺粮供应与粮食主产区的余粮销售。其次，通过区域粮食战略合作能通过地理集中和粮食产业组织的优化，催生粮食产业的要素优势，包括成本优势、规模经济优势、营销优势等。这些优势势必转化为长三角地区粮食产能增长和产业发展的重要动力。最后，通过粮食战略合作能整体提升长三角地区粮食产业素质，从而维护粮食产业安全。目前随着外资进入国内粮食领域，粮食产业的利益竞争已是全产业链条的综合利益竞争。在合作中加速整合长三角区域内的中小粮食企业资源，形成粮食产业的中坚力量，并借此培育粮食领域的“航母级”企业，可培育市场竞争力较高的粮食产业体系，从而有效维护本地区和国家的粮食产业安全。

（三）长三角地区粮食安全战略目标

1. 长三角地区粮食安全战略总体目标

长三角地区粮食安全战略目标的定位应按照中央精神，结合长三角地区实际，把粮食安全放在全国粮食安全战略的大格局中，放在国家对长江三角洲区域发展的总体部署中来思考和谋划。

长三角地区粮食安全战略规划必须将“以我为主、立足国内、确保产能、适度进口、科技支撑、协同保障、率先垂范”作为总体目标。

2. 长三角地区粮食安全战略具体目标

目标一：供给目标。供给目标是长三角地区粮食安全战略的首要目标。其基本含义是：粮食供给数量和质量能够满足长三角地区居民生活和经济发展对粮食的需求，实现粮食供求平衡。长三角地区处于工业化中后期和高度城市化时期，要适应当地居民食物消费结构升级的需要，满足居民生存型、营养型、享受型各种层次的粮食需求。长三角地区庞大的粮食供给目标规模，不仅包括居民直接消费的口粮和间接消费的饲料粮，还包括种子用粮、工业用粮和生产加工流通环节等不可避免的损耗。在市场经济和对外开放条件下保障粮食安全供给的目标并不等同于产量目标。粮食供给总量应由本国生产和进口两部分组成。供给目标包括总量供求平衡目标和结构平衡目标。总量平衡是指一定时期内长三角地区粮食供给总量与该时期其粮食需求总量基本平衡。结构平衡是指粮食供给结构与需求结构之间的基本平衡，还包括品种结构、质量结构、地区结构之间的平衡。在长三角地区今后的粮食安全工作中，应更加注重和突出质量安全指标。

目标二：产能目标。确保粮食产能的支撑条件是稀缺土地和淡水资源，根本途径是农业科技创新，核心动力是农民的种粮积极性。产能目标的含义是在控制本地区粮食自给率，在粮食总产量波动系数基础上明确本地区总耕地面积、人均粮食播种面积指标；确定粮食产量的科技贡献率，提高农业资源生产效率，以科技创新保障粮食安全；确立农民粮食增收目标，使农民粮食生产成本通过市场交换得到补偿，不断提升农民的收入预期，调动农民扩大粮食供给的积极性。

目标三：流通目标。粮食流通是联系粮食生产和消费的桥梁和纽带。当长三角地区粮食生产达到安全边际的时候，也就是紧平衡阶段，粮食流通安全具有关键作用。流通目标的基本含义是在保证地区粮食市场供应的前提下，降低粮食物流成本，提高粮食流通效率，控制粮食储备率和粮价波动幅度指标。为此，长三角地区应在区内各省市现有粮食流通设施的基础上，完善布局、改善结构、提升功能，建立起功能匹配、设施先进、调运灵活的现代化物流体系；形成粮食生产—运输—储备—加工—销售有机连接的长三角粮食产业链；完善粮食批发市场，规范粮食期货市场，形成公平竞争、规范有序、统一的长三角粮食流通大市场；鉴于国内粮食生产的经济政治双重意义以及长三角地区在我国对外粮食贸易中的重要地位，必须审慎地把握好粮食进口的规模和节奏、方式和布局，逐年、缓慢、均衡地释放粮食进口需求，控制国际市场冲击风险。其中，就时限而言，按照国家相关要求，建成长三角粮食的应急供应保障体系，应在2017年年底前完成，在长三角城乡普遍建立“放心粮油”的供应网络，应在2018年年底前完成。

二、长三角地区粮食安全的体制选择

（一）确立政府保障粮食安全的责任

粮食产品是人类最基本的食物，在可以预见的将来都有着无可替代性；同时，粮食作为城市发展的三大物质基础（粮、煤、油）之一的战略性商品，粮食的稳定供应对社会稳定、经济发展具有重要影响。一般情况下的粮食生产、流通、加工、储藏、消费，都可以由私人部门按照市场经济的要求来提供；但粮食市场有着较大的安全风险，包括自然风险和经济风险。

自然风险。粮食生产是经济再生产和自然再生产相交织的过程，粮食产业既存在经济风险也存在自然风险。由于粮食产业的投资边际报酬相对较低，在与其他产业竞争当中，粮食产业总是处于非常弱势的地位，很难集聚相应的资本、人力、技术等生产要素，因此，在缺乏足够的政策支持的背景下，粮食产业长期处于低水平发展状态。在上海打造“四个中心”的过程中，粮食产业显然不是发展重点，也就很难得到相应的地方政府的有力支持，这使得粮食产业的弱质性进一步凸显。

经济风险。粮食市场具有典型的动态调整特征，从市场供给角度来说，粮食市场价格对粮食生产行为影响具有滞后性，粮食生产主要受上一年度粮食价格及价格预期等影响；而对于粮食需求来说，粮食需求主要受当期粮食市场价格及价格预期影响；粮食市场价格在粮食需求与粮食供给不断调整中达到均衡。作为生活必需品，粮食需求弹性较小而供给弹性相对较大，如果没有政府调节，那么粮食供求很容易出现剧烈的年际波动。

面对粮食市场的自然风险和经济风险带来的粮食安全风险，作为单个的生产者、消费者和经营者都无力单独应对。单单依靠市场机制是无济于事的，甚至会导致矛盾扩大，维护粮食安全的成本只能由政府承担。

强调政府的粮食安全责任，并不是要否定市场在资源配置中的决定性作用，二者并不相悖。实际上，越是放开粮食市场，越需加强和完善政府宏观调控职能。也迫切需要政府加大市场执法和监管力度。从市场经济发达国家的做法来看，没有一个政府不是对本国粮食总量和质量进行调控和监管的。实践业已证明，把“看不见的手”和“看得见的手”相结合，把宏观调控与微观搞活相统一，才能更有效地发挥市场机制的作用，更协调地促进粮食经济的健康发展和粮食安全的可靠保障。

“粮食安全省长责任制”是政府维护我国粮食安全的一项重要的基本制度。1994年国务院的文件中就首次提出要实现中央统一领导、地方分级负责的粮食管理体制，并且首次明确实现省、自治区、直辖市政府领导负责制。2015年国务院出台的《关于建立健全粮食安全省长责任制的若干意见》（以下简称《意见》）更是粮食安全工作体制机制的继承、发展和创新。《意见》系统地界定了各省级人民政府在粮食安全方面的事权与责任，要求更加具体，责任更加明确，内容更加丰富，更符合新形势下维护和保障国家粮食安全的现实需要。按照《意见》精神，各省级人民政府必须承担起保障本地区粮食安全的主体责任，这个主体责任涉及到粮食生产、流通、消费的各个环节，包括十个方面：强化粮食安全意识和责任；巩固和提高粮食生产能力；切实保护种粮积极性；管好地方粮食储备；增强粮食流通能力；促进粮食产业健康发展；保障区域粮食市场基本稳定；强化粮食质量安全治理；大力推进节粮减损和健康消费；强化保障措施和监督考核。

作为经济社会率先发展地区，长三角粮食安全面临着粮食需求刚性增长与粮食供给严重依赖外部供应的双重约束。尤其在粮食流通体制市场化条件下，粮食生产、粮食流通、粮食经营等均实现了较高的市场化，长三角粮食市场对各种因素变动异常敏感。在这种条件下，长三角地区政府部门应努力率先落实粮食安全省长责任制的主体责任：

第一，准确把握《意见》内涵，特别是尽快制定粮食安全省长责任制的实施意见和相关粮食法规。依法行政是建设法治国家、建设服务型政府必须遵循的重要准则，也是政府必须遵守的准则。各级政府也必须在国家基本法的框架下，根据本地实际情况，吃透《意见》要求，制定相应的地方法规，相关管理部门必须依法行使职权。目前，长三角地区粮食法制建设步伐比较落后，基本没有涵盖长三角全区域的粮食市场、粮食储备管理条例。由于没有行业的法制条例，导致制度上带有一定的随意性，粮食调控等措施的实施缺乏依据，难以实施。因此，长三角地区必须尽快制定、完善粮食安全相关的地方法规。

第二，加强统筹协调，协力履行政府粮食安全责任。粮食安全保障是一项系统工程，涉及多个利益部门，既包括各地粮食局以及相关直属部门，也涉及各地发改委、工商局、财政局、农业发展银行、商业委员会、经济委员会、农业委员会、民政局、统计局、国有资产管理委员会、卫生局、质量检验检疫局、海关、税务以及宣传等众多部门，涉及粮食生产、粮食收购、粮食运输、粮食储备、粮食批发零售等众多环节。在这种情况下，对于财政实力比较雄厚的长三角地区来说，非常有可能形成各部门争相强化各自的管理职能，但管理过程中为维护各自利益做出与实际需要相异的管理措施。因此，必须加强长三角地区粮食调控核心部门的职能，以有效协调、组织、实施粮食宏观调控政策，以提高粮食宏观调控效率。长三角地区政府部门要高度重视，把贯彻落实粮食安全省长责任制作为2015年以后粮食安全工作的首要任务进行部署，在领导精力上、组织保证上、力量投放上加大倾斜力度；要把全面落实粮食安全责任与全面深化粮食流通改革、全面推进依法治粮、全面加强“粮安工程”建设结合起来，精心组织、统筹安排、狠抓落实；建立健全组织领导制度和工作制度，主要领导承担起第一责任人的责任，构建起层层分工负责、上下齐抓共管的工作格局；长三角各地粮食部门还要加强同相关部门的沟通协调，积极推动建立部门工作协调机制，在保护种粮积极性、管好地方粮食储备、稳定区域粮食市场、维护粮食流通秩序、构建粮食质量安全治理体系和强化保障措施等方面凝聚最大共识，取得最大公约数，积极争取人、财、物方面的支持，建立健全相关配套措施，形成落实粮食安全责任制的合力。

第三，合理设计粮食安全履责能力的体制机制。合理的体制机制是协调部门利益、提高粮食安全履责能力的重要制度保障。必须从体制机制设计上明确各自的职能、权责，才能真正提高粮食宏观调控效率、调控及时性。在体制机制建设方面，长三角地区存在的问题仍比较明显，这涉及粮食宏观调控的职能定位不清问题，导致政策性粮食管理与经营性粮食管理经常混杂，导致政策调控效力有限；这也涉及储备粮收储、轮换、抛售、补贴等管理机制问题；这还涉及对国有粮食经营单位的粮食经营宏观调控问题等。作为国内城市化程度发达地区，长三角地区政府粮食安全调控的主要抓手依赖于保供载体建设。因此，应着重加强储备库存、批发市场、外源基地等保供载体建设，力争构建多纬的粮食安全保供体系，保障长三角地区粮食安全。

第四，注重通过舆论宣传、考核约束等途径全面推进粮食安全省长责任制的贯彻落实。加强舆论宣传方面，长三角各地政府部门要紧扣建立健全粮食安全省长责任制的重大意义、科学内涵、工作措施等内容，科学制定宣传方案，动员和运用传统媒体、新兴媒体，采取专题专栏、新闻报道、言论评论、专家访谈等多种形式，抓好抓实宣传报道工作，为贯彻落实粮食安全省长责任制营造良好氛围。

考核机制方面，长三角各地政府部门要在近几年完善和落实粮食安全责任制度的基础上，认真总结、学习借鉴先行省份的好做法和好经验，因地制宜地制定层层分解落实的责任考核办法，力争尽早出台实施，取得实效。

（二）积极利用市场化手段推进粮食安全

粮食安全既是政治问题，也是经济问题。如果把粮食价格的周期波动都当成政治问题，过分强调政府干预的作用，以政府保护价取代作为市场供求信号的均衡价格，忽视市场调节作用，会造成资源配置的低效率，抬高粮食安全成本。一般而言，在粮食供求形势较为紧张的严峻情况下，应相对多的发挥政府的调控作用，尽快使粮食生产和消费恢复均衡；而在粮食供求基本平衡或供大于求的宽松情况下，可以相对更多地发挥市场调节的作用，通过市场的力量自动实现粮食的供求平衡。长期以来，我国财政惠农成本和粮食收储成本维持高位并不断递增，从资源配置模式和宏观调控方式看，依靠增加政府补贴刺激粮食生产的边际效应明显递减，对粮食市场的过多直接干预使资源配置效率不理想。当前，一方面我国经济发展进入新常态，正从高速增长转向中高速增长，在经济增速放缓的背景下继续促进农民持续增收，确保粮食产需平衡面临财政困境；另一方面，国内连续多年的粮食产量和储备量的增长为粮食安全创造了供大于求的宽松市场环境。因此，当前我国粮食安全体系可以相对多地发挥市场调节的作用，积极利用市场化手段推进粮食安全，长三角地区更应率先垂范。

无论是与国外农业发达国家相比，还是与我国内陆省份相比，长三角地区人多地少的现象尤为严重，粮食生产明显缺乏比较优势，必须遵循市场经济所固有的比较利益原则，打破粮食区域内或省内自求平衡的格局，更大幅度地放开粮食购销、价格、市场，通过价格和贸易传导机制，在互利、互补的基础上实现与粮食主产区及国际市场合理的经济分工和必要的资源转换，从而取得充足而又稳定的粮食供给来源，以提高经济效益和社会效益来确保长三角地区的粮食安全。大量实证分析表明，必要的粮食市场交易从两方面提高粮食的安全度：一是建立在比较优势基础上的区域间粮食交易，将给交易双方带来净福利的增加；二是有利于促进粮食交易双方的供求趋于平衡，起着调节市场价格波动的作用，既有利于粮食输出地区粮食生产的稳定，也有利于粮食输入地区供应的稳定。

目前，长三角地区对粮食运输通道、粮食储备体系、粮食批发市场体系的建设以及配套的土地政策、投资政策等方面的支持都非常有限，迫切需要调整和优化粮食市场体制机制。从总体上看，长三角地区的粮食安全保障的市场化政策措施需要从五个方面考虑：①完善市场功能，主要完善粮食市场的实物集散功能、价格形成功能、信息中心功能、综合服务功能等。②培育多元化的市场主体，增强市场活力。一是要进一步深化国有粮食企业、特别是国有粮食购销企业改革；二是要积极培育和扶持农民进入粮食流通领域，发展股份合作式的粮油服务社，扶持民营粮食经纪公司，开发代理销售、信息传递、咨询服务等业务。③完善粮食市场监测及预警系统，设计一套符合我国国情、长三角区情、粮情的科学的价格预警体系。发展以市场促进粮食安全目标的机制。④整合长三角现有市场资源，健全和完善多层次的现代粮食市场体系，基本框架应为：以零售市场为基础，以批发市场为主体，以期货市场为先导，以电子商务为方向；期货与现货结合，商流与物流结合，传统与网络结合，生产与流通结合的现代粮食市场体系。⑤创新交易方式，提高粮食市场资源配置效率。可以选择配送、运输为主的物流交易方式，探索粮食电子商务的正确发展途径。

（三）创新粮食安全长效保障机制

1. 健全的粮食安全法制环境

法律制度的普遍约束性、稳定性及权威性能为粮食安全提供稳定的预期和可靠的支撑，是创新粮食安全长效保障机制的首选措施。长三角地区应根据有关经验，结合已制定的我国粮食相关法律法规（如《国务院关于建立健全粮食安全省长责任制的若干意见》），通过相应程序进行以粮食安全为中心的涵盖长三角地区的相关法律制定和修订，形成比较健全的相关粮食安全的法律体系，以利于构建稳定、理想、符合全社会利益的长三角粮食安全治理模式，实施依法治粮。长三角地区在建立完善粮食安全法律法规体系时，要本着粮食安全战略指导思想，科学规划，统筹兼顾，既要从全国大局通盘考虑粮食安全问题，又要把局部的粮食安全落到实处；既要保障近期粮食安全，又要保障长期安全；既要抓住粮食生产这个根本，又要搞活粮食流通这一重要环节；既要确定一个时期的相对稳定的粮食安全产量，又要保持粮食生产的持续发展能力；既要立足于主要依靠自己的力量解决粮食安全问题，又要善于利用国际国内粮食市场、粮食资源，确保区内和国内粮食安全；既要确保粮食安全效果，又要降低成本减少投入；既要确保粮食数量安全，又要重视粮食质量安全。特别是要明确建立粮食安全监督考核制度建设，强化本地区落实粮食安全责任的考核、追责和问责，增强法律制度的严肃性，有利于形成落实粮食安全责任的长效机制。

2. 强有力的组织保证

可组建长三角粮食安全保障委员会，在长三角协作区层面上组织相关粮食安全专职负责人员（如发改委、农业、外经贸、粮食、供销、科技、林业、水利、国土资源、环保、财政等部门，省、直辖市分管粮食的第一负责人等）参加，形成多部门，自上而下，全面承担与负责执行长三角地区统一的粮食战略任务的机构体系与行动机制。各省、直辖市之间高度协作，互为左右手，共同保证长三角地区的粮食安全。

3. 完整科学的粮食安全指标体系

粮食安全指标体系是实时监测粮食安全状态，适时改善粮食供需的不平衡点，实现长期性保障长三角地区粮食安全的科学依据。要根据长三角地区的粮情并结合有关粮食专家的研究，重点确立长三角地区粮食安全的粮食产量指标、耕地面积指标、粮食播种面积指标、国际市场依赖度指标、粮食储备量指标、粮食安全风险基金规模指标、粮食市场振幅指标、消费保障指标等。

4. 严格的粮食产能保护制度

长三角地区有其他地区难以比拟的气候、水质、土地等种粮条件。建议在全长三角范围内统筹建立粮食生产能力保护制度。重点解决耕地的保护底线和占补平衡的财政措施。首先，要在长三角范围内划定永久基本农田，确保"有地可种"。其次，由长三角财政统筹转移支付措施、实施占补平衡原则，既顺应工业化、城市化进程，又使粮食生产大县获得增加粮食生产的补贴。最后，在严格保护粮食生产能力的同时，建立改种耕地迅速恢复用于粮食生产的转化机制，以应对可能出现的粮食危机。因此要对适种粮食耕地给予最严格的保护，建立对复种粮食所需的种子、化肥、农药、农机、农膜等生产资料供应和对水利灌溉系统等基础设施加大投入机制。

5. 完善的粮食供给渠道

长三角地区的区情决定了要实现本区内粮食供求平衡，就必须坚持奉行以区内平衡为主，利用区际、国际粮食调节为辅的方针。因此，在区内的产区与销区（苏北与苏南、浙沪与苏皖）之间，应遵循互利互惠公平交易的市场原则，建立起主要以经济利益为纽带的长期、稳定、可靠、定向有序的供求关系，不断巩固和完善省内产销区对口产销衔接机制，不断创新衔接方式，拓展协作内容，销区要积极探索采取利益补偿机制巩固产销衔接关系，产区要认真做好粮源组织等相关协调工作，确保对口衔接扎实，以有效维系区内粮食市场供求的相对平衡，促进区内粮食优先满足区内需求。

6. 长期稳定的粮食贸易关系

由于我国存在着区域性生产和全国性粮食消费的不对称关系，长三角地区无法达到粮食数量和品种的自我平衡。为保障长三角地区的长期粮食安全，必须加强长三角粮食的对内、对外贸易合作，按市场经济规律建立长期稳定的粮食贸易关系。区际间的粮食调运必须通过市场交换进行，价格由市场决定。鼓励本地区农民或企业到粮食主产区建立粮食生产基地，或与产区建立风险共担，利益共享的粮食产业化经营共同体。在合作方式上可实行"政府搭台，企业唱戏"；也可以由粮食行业协会等中介机构组织订货会、交易会等活动，开展企业与企业之间的购销合作。积极探索产销区之间集加工、储运、贸易为一体的合作方式，进一步拓宽和稳定产销合作渠道，鼓励本地区粮食加工、流通企业到粮食主产区建设原料生产基地，实行公司化运作、基地化生产、产业化经营，建立稳定的粮食产销关系；也支持粮食主产区粮食企业到长三角地区设立销售窗口，建立加工基地等，努力做大产区粮源在长三角内的流通和集散规模，促进长三角地区粮食总量和品种的供需平衡。长三角地处东南沿海，又处于长江下游，区内港口密布，形成了名副其实的进出口黄金通道。因此，长三角地区进行粮食进出口贸易具有得天独厚的地理优势。我国加入 WTO 后，大大拓宽了长三角地区粮食来源和流向的多元化选择范围。一方面，长三角地区粮食部门可以利用国有粮食收储企业的收购设施、储运体系、检测技术为出口粮食服务，做到专收、专储、专运、专供出口；另一方面，可以选择位于港口和交通枢纽的专储粮库储备供出口的粮食，定期推陈出新。进口国内市场需求的粮食可以补充专储粮食粮源，实现以最优化成本实现粮食储备安全。

7. 完善的地方粮食储备体系

高效、灵活的粮食储备调节体系是政府调节粮食供求关系，平抑粮食市场价格波动的主要手段，也是保证长三角地区粮食安全的必要手段。要落实“粮食安全省长责任制”，合理确定长三角地区地方粮食储备的规模与结构，以确保粮食储备调控功能及时有效地发挥，一是要严格按计划落实好长三角地区粮食储备，确保规模、粮库、费用三到位，不挂空粮食储备计划。有条件的市县，应根据实际需要和财政承受能力，逐步增加粮食储备规模。二是要根据居民的消费需求和市场调控的需要，合理调整储备粮品种结构，适当增加粳稻储备和成品粮储备。三是要建立定期检查制度，长三角地区有关部门每年要对地方储备粮和粮食风险基金进行检查，对违规行为要及时纠正，并严肃处理。四是落实“粮安工程”规划，抓好长三角粮食物流体系建设。五是进一步完善储备粮轮换机制，做到既保粮食安全，又要发挥对市场的吞吐调节作用。六是鼓励社会资本储粮，完善粮食储备代理经营的招标制度，全方位打造保障长三角粮食安全的“蓄水池”。

8. 周密的粮食消费救济政策机制

长三角个别地区还存在温饱问题，一些城市还有规模不小的失业人群，每年因各种自然灾害侵袭也存在一些缺粮灾民。粮食市场化后，为解决这些人的吃饭问题，建议长三角地区政府采用粮食实物和货币相结合的粮食消费救济保障机制。低收入家庭由民政局每年核定，粮食部门发放粮食券，免费供应口粮，粮食费用由财政与民政核实后及时足额拨付粮食部门。口粮来源由储备粮出库加工，也有利于促进储备粮推陈储新。这种粮食实物救济原则由省级政府承担，如果省级政府粮源吃紧，财政紧张，可在长三角地区省际间寻求支援。

三、长三角地区粮食安全的政策选择

（一）利用“两个市场”保障粮食供给

长三角地区正处于工业化、城市化、现代化率先推进阶段，本地区人口总量、人口转移数量、城乡居民收入水平不断提高、国外生活方式对本地区影响显著加深，这些因素共同推动长三角地区居民食物消费结构的转型升级和全社会对粮食需求总量的长期递增趋势。与此同时，受资源环境约束趋紧、生产成本上涨等因素制约，长三角地区农业和粮食产能继续提高的难度越来越大。中共十八届三中全会明确提出，构建开放型经济新体制，促进国际国内要素有序自由流动、资源高效配置、市场深度融合。因此，对长三角地区粮食安全保障而言，更应该从本地区的资源禀赋出发，发挥比较优势，充分地利用国际国内两个市场、两种资源。

为更充分地利用国际国内两个市场、两种资源，长三角地区首先不能放松本地区的粮食生产，要确保城乡居民消费的谷物基本自给和口粮来源的本地化和国内化。其次，长三角地区可适当增加“大粮食”品种进口，通过部分进口粮食来降低本地区自然资源的损耗程度并改善本地居民粮食供给，提升本地粮食安全水平。我国国土面积广大，地区间粮食生产和消费差异明显，且跨区域粮食调运占用公共资源的实际国情之下，粮食安全责任主体适当拆分国内市场和国外市场进行重新组合，是降低粮食安全供给成本和提升粮食安全效益的合理途径。

在明确以增加适度粮食进口来提升长三角地区粮食安全效率的战略取向之后，应当探索粮食贸易安全调控方式创新。

第一，在粮食进出口制度上，应当建设服务型粮食贸易制度，将粮食进出口权限交给粮食流通企业，使其能够及时利用市场信号，自主决策。同时政府则相应地着力于完善粮食生产和需求信息平台建设和粮食交易、粮食期货市场及其制度完善，通过国际粮食供需动态信息数据披露平台和粮食风险预警机制，使粮食生产和流通贸易主体获得参考借鉴。

第二，调整粮食和农产品进出口贸易结构通过“食物换食物，经济作物换粮食”的农业产业内贸易政策实现粮食安全。可扩大长三角地区有优势的农产品出口，换取本地没有优势的粮食产品进口。在具体政策方面，应注重对蔬菜、水果等园艺作物生产和出口流程中的政府指导，帮助这些产业解决在出口过程中遇到的绿色壁垒和准入限制问题，不断提高本地区非粮食农产品和非粮食作物在国际市场的竞争地位，为巩固长三角粮食安全提供有力的支撑。

第三，提高粮食进口的安全系数和经济效益。鉴于在国际粮食市场上中国具有大国效应和长三角地区在全国粮食进口中的较大比重，长三角地区必须审慎把握好粮食进口规模和节奏、方式和布局；注重进口来源多元化；增强在国际粮食市场上的话语权和定价能力；通过与粮食出口国签订长期订货合同，控制粮食进口风险。

第四，加快长三角地区农业走出去的步伐，提高对国外粮源的掌控能力。可以鼓励本地企业在国外通过直接租赁土地、合资合作等方式建立粮食生产基地，从而在长期内保证长三角粮食供给来源的稳定。在条件成熟时，可以通过跨国公司内部贸易的形式完成粮食国际贸易，降低粮食进口风险。还应在海外粮食原产地及运输通道关键节点上构建我国粮食进口的国际物流网络，从而在粮食流通环节充分利用国际资源和市场，实现提升粮食安全效率、维护长三角粮食安全的目的。

（二）建立粮食产销区域合作机制

长三角粮食产销合作包括长三角三省一市内部相互之间的粮食产销合作，以及长三角地区作为一个协作整体与东北等粮食主产区之间的粮食产销合作。它是指逐步拆除粮食在产销区之间自由流动的壁垒，按照“政府推动、市场运作”的原则，使各类市场主体及时获得充分的粮食产销信息，并在粮食生产与流通的某个环节或多个环节之间进行协商、对接的活动。其基本目的是协同确保粮食主销区的缺粮供应与粮食主产区的余粮销售，有效缓解长江三角洲粮食产能不足对粮食安全的不利影响，确保粮食供应，是长三角三省一市解决粮食安全问题的根本举措之一。长三角粮食产销合作目前还存在许多矛盾和不足，如各地不重视粮食产销所涉及环节之间的横向合作，从而影响了规模种植与经营效益的提高；粮食产销合作不紧密，导致粮食购销企业与销区用粮企业购销合同履约率较低；作为产销衔接中间环节的各地粮食流通项目存在重叠现象，不仅使得投资和生产分散，不能发挥规模效应，也制约了长三角的粮食生产和消费水平以及粮食安全水平。

针对以上问题，根据国家粮食安全战略精神以及《粮食收储供应安全保障工程建设规划（2015～2020年）》、《国务院关于进一步推进长江三角洲地区改革开放和经济社会发展的指导意见》等相关指导性文件精神，建议从以下几方面采取有力措施，协同推进长三角粮食产销合作。

1. 塑造区域粮食产销合作的法制环境

为此，要确立法制原则，建立有利于进行跨行政区域建设和管理的粮食法律法规体系，以从根本上扭转各自为政、缺乏协调的局面。结合“粮食安全省长责任制”，把多年来业已形成的区域合作共识如对种粮大户租金的降低，对种粮大户、粮食产销合作龙头企业的财力支持，非常情况下的粮食物流保障或亏损弥补，长三角粮食公共信息平台的作用发挥等，转化为带有某种刚性要求的合作协议或制度。各相关执法部门应联手制定本部门的具体实施细则。要注意强化立法主体、市场主体和执法主体三者的互动协调，形成“立法启动—审议—听证—实施—修订一体化”运行机制。

2. 不断提升粮食产销合作的广度与深度

国内已有一些粮食大企业积极探索粮食产销合作的空间布局与一体化运作，如将采购中心设在东北，仓储式加工、分销的重点设在上海等地，这种企业内部的地域分工，以及从田头到餐桌的供应链运作将带来长三角实质性的实现粮食产销一体化。一些城市的粮食物流中心在积极进行供应链整合，这有利于从根本上增强长三角粮食一体化运作水平，提高粮食应急供应水平和粮食产业竞争水平。

3. 协力增强粮食产销合作的物流基础和物流能力

要注重结合《粮食收储供应安全保障工程建设规划（2015～2020年）》、《国务院关于进一步推进长江三角洲地区改革开放和经济社会发展的指导意见》，以及长三角城市群建设的总体规划等，对长三角地区现有的专业粮油批发市场、粮食仓库、内河粮食码头和铁路专用线进行整合，促使原有资源向粮食物流中心转移集聚，形成融集散、储存、流通加工、分拣配送、商品贸易、商品质量检验、信息服务等功能于一体的区域粮食物流中心，增强长三角粮食产销合作的物流基础；积极开展长三角粮食物流标准化、一体化等方面的合作，进一步增强长三角粮食产销合作中的物流保障能力；使粮食产销合作成为增强长三角粮食安全体系建设的强大动力和支撑力。

4. 完善长三角区域内粮食利益补偿机制

要加大对长三角区域内粮食产区的财政转移支付力度，增加对商品粮生产大省和粮油猪生产大县的奖励补助，鼓励长三角区域内粮食销区通过多种方式到主产区投资建设粮食生产基地，更多地承担国家粮食储备任务；支持长三角区域内粮食产区发展粮食加工业；增加产粮大县直接用于粮食生产等建设项目资金配套和耕地保护补偿资金；在中央政府组织协调下，长三角区域内粮食销区应当而且必须向产区提供与其粮食输入规模相适应的财政补贴资金，为了更好地协调和落实粮食产销区之间的财政经济利益关系，也可以考虑有控制地开征粮食消费税作为中央和地方共享税。

（三）大力推进粮食流通产业现代化

粮食流通是从生产到消费之间的桥梁，粮食流通安全在整个粮食安全体系中居于枢纽地位。2004年国家全面放开粮食购销市场以后，随着粮食流通体制、粮食价格体制、粮食市场体系、分配制度等多方面改革的深化，中国粮食大市场、大流通、大产业的格局和体系已初步形成，粮食流通规模和效率较计划经济时期有根本性改观。我国包括长三角地区粮食流通产业虽已得到初步发展，但产业起点低、产业基础设施不完备，产业主体竞争力仍较弱，产业组织水平仍较低，若不能迅速实现产业发展方式从粗放型向集约型转变，提升产业素质，将难以满足工业化和城市化背景下的粮食市场需求，在外国粮商在全产业链的竞争挑战的背景下，也将极不利于确保对粮食流通产业的国家控制力，进而威胁到国家粮食流通安全大局。长三角地区作为我国经济发展的龙头，将率先步入世界先进发达地区行列，日益增长的城市人口群体使得粮食供需缺口逐年增加。这就更加凸显了粮食流通产业的基础地位和保障功能，越来越小的粮食“地基”要承载起总量巨大的长三角经济“大厦”，只有不断夯实粮食基础，加快粮食流通产业现代化建设，全方位提升粮食流通产业运行效率，才能确保长三角经济社会发展不至于失控。因此，长三角地区更应大力推进粮食流通产业现代化以保障粮食流通安全以及整体粮食安全。

为推动长三角地区粮食流通产业现代化，必须以全面实施国家《粮食收储供应安全保障工程建设规划（2015～2020年）》为载体，重点做好以下几点：

1. 根本转变产业发展方式

通过政府扶持，转变长三角地区粮食流通产业发展方式，充分发挥市场在粮食资源配置中的决定性作用，充分发挥市场的供求机制、价格机制、竞争机制、风险机制和动力机制等的作用，促进粮食流通产业又好又快发展。核心目标在于构建以优势企业为龙头，以现代粮食物流和加工业为依托，以科技为支撑，高效、通畅、可调控的现代粮食流通产业体系，实现粮食商流、物流、信息流活动的现代化。为此，要从提高粮食流通产业市场竞争能力和粮食安全保障能力的角度来统筹规划粮食流通产业战略，将单纯以促增产为目标的产业政策体系转变为促增产、促增收、促流通产业现代化的综合性产业政策体系；要不断用现代发展理念、现代物质条件、现代科学技术、现代管理方式、现代组织制度和现代经营形式，改造和提升长三角地区粮食流通产业。

2. 积极提升产业集中度

政府应通过实施横向拓展战略和纵向拓展战略，提升长三角地区粮食产业集中度。横向拓展战略就是政府鼓励主产区和主销区的国有粮食企业采取联营、参股等形式建立产销衔接的横向联合企业；加强国有外贸、内贸粮食企业的联合，组建大型粮食企业集团，增强国际竞争力；以省市级大型粮油购销公司为龙头，带动上下线的中小企业以契约关系或实体兼并，整合物流功能，优化供应链结构，组建成产供（加）销一体化的纵向联合体；以实力雄厚的粮油批发企业为龙头，组建包括若干零售商店在内的代理配送企业。纵向拓展战略就是政府应积极鼓励和扶持粮食企业实施前向一体化与后向一体化。前向一体化首先指粮食企业与种粮农民发展一体化关系，向原粮供应环节延伸，稳定优质粮源供给。为此，可通过与农户或农业合作组织等中介机构签订生产合同、购销合同、资金扶持合同、科技成果引进开发合同等初步建立风险共担、利益共享机制；还可以通过吸收农业经济合作组织、农户以土地、资金、劳动等生产要素入股的形式，结成紧密型利益共同体，把良种繁育、原粮种植和收获、科技开发和人才培育等贯穿起来，建立生产基地，进行标准化、规模化生产。前向一体化其次是指粮油加工环节内部细分为粮食、油脂、饲料、食品加工等产业链条，具有价值关联性。粮油加工企业之间也应发展前向一体化，降低交易成本，增加规模效益。后向一体化就是粮食加工企业与粮食购销企业发展一体化关系，向市场延伸，拓展分销渠道和产品市场。长期以来，粮食购销企业与粮食加工企业按计划分企分立，产业关联度低。后向一体化要求粮食购销企业和加工企业以各自的仓库、设备、品牌、资金等为股份，组建股份制公司。购销企业利用仓储、收购网点及政策性贷款等优势，负责原粮的采购与粮油产品的分销配送；加工企业集中力量实施技术设备改造、粮油精深加工，进一步提高产品质量和市场份额。

3. 积极提升产业科技水平

长三角地区政府应率先顺应“互联网+”趋势，积极促使互联网技术从粮食电子商务等网络销售环节向粮食生产、流通各个领域渗透，不断提升粮食流通产业的科技化、智能化、信息化水平。为此，政府应鼓励企业提高研发投入的比例、建立企业研发机构。通过财政补贴和税收优惠政策，对重大技术创新进行补贴，给一般技术创新活动给予普遍的税收优惠；通过给技术创新项目提供优先、优惠贷款，为高新技术项目的发展开辟股权融资渠道等；政府还应积极协调建立以粮油科研院所和大型粮油科技型企业为主体，产学研互动的技术创新体系，发挥产学研相结合的创新机制，实现创新主体与经营主体最紧密的结合。通过增强企业自身的人才集聚和研发能力，使企业成为创新人才和资金的主要投入者、科技成果转化的主体、新技术的创造者和产业发展先导技术的引领者。

第二部分　长三角地区粮食统计资料

一、粮食供给

（一）粮食生产

1. 上海市、江苏省、浙江省和安徽省（以下简称三省一市）粮食生产情况

表2－1　上海市粮食产量

单位：万吨

年份	粮食	小麦	稻谷	玉米	大豆
2000	174	24.7	137.1	3.7	
2001	151.4	12.5	127.4	3.7	
2002	130.5	10.4	109.2	3	
2003	98.8	7.4	82.2	3.2	
2004	106.33	7.9	89.5	2.5	
2005	105.4	9.9	85.5	2.83	
2006	111.3	11.3	89.7	2.68	
2007	109.2	14.6	86		
2008	115.6	18.2	89.3	2.1	
2009	121.7	22.1	90	2.4	0.9
2010	118.4	9.3	90.3	3	1.1
2011	121.9	24.1	88.9	2.8	0.9
2012	122.4	22.6	89.1	2.5	0.8
2013	144.2	17.6	86.8	2.5	0.8
2014	112.9	18.6	84.1	3	0.7

数据来源：上海市粮食局，空白部分是未提供数据。

表2-2　上海市粮食播种面积

单位：千公顷

年份	粮食	小麦	稻谷	玉米	大豆
2000	258.8	57.2	175	5.2	
2001	211.2	32	153.9	5.2	
2002	187.7	31.4	133.1	4.5	
2003	148.3	21.7	106.2	4.6	
2004	154.7	21.9	111.8	4.2	
2005	166.1	29.9	112.7	4.28	
2006	165.5	31.4	110.6	3.91	
2007	169.6	37.5	109.1		
2008	174.5	44.2	108.6	3.57	
2009	193.3	57.7	108.5	4.2	5.13
2010	179.2	49.4	108.5	4.4	4.2
2011	186.3	59.8	106.1	4.2	3.47
2012	187.6	56.6	105.1	3.82	2.87
2013	168.5	44.4	101.9	3.6	2.93
2014	164.9	43.9	98.4	3.93	2.46

数据来源：上海市粮食局和中华粮网。2000~2006年、2008年数据取自中华粮网。空白部分是未提供数据。

表2-3　江苏省粮食产量

单位：万吨

年份	粮食	小麦	稻谷	玉米	大豆
2000	3106.6	796.4	1801.3	236.8	67.0
2001	2942.1	703.9	1693.2	259.9	67.1
2002	2907.1	644.5	1709.9	261.7	70.3
2003	2471.9	608.7	1404.6	197.3	56.8
2004	2829.1	687.7	1673.2	216.6	57.0
2005	2834.6	728.5	1706.7	174.8	48.7
2006	3096.0	817.4	1792.7	197.2	53.7
2007	3132.2	877.0	1775.7	197.3	56.4
2008	3175.5	998.2	1771.9	203.0	60.2
2009	3230.1	1004.4	1802.9	216.2	60.9
2010	3235.1	1008.1	1807.9	218.5	59.8

续表

年份	粮食	小麦	稻谷	玉米	大豆
2011	3307. 8	1023. 2	1864. 0	226. 2	57. 6
2012	3372. 5	1048. 8	1900. 1	230. 2	55. 3
2013	3423. 0	1101. 3	1922. 3	216. 4	47. 0
2014	3490. 6	1160. 4	1912. 0	239. 9	47. 3

数据来源：江苏省粮食局。

表 2 –4　江苏省粮食播种面积

单位：千公顷

年份	粮食	小麦	稻谷	玉米	大豆
2000	5304. 3	1954. 6	2203. 5	423. 2	249. 2
2001	4886. 7	1712. 8	2010. 3	429. 8	244. 4
2002	4882. 6	1715. 9	1982. 1	436. 5	243. 4
2003	4659. 5	1620. 5	1840. 9	451. 9	241. 7
2004	4774. 6	1601. 2	2112. 9	389. 1	216. 4
2005	4909. 5	1684. 4	2209. 3	370. 2	214. 8
2006	5110. 8	1912. 7	2216. 0	378. 2	213. 0
2007	5215. 6	2039. 1	2228. 1	391. 2	222. 7
2008	5267. 1	2073. 1	2232. 6	398. 5	232. 8
2009	5272. 0	2077. 6	2233. 2	399. 8	233. 0
2010	5282. 4	2093. 1	2234. 2	403. 7	226. 9
2011	5319. 2	2112. 4	2248. 6	414. 3	219. 7
2012	5336. 6	2132. 6	2254. 2	418. 9	210. 5
2013	5360. 8	2146. 9	2265. 7	426. 4	209. 4
2014	5376. 1	2159. 9	2271. 7	436. 1	203. 4

数据来源：江苏省粮食局。

表 2 –5　浙江省粮食产量

单位：万吨

年份	粮食	小麦	稻谷	玉米	大豆
2000	1196. 92	55. 12	990. 2	20. 3	28. 4
2001	1055. 68	37. 07	875. 6	21. 1	28. 5

续表

年份	粮食	小麦	稻谷	玉米	大豆
2002	942.27	25.43	779.63	22.32	26.27
2003	795	20	645	20	30
2004	834.9	19.04	686.94	22.48	26.58
2005	830.42	21.81	644.78	25.93	29.39
2006	839.52	24.02	682.4	21.57	26.73
2007	801.67	28.07	636.89	22.93	27.3
2008	775.55	21.21	660.43	11.12	13.05
2009	789.15	23.24	666.67	11.65	13.58
2010	770.67	24.68	648.15	12.15	12.97
2011	781.6	27.02	649.03	14.59	14.03
2012	769.8	27.1	608.26	29.13	25.21
2013	733.95	27.83	580.2	26.76	22.64
2014	757	30.95	590.1	30.1	24.2

数据来源：浙江省粮食局。

表2－6　浙江省粮食播种面积

单位：千公顷

年份	粮食	小麦	稻谷	玉米	大豆
2000	2233.33	177.57	1597.97	52.2	129.05
2001	1875.6	121.4	1340	51.76	122.76
2002	1659.09	94.24	1172.34	52.19	114.42
2003	1482.97	71.48	979.43	51.93	116.48
2004	1505.37	59.53	1028.05	54.5	116.58
2005	1562.56	67.13	1028.54	62.87	129.74
2006	1457.67	69.4	994.51	52	116.56
2007	1270.75	49.26	954.29	23.62	50.54
2008	1271.63	54.34	937.5	25.92	54.43
2009	1290.09	60.37	938.74	27.03	55.54
2010	1275.83	66.17	923.16	27.27	52.6
2011	1254.13	72.63	894.77	30.94	51.06
2012	1251.55	74.49	832.59	61.97	88.45
2013	1253.74	75.52	828.72	63.4	88.27
2014	1267	82.12	824.21	66.52	89.4

数据来源：浙江省粮食局。

表 2－7　安徽省粮食产量

单位：万吨

年份	粮食	小麦	稻谷	玉米	大豆
2000	2472	730	1195	247	115
2001	2500	776	1187	273	95
2002	2765	730	1322	342	121
2003	2215	657	1050	223	92
2004	2743	793	1370	285	122
2005	2605	808	1317	235	91
2006	2861	967	1372	279	105
2007	2901	1111	1356	250	114
2008	3023	1168	1384	287	128
2009	3070	1177	1406	305	125
2010	3081	1207	1383	313	119
2011	3136	1216	1387	363	108
2012	3289	1294	1394	428	113
2013	3280	1332	1362	426	107
2014	3416	1394	1395	466	115

数据来源：安徽省粮食局。

表 2－8　安徽省粮食播种面积

单位：千公顷

年份	粮食	小麦	稻谷	玉米	大豆
2000	5566	1931	2005	487	602
2001	5299	1743	1898	557	628
2002	5456	1835	1905	612	617
2003	5405	1777	1827	644	692
2004	5727	1840	2231	592	702
2005	5988	1990	2289	595	712
2006	6168	2134	2324	603	752
2007	6478	2330	2205	710	938
2008	6561	2347	2219	705	988
2009	6606	2355	2247	731	970
2010	6616	2366	2245	761	939

续表

年份	粮食	小麦	稻谷	玉米	大豆
2011	6622	2383	2231	819	886
2012	6622	2416	2215	823	877
2013	6625	2433	2214	845	857
2014	6629	2435	2227	852	852

数据来源：安徽省粮食局。

2. 长三角12个地级市粮食生产情况

表2－9　2014年长三角12个地级市粮食生产状况

单位：万吨，千公顷

城市	粮食		小麦		稻谷		玉米		大豆	
	总产量	播种面积	产量	播种面积	产量	播种面积	产量	播种面积	产量	播种面积
南京	114.7	157.1	23.8	45.4	81.2	93.5	5.4	8.6	1.2	4.4
常州										
杭州	62.54	107.26	4.38	11.03	37.34	47.09	8.92	17.3	5.80	18.84
宁波	74.24	127.84	4.05	9.16	63.37	95.99			6.83	23.76
嘉兴										
舟山										
衢州	70.68	110.46	0.3	1.16	56.59	76.46	4.42	8.94	2.76	10.9
湖州	73.75	106.4	10.5	24	57.6	69.8	2	3.5	1.2	3.5
绍兴										
合肥	312.25	492.4	47.53		248.38					
黄山										
宣城										

注：数据来源于上述各粮食局，空白部分是未提供数据。

（二）期初社会库存和省外购进

1. 三省一市粮食期初社会库存和省外购进情况

表 2－10　上海市、江苏省、浙江省和安徽省期初库存量

单位：吨

年份	上海	江苏	浙江	安徽		
				企业库存	乡村居民户存粮	城镇居民户存粮
2001						
2002						
2003				1221	567.69	14.09
2004				1339	522.24	13.78
2005				523	778.75	13.34
2006				921	819	16
2007				1193.9	599.2	18.7
2008				1397.6	881.7	14.4
2009				1486.7	1199.9	15.4
2010				1716.5	1287.9	18.7
2011				1672.1	1309.9	21.4
2012				1980	1453.75	21.48
2013				2100	1238.3	20
2014				2384	1012	19
2015				24343	868.4	24.23

数据来源：安徽省粮食局，空白部分是未提供数据。

表 2－11　上海市、江苏省、浙江省和安徽省省外购进总量

单位：万吨

年份	上海	江苏	浙江	安徽
2001				
2002		533		
2003		629		116.01
2004		711		141.3

续表

年份	上海	江苏	浙江	安徽
2005		572		129.78
2006		502		186.7
2007		418		239.4
2008		460		313.7
2009		476		293.12
2010		501		311.27
2011		376		359.97
2012		540		361.51
2013		541		466.19
2014		512		549.32
2015		—		—

数据来源：江苏省和安徽省粮食局，空白部分是未提供数据。

表2－12　上海市、江苏省、浙江省和安徽省省外购进小麦数量

单位：万吨

年份	上海	江苏	浙江	安徽
2001				
2002		161		
2003		201		40.22
2004		237		18.04
2005		131		6.21
2006		141		14.40
2007		84		23.70
2008		117		43.70
2009		91		50.53
2010		88		23.41
2011		75		47.99
2012		134		63.96
2013		83		69.90
2014		61		124.44
2015		—		—

数据来源：江苏省和安徽省粮食局，空白部分是未提供数据。

表 2－13　上海市、江苏省、浙江省和安徽省省外购进水稻数量

单位：万吨

年份	上海	江苏	浙江	安徽
2001				
2002		96		
2003		167		24.20
2004		239		33.41
2005		159		34.97
2006		77		15.30
2007		73		42.10
2008		90		21.40
2009		92		44.34
2010		61		49.44
2011		48		61.18
2012		60		58.69
2013		71		64.52
2014		59		104.51
2015		—		—

数据来源：江苏省和安徽省粮食局，空白部分是未提供数据。

表 2－14　上海市、江苏省、浙江省和安徽省省外购进玉米数量

单位：吨

年份	上海	江苏	浙江	安徽
2001				
2002		238		
2003		213		40.85
2004		178		85
2005		201		87.43
2006		250		146.7
2007		202		166.7
2008		209		168.2
2009		254		151.9
2010		281		159
2011		202		173.63

续表

年份	上海	江苏	浙江	安徽
2012		258		170.50
2013		331		237.46
2014		329		301.22
2015		—		—

数据来源：江苏省和安徽省粮食局，空白部分是未提供数据。

表2-15　上海市、江苏省、浙江省和安徽省省外购进大豆数量

单位：吨

年份	上海	江苏	浙江	安徽
2001				
2002		9		
2003		28		4.7
2004		39		2.76
2005		69		0.24
2006		19		5.2
2007		36		3.9
2008		25		77.4
2009		21		43.4
2010		45		76.04
2011		30		72.26
2012		20		59.38
2013		45		88.91
2014		42		18.25
2015		—		—

数据来源：江苏省和安徽省粮食局，空白部分是未提供数据。

2. 长三角12个地级市粮食期初社会库存和省外购进情况

表2－16　2014年长三角12个地级市粮食期初社会存量和区外购进

单位：吨

城市	期初社会存量			区外购进			区外购进小麦			区外购进水稻		
	期初企业库存	期初乡村居民户存粮	期初城镇居民户存粮	区外购进总量	其中：本省购进	外省购进	区外购进小麦总量	其中：本省购进	外省购进	区外购进水稻总量	其中：本省购进	外省购进
南京	366318	366270	58421	3216462	2749605	466857	891298	718387	172911	1376855	1218318	158537
常州												
杭州	868800	318600		8131800	1884738	6247062	1605400	378101	1227299	3693300	617261	3076039
宁波				3375200		2074500	397600		232000	1995500		1105600
嘉兴												
舟山												
衢州	146300	398100		1996300			218000			455400		
湖州	122000	373800		1285500	332300	953700	173400	46900	126500	612000	201000	411000
绍兴												
合肥	681200	891800	37200	5637800	4184300	1453500	982500	967000	15500	2489400	2145500	343900
黄山												
宣城												

数据来源：上述各地级市粮食局，空白部分是未提供数据。

二、粮食消费

（一）“三省一市”粮食消费情况

表2－17　上海市、江苏省、浙江省和安徽省粮食消费总量

单位：吨

年份	上海	江苏	浙江	安徽
2001				
2002		2872		
2003		2606		1846.52
2004		2614		1993.94
2005		2648		2026.2
2006	552	2568		2104.7
2007	552	2763		1988.1
2008	552	2769		2039.7
2009	552	2932		2111.8
2010	594	2999		2328.2
2011	607	3075		2369.69
2012	610	3135		2514.21
2013	619	3177		2579.47
2014	638	3223		

数据来源：上海市、江苏省和安徽省粮食局，空白部分是未提供数据。

表 2－18　上海市、江苏省、浙江省和安徽省粮食口粮消费量

单位：万吨

年份	上海		江苏		浙江		安徽	
	乡村	城镇	乡村	城镇	乡村	城镇	乡村	城镇
2000								
2001								
2002			1294	241				
2003			1243	309			1062	232
2004			1293	336			1008	353
2005			1150	332			1026	357
2006			1141	345			901	333
2007			1119	431			899	338
2008			1099	455			937	339
2009			1095	472			931	340
2010			1077	510			938	369
2011			1053	568			929	414
2012			1033	598			931	448
2013			1018	618			937	473
2014			1013	626				

数据来源：江苏省和安徽省粮食局，空白部分是未提供数据。

表 2－19　上海市、江苏省、浙江省和安徽省饲料用粮消费量

单位：万吨

年份	上海	江苏	浙江	安徽
2001				
2002		877		
2003		730		320.6
2004		646		421.3
2005		831		412.3
2006	140	735		504.8
2007	140	735		478.9
2008	130	752		547.7
2009	130	748		521.6
2010	113	757		619.3

续表

年份	上海	江苏	浙江	安徽
2011	115	797		616.1
2012	113	830		667.3
2013	123	842		696.7
2014	137	850		

数据来源：上海市、江苏省和安徽省粮食局，空白部分是未提供数据。

表2-20　上海市、江苏省、浙江省和安徽省种子用粮消费量

单位：万吨

年份	上海	江苏	浙江	安徽
2001				
2002		82		
2003		64		55.35
2004		74		54.93
2005		65		67.7
2006	2	65		68.0
2007	2	67		70.6
2008	2	68		71.5
2009	2	67		63.9
2010	2	65		87.8
2011	2	63		80.18
2012	2	66		101.85
2013	2	66		104.57
2014	2	70		

数据来源：上海市、江苏省和安徽省粮食局，空白部分是未提供数据。

表2-21　上海市、江苏省工业用粮消费量

单位：万吨

年份	上海	江苏				浙江	安徽			
		酒精	制酒	淀粉	食品及副食酿造		酒精	制酒	淀粉	食品及副食酿造
2000										
2001										

续表

年份	上海	江苏				浙江	安徽			
		酒精	制酒	淀粉	食品及副食酿造		酒精	制酒	淀粉	食品及副食酿造
2002		189			133					
2003		40	39	22	71		21.92	38.24	9.38	60.36
2004		45	63	22	69		25.37	23.58	10.27	46.85
2005		17	49	21	87		41.2	19.1	5.4	34.9
2006		20	53	18	62		24	25.3	15.4	42.7
2007		84	69	19	81		7.9	22.9	1.4	10.8
2008		58	63	28	70		13.2	17	2.8	10.8
2009		123	86	29	98		189.5	23	5.9	17.6
2010		154	68	49	101		171.6	29	22.2	25.4
2011		164	78	52	101		96.18	25.43	47.66	33.76
2012		170	94	47	103		112.37	21.12	87.65	31.55
2013		154	93	61	129		114.39	25.31	92.79	52.83
2014		169	112	64	114					

数据来源：江苏省和安徽省粮食局，空白部分是未提供数据。

（二）长三角12个地级市粮食消费情况

表2－22　2014年长三角12个地级市粮食消费情况

单位：吨

城市	粮食消费总量	口粮消费		饲料用粮	工业用粮				种子用粮
		乡村人口口粮消费	城镇人口口粮消费		酒精	制酒	淀粉	食品及副食酿造	
南京	2787581	416061	1278546	219438	0	0	0	61321	10500
常州									
杭州	3748200	606300	584000	1236700	16514	101126	0	410076	9400
宁波	2809700			515800					11400
嘉兴									
舟山									
衢州	1624300	359800	98900	1063700					11200
湖州	1582800	395500	148300	622200		88700	1100	107600	10200
绍兴									

续表

城市	粮食消费总量	口粮消费		饲料用粮	工业用粮				种子用粮
		乡村人口口粮消费	城镇人口口粮消费		酒精	制酒	淀粉	食品及副食酿造	
合肥	2691400	607600	1109900	915600		22600		6000	29700
黄山									
宣城									

数据来源：上述各地级市粮食局，空白部分是未提供数据。

三、粮食流通

（一）粮食收购

1. “三省一市”粮食收购情况

表2-23　上海市、江苏省、浙江省和安徽省粮食收购总量

单位：万吨

年份	上海	江苏	浙江	安徽
2000	48.3	1272.0		741.41
2001	51.8	711.5		707.72
2002	20.4	568.5		791.05
2003	1.6	700.0	69.53	438.83
2004	14.6	750.0	75.46	620.96
2005	16.2	1013.0	79.3	1054.73
2006	21.1	1145.0	82.45	1510.852
2007	22.5	1238.4	81.48	1302.42
2008	29.3	1455.2	85.87	1672.20

续表

年份	上海	江苏	浙江	安徽
2009	27.5	1382.0	95.51	1566.2
2010	23.1	1449.5	97.28	1785.9
2011	31.6	1513.5	116.29	2158.24
2012	73.4	1660.5	132.36	2271.34
2013	71.8	1625.5	138.75	2473.68
2014	73	1680.0	134.5	2407.2

数据来源：上海市、江苏省、浙江省和安徽省粮食局，空白部分是未提供数据。

表2－24　上海市、江苏省、浙江省和安徽省小麦收购量及价格

单位：万吨，元/公斤

年份	上海		江苏		浙江		安徽	
	小麦收购量（从生产者购进）	小麦收购价格	小麦收购量（从生产者购进）	小麦收购价格	小麦收购量（从生产者购进）	小麦收购价格	小麦收购量（从生产者购进）	小麦收购价格
2000	7.9	0.61	568.0	1.1			308.51	1.10
2001	8.6	0.55	410.0	1.1			221.3	1.10
2002	1.5	0.47	294.5	1.04			307.6	1.22
2003	0.7	0.45	387.5	1.34	0.67		105.64	1.34
2004	1.5	0.69	450.0	1.54	1.1		279.9	1.54
2005	4.1	0.63	661.0	1.38	2		399.5	1.32
2006	5.4	0.65	849.5	1.38	1.88		834.1	1.48
2007	6.2	0.67	913.3	1.46	1.88		699.6	1.51
2008	8.5	0.74	958.4	1.54	2.56		1025.8	1.63
2009	10.5	0.83	945.5	1.74	3.6		832.6	1.82
2010	6.5	0.96	995.0	1.94	7.13		938	1.93
2011	10.3	0.98	1040.5	2.06	11.69	2.00～2.10	1037.7	2.01
2012	16.2	1.02	1121.0	2.28	14.75	1.98～2.14	1069.3	2.30
2013	10.5	1.12	935.0	2.46	9.55	2.06～2.24	902	2.42
2014	16	1.18	990.0	2.48	10.29	2.36	1099.5	2.41

数据来源：上海市、江苏省、浙江省和安徽省粮食局，空白部分是未提供数据。

表 2-25　上海市、江苏省稻谷收购量及价格

单位：万吨，元/公斤

年份	上海		江苏		
	收购量	收购价格	收购量	收购价格	
				籼谷	粳谷
2000	39.5	0.72	683.0	1.00	1.16
2001	40.4	0.61	277.5	0.98	1.22
2002	18.9	0.54	244.5	0.98	1.1
2003	10.9	0.77	273.5	1.34	1.58
2004	13.1	0.89	258.0	1.52	1.82
2005	12.1	0.90	282.5	1.54	1.92
2006	15.7	0.90	245.5	1.54	1.82
2007	16.3	0.92	268.4	1.64	1.76
2008	20.9	0.98	420.3	1.82	1.94
2009	16.9	1.04	374.0	1.98	2.02
2010	16.5	1.34	386.5	2.16	2.58
2011	21.3	1.46	397.5	2.54	2.86
2012	56.9	1.46	437.0	2.66	2.86
2013	56.1	1.50	553.0	2.72	2.98
2014	52	1.55	600.0	2.76	3.08

数据来源：上海市、江苏省粮食局。上海收购价格为稻谷统一收购价。

表 2-26　浙江省、安徽省稻谷收购量及价格

单位：万吨，元/公斤

年份	浙江				安徽	
	收购量	收购价格			收购量	收购价格
		早籼谷	晚籼谷	晚粳谷		
2000					508.23	1.08
2001					479.93	1.08
2002					478.29	1.20
2003	67.53				330.51	1.32
2004	67.65				331.88	1.66
2005	75.86				604.67	1.45
2006	79.58				481.04	1.50

续表

年份	浙江				安徽	
	收购量	收购价格			收购量	收购价格
		早籼谷	晚籼谷	晚粳谷		
2007	78.99				443.23	1.68
2008	81				577.07	1.89
2009	90.01				631.98	1.93
2010	89.23		2.04~2.30	2.60~2.72	704.76	2.24
2011	103.76	2.2~2.3	2.62~2.96	2.86~2.90	898.82	2.75
2012	114.1	2.52~2.56	2.54~2.98	2.82~3.1	921.18	2.60
2013	128.37	2.64	2.7~2.88	3	1169.56	2.67
2014	123.38	2.7	2.76~2.96	3.1~3.14	1080.7	2.72

数据来源：浙江省和安徽省粮食局。安徽收购价格为稻谷统一收购价，浙江粮食收购价格为价格区间。空白部分是未提供数据。

表2-27　上海市、江苏省、浙江省、安徽省油菜籽收购量及价格

单位：吨，元/公斤

年份	上海		江苏		浙江		安徽	
	油菜籽收购量	油菜籽收购价格	油菜籽收购量	油菜籽收购价格	油菜籽收购量	油菜籽收购价格	油菜籽收购量	油菜籽收购价格
2000			12.8				21.23	1.90
2001			10.2				20.45	2.10
2002			6.5				18.94	1.80
2003			11.8		1.88		18.04	2.20
2004			19.9		3.69		31.25	2.80
2005			72.2		4.70		24.36	2.50
2006			69.8		2.66		23.24	2.20
2007			42.8		0.42		30.19	4.00
2008			35.4		2.90		43.00	4.40
2009			127.5		9.90	3.7	69.24	3.70
2010			105.5		7.79	3.9	67.00	3.90
2011			78.4		6.81	4.6	66.55	4.50
2012			56.1		13.53	5.0	64.21	5.00
2013			76.2		10.39	5.1	61.41	5.10
2014			52.6		3.90	5.1	60.50	5.10

数据来源：江苏省、浙江省和安徽省粮食局，空白部分是未提供数据。

表2-28　上海市、江苏省、浙江省和安徽省玉米收购量及价格

单位：万吨，元/公斤

年份	上海		江苏		浙江		安徽	
	玉米收购量	玉米收购价格	玉米收购量	玉米收购价格	玉米收购量	玉米收购价格	玉米收购量	玉米收购价格
2000				1.06			9.34	1.16
2001				0.98			2.41	1.18
2002			21.7	1.08			2.97	1.18
2003			20.0	1.34	0.32		1.47	1.20
2004			21.5	1.34	0.30		5.65	1.20
2005			23.9	1.28	0.25		94.49	1.18
2006			23.2	1.30			187.90	1.37
2007			29.9	1.58	0.02		150.40	1.69
2008			29.1	1.68	0.11		61.90	1.47
2009			23.1	1.60	0.81		91.60	1.81
2010			40.2	1.94	0.16		135.20	1.94
2011			54.0	2.20	0.13		199.63	2.17
2012			77.5	2.30	0.28		252.10	2.15
2013			119.0	2.28	0.27		273.70	2.17
2014			67.0	2.28	0.02		203.90	2.14

数据来源：江苏省、浙江省和安徽省粮食局，空白部分是未提供数据。

2. 长三角12个地级市粮食收购情况

表2－29　2014年长三角12个地级市粮食收购情况

单位：吨，元/公斤

城市	粮食收购总量	小麦收购量（从生产者购进）	小麦收购价格	小麦收购量（从生产者购进）	小麦收购价格	油菜籽收购量（从生产者购进）	油菜籽收购价格	稻谷收购量（从生产者购进）	稻谷收购价格	玉米收购量（从生产者购进）	玉米收购价格
南京	851268	343937	2.36			4932	5.04	507331	3.10	0	0
常州											
杭州	116442	14031	2.38					102411	3.14		
宁波	237640	18881	2.96					218759	3.30		
嘉兴											
舟山											
衢州		9700						119300			
湖州	108014	26786	2.36	300	1.8	999	5	79929	3.10		
绍兴	127500	3497	2.36					124003	3.30		
合肥	4835497	706406				58988		1549297		61896	
黄山											
宣城											

数据来源：上述各地级市粮食局，空白部分是未提供数据。

(二)粮食仓储设施

1."三省一市"粮食仓储基础设施情况

表 2-30 江苏省粮食仓储基础设施情况

单位:万吨,平方千米

年份	粮食有效仓容	粮食企业库区面积	完好仓容						简易仓容	危仓老库	油罐(个)	油罐罐容
			低温准低温仓容	平房仓仓容	浅圆仓仓容	立筒仓仓容	楼房仓仓容	其他仓型仓容				
2003												
2004	1000.13	36.45		968.86	14.56	9.1	7	0.66	16.27		365	22
2005	1126.22	39.48		1081.32	9.44	26.4	8.12	0.94	25.6		535	29
2006	1329.49			1279.12	9.44	33.23	7.2	0.51	35.66			
2007	1503.25			1443.92	8.54	42.64	7.24	0.86	37.35		596	45.92
2008	1585.39	43.86	40.42	1503.68	11.9	62.58	8.31	0.86	44.33		918	90.9
2009	1818.29	44.39	42.78	1731.61	1.41	55.9	11.01	0.86	45.53		972	119.38
2010	2024.5	46.6	124.93	1871.71	31.47	109.16	12.64	0.36	51.89		1128	149.32
2011	2143.84	46.12	221.68	1987.23	11.63	132.84	11.75	0.36	63.53		1133	200.21
2012	2322.44	46.64		2089.23	15.74	198.77	18.34		69.2			229.9
2013	1898.13	43.96	287.3	1659.38	14.71	179.95	11.75		51.13		1424	225.84
2014	2116.3		918.15	2405.5	76.9	269.7	14.3	6.33	50.4		358	358.4

数据来源:江苏省粮食局。

表2－31　安徽省粮食仓储基础设施情况

单位:万吨,平方千米

年份	粮食有效仓容	粮食企业库区面积	完好仓容						简易仓容	危仓老库	油罐（个）	油罐罐容
			低温准低温仓容	平房仓仓容	浅圆仓仓容	立筒仓仓容	楼房仓仓容	其他仓型仓容				
2001												
2002												
2003												
2004	1188	38.72	56	1180	2.8	3.5	0.98	5	40	234	191	8.6
2005	1161	38.43	52	1154	2.8	2.6	0.86	4	40.5	245	182	9.8
2006	1203	38.07	33	1195	2.8	2.8	0.46	4	36	209	183	9.8
2007	1244	38.81	13.5	1236	2.8	2.8	0.46	4	60	190	169	9.6
2008	1310	39.87	28	1272	2.8	2.8	0.65	4	63.6	210	212	10
2009	1464	38.6	27	1444	2.8	9.2	0.65	4	92.5	216	204	16
2010	1570	39.49	21	1555	2.8	6.8	0.65	4	96	272	161	15
2011	1573	37.75	50	1560	2.8	4.3	0.65	3	94	301	150	15.5
2012	1398	38.98	106	1385	2.8	6.3	0.7	3	71.5	508	157	19
2013	1452	38	124	1177	2.4	7.5	0.6	2.1	63.7	717	115	15
2014	1803		236.5	1734	1.5	6	1.6	3	39	415	137	26.5

数据来源:安徽省粮食局。

2. 长三角 12 个地级市粮食仓储基础设施情况

表 2－32　2014 年 12 个地级市粮食仓储基础设施情况

单位：吨，平方米

城市	粮食有效仓容	粮食企业库区面积	完好仓容						简易仓容	危仓老库	油罐个数（个）	油罐罐容
			低温准低温仓容	平房仓仓容	浅圆仓仓容	立筒仓仓容	楼房仓仓容	其他仓型仓容				
南京	1039100	1809631	453963	1135635	0	30500	20000	11600	23000	82700	99	131500
常州												
杭州	788998	1076337	66410	546268	45000	53910	0	77410	0	50015	26	6360
宁波	831960	1739316	31000	812060	2100	15870		1930	51160	85764	24	13450
嘉兴												
舟山												
衢州	541153	862470		251219		4000			20144	41028	62	7275
湖州	152315	366600	45715	152315					21750	28500	8	1070
绍兴	668202	850000	74000	633667	1200	3700	7145	16000	3900	75500	46	8455
合肥	4410000	10696545	1110000	3740000	50000	120000	20000	170000	29000	860000	152	460000
黄山												
宣城												

数据来源：上述各地级市粮食局，空白部分是未提供数据。

(三)粮食加工

1."三省一市"粮食加工情况

表 2－33　上海市粮食加工业总体情况

年份	企业性质	企业数量（家）	资产总计（万元）	负债合计（万元）	从业人数（人）	工业总产值（万元）	产品销售收入（万元）	产品产量（万吨）	利润总额（万元）	加工转化企业设计生产能力					
										日处理稻谷（吨）	日处理小麦（吨）	日处理油料（吨）	日加工玉米（吨）	日处理杂粮及薯类（吨）	日产粮食食品（吨）
2008	总体	209	1459967	878606	28628	22223950	2593064		78648	4476	1432	1525	0	0	260
	国有	18	24148	10321	1134	19407	24130		1778	711					
	外资	44	949771	578936	16661	1511551	1690612		61963			300			159
	民营														
2009	总体	216	1520680	991572	24911	1949244	2464114		98895	4336	1451	1410	0	20	3334
	国有	26	32084	15685	1483	23242	23782		409	706				10	2161
	外资	51	948943	635763	13422	1175450	1429751		64859	10		400			789
	民营														
2010	总体	189	2500198	1112933	26263	2596661	2794105		55946	5681	1350	4211	8	0	1355
	国有	16	56123	31135	1334	64423	64869		5472	1215					30
	外资	41	1830062	661276	13432	1276810	1288038		32853			300			929
	民营														

续表

年份	企业性质	企业数量（家）	资产总计（万元）	负债合计（万元）	从业人数（人）	工业总产值（万元）	产品销售收入（万元）	产品产量（万吨）	利润总额（万元）	加工转化企业设计生产能力					
										日处理稻谷(吨)	日处理小麦(吨)	日处理油料(吨)	日加工玉米(吨)	日处理杂粮及薯类（吨）	日产粮食食品（吨）
2011	总体	206	2323389	1391728	34450	3391005	3866485		101563	5510	1930	3960	132	10	3670
	国有	23	339791	217088	4140	547963	756989		7144	1943	800	3510			76
	外资	59	1445529	847145	19120	1837477	209774		63518		600	300			2924
	民营														
2012	总体	172	2220346	1076607	30813	3307801	3845009		75340	5693	1760	4111	355	36	2139
	国有	14	115829	71800	984	65434	64624		1801	1433					28
	外资	46	1265056	708970	17186	1809393	2218958		60126			280	340	36	1283
	民营														
2013	总体	136	2930263	1867553		2930426	4207139		121653	5311	1800	370	300	36	1956
	国有	14	420299	189738		76758	77371		1189	1539					30
	外资	42	1547386	1025934		1629581	2319442		94589		600		300	36	1372
	民营														
2014	总体	119	2489299	1423187		2739537	3547336		147164	5608	1810	2789	600	140	1969
	国有	12	367979	149601		81559	81178		3666	1822					6
	外资	37	1336554	781410		1540276	2135441		113410		600	280	600		1063
	民营														

数据来源：上海市粮食局。

表 2－34　上海市小麦粉加工业情况

年份	企业性质	企业数量（家）	资产总计（万元）	负债合计（万元）	从业人数（人）	工业总产值（万元）	产品销售收入（万元）	产品产量（万吨）	利润总额（万元）	加工转化企业设计生产能力（日处理小麦能力）（吨/天）
2008	总体	5	36221	18388	372	53942	53739	214486	1624	1432
2009	总体	6	32370	19118	367	56627	57237	236722	1314	1451
2010	总体	5	37313	23906	346	59923	60251	199181	890	1350
2011	总体	6	54460	36156	401	100522	110566	297121	639	1930
	国有	1	33960	21526	206	52184	62068		1374	800
	外资	1	17903	10113	104	31418	31418		－583	600
	民营									
2012	总体	5	61235	30250	385	82549	83428	243928	1468	1760
2013	总体	5	73966	48096		90916	99638	255400	926	1800
	国有									
	外资									600
	民营									
2014	总体	4	88489	53590		90672	92158	242174	－318	1810

数据来源：上海市粮食局。

表 2－35　上海市大米加工业情况

年份	企业性质	企业数量（家）	资产总计（万元）	负债合计（万元）	从业人数（人）	工业总产值（万元）	产品销售收入（万元）	产品产量（万吨）	利润总额（万元）	加工转化企业设计生产能力（日处理大米能力）（吨/天）
2008	总体	49	119269	80943	1268	133000	153800	449000	4500	4476
	国有	9	18489	8483	711	12488	16365		863	711
	外资	0								
	民营									
2009	总体	51	140301	97630	1778	145700	141434	482057	15809	4336
	国有	13	24878	10179	763	15099	14805		456	706
	外资	1	316	0	15	40	39		25	10
	民营									
2010	总体	51	140301	97630	1778	145700	141434	482057	15809	4336
	国有	13	24878	10179	763	15099	14805		456	706
	外资	1	316	0	15	40	39		25	10
	民营									
2011	总体	46	137034	73065	1490	207469	206454	567101	7523	5681
	国有	8	52251	27299	865	54882	54200		5434	1215
	外资									
	民营									
2012	总体	46	240900	120722	2723	232183	238968	540305	12493	5510
	国有	11	172056	85290	2126	124836	132263		12533	1943
	外资									
	民营									

续表

年份	企业性质	企业数量（家）	资产总计（万元）	负债合计（万元）	从业人数（人）	工业总产值（万元）	产品销售收入（万元）	产品产量（万吨）	利润总额（万元）	加工转化企业设计生产能力（日处理大米能力）（吨/天）
2013	总体	42	249759	128176	1596	246237	261574	531837	2089	5693
	国有	9	109731	68013	667	47150	46567		1072	1433
	外资									
	民营									
2014	总体	27	563082	295699		206432	211020	451542	-13	5311
	国有	10	414618	185464		59110	60918		779	1539
	外资									
	民营									

数据来源：上海市粮食局。

表 2-36　江苏省粮食加工业总体情况

年份	企业性质	企业数量（家）	资产总计（万元）	负债合计（万元）	从业人数（人）	工业总产值（万元）	产品销售收入（万元）	产品产量（万吨）	利润总额（万元）	加工转化企业设计生产能力					
										日处理稻谷（吨）	日处理小麦（吨）	日处理油料（吨）	日加工玉米（吨）	日处理杂粮及薯类（吨）	日产粮食食品（吨）
2010	总体		9077671.1	6025455.6	75829	14340883	14129092								
	国有		269374	185588.8	4332	809105.2	860404.1								
	外资		4583169.5	3614395.5	13696	5641564.4	5522633.2								
	民营														

续表

年份	企业性质	企业数量（家）	资产总计（万元）	负债合计（万元）	从业人数（人）	工业总产值（万元）	产品销售收入（万元）	产品产量（万吨）	利润总额（万元）	加工转化企业设计生产能力					
										日处理稻谷（吨）	日处理小麦（吨）	日处理油料（吨）	日加工玉米（吨）	日处理杂粮及薯类（吨）	日产粮食食品（吨）
2011	总体	909	10401147	6643470	84697	17143822	17060577								
	国有	59	557469.4	432401.9	4329	1050356.5	1050527.1								
	外资	55	4817339.8	3472567.4	16804	6379895.8	6576057.3								
	民营														
2012	总体	1140	11300676		97859	20972278	20358649								
	国有	75	1771018		7071	3094576	3225086								
	外资	66	3601756		22680	5963295	5448722								
	民营														
2013	总体	1151	12636121	8004568		22322147	22277608								
	国有	63	2824575	2207166		3382463	3739616								
	外资	66	3528546	2213813		5360395	5312108								
	民营														
2014	总体	1174	13016188	7806063		23441971	23507900								
	国有	72	2563511	1886296		3683090	4037142								
	外资	68	3553024	2138681		4960048	5115138								
	民营														

数据来源：江苏省粮食局。

表 2 - 37　江苏省小麦粉加工业情况

年份	企业性质	企业数量（家）	资产总计（万元）	负债合计（万元）	从业人数（人）	工业总产值（万元）	产品销售收入（万元）	产品产量（万吨）	利润总额（万元）	加工转化企业设计生产能力（日处理小麦能力）（吨/天）
2010	总体	220	1439913	681202		3712274	3670307	10970468	74880	
	国有	13	49870	28483		167273	164531		1474	
	外资	5	144635	78746		297063	301433		4596	
	民营									
2011	总体	174	1222484. 8	585254. 3		2698441. 4	2659915. 3	9389200	48904. 7	
	国有	6	17562. 7	12110. 9		92338. 4	91166		740	
	外资	4	105042. 3	58656. 3		130760	139019. 7		-691	
	民营									
2012	总体	224	1276824	596364	15062	3208906	3153915	11175441	71761	
	国有	11	32016	15454	373	106234	104232		1769	
	外资	5	100795	48688	697	204989	207621		2180	
	民营									
2013	总体	221	1420930	684865		3572017	3494557	11032775	73118	
	国有	9	51577	29983		138961	136550		1970	
	外资	5	139757	82902		243331	244703		856	
	民营									
2014	总体	220	1439913	681202		3712274	3670307	10970468	74880	
	国有	13	49870	28483		167273	164531		1474	
	外资	5	144635	78746		297063	301433		4596	
	民营									

数据来源：江苏省粮食局。

表 2－38　江苏省大米加工业情况

年份	企业性质	企业数量（家）	资产总计（万元）	负债合计（万元）	从业人数（人）	工业总产值（万元）	产品销售收入（万元）	产品产量（万吨）	利润总额（万元）	加工转化企业设计生产能力（日处理大米能力）（吨/天）
2010	总体	450	804262.9	497360.2	14942	2289597	2370435.2	8699853	36592.3	
	国有	36	98359	71416.4	2457	461836.4	455561.2		3967.7	
	外资	3	42527.1	38248.1	106	18285.7	18207.6		385	
	民营									
2011	总体	440	740755.4	441404.7	15297	2436215.9	2375103.5	6043900	36137.9	
	国有	39	148406.8	119672.5	1472	307110.3	305091.9		3500.6	
	外资	2	9095.7	5271.2	51	18286.7	18286.7		177.8	
	民营									
2012	总体：	559	1161024	588837	16938	3202893	3173650	7467016	45470	
	国有	48	264764	193704	1771	406981	425442		4712	
	外资	4	12002	6519	70	31230	29677		422	
	民营									
2013	总体	561	1268242	704062		3437020	3472554	8219209	55583	
	国有	38	335553	248942		462149	547952		9179	
	外资	4	13629	6751		31411	29833		481	
	民营									
2014	总体	575	1536523	855615		3866195	3877512	8699853	65425	
	国有	45	517392	398085		643076	718707		12394	
	外资	4	8924	6781		20463	20440		224	
	民营									

数据来源：江苏省粮食局。

表 2－39　安徽省粮食加工业总体情况

年份	企业性质	企业数量（家）	资产总计（万元）	负债合计（万元）	从业人数（人）	工业总产值（万元）	产品销售收入（万元）	产品产量（万吨）	利润总额（万元）	加工转化企业设计生产能力					
										日处理稻谷（吨）	日处理小麦（吨）	日处理油料（吨）	日加工玉米（吨）	日处理杂粮及薯类（吨）	日产粮食食品（吨）
2000	总体	603	550129	543168	46474	597885	447746	294	－4299	13993	8999	6656	0	0	27
2001	总体	526	444835	458295	45230	561528	417954	235	－3284	12033	8157	6863	0	0	1243
2002	总体	533				453178	381819	277	4756	16384	9541	7502			599
2003	总体	490	368360	283367	17754	593018	474417	239	6696	16020	14704	10075			
	国有	227	240467	203021	7963	294420	246168		－84	9458	4867	4457			
	外资	3	7773	6082	279	7404	5702		－605	60	400				
	民营	260	120120	74264	9512	291194	222548		7384	6502	9437	5618	0	0	0
2004	总体	412	1768621	1281580	33078	1463384	1435504	357	41961	21884	11506	9353			
	国有	106	121394	117376	3514	138800	118640		120	7952	1202	1705			
	外资	3	1739	1387	136	5677	5474		－239	50	160	200			
	民营	303	1645488	1162817	29428	1318907	1311390		42080	13882	10144	7448	0	0	0
2005	总体	541	770774	483847	24200	1410199	1416013	478	27536	39952	20013	8412			
	国有	66	150538	127951	2701	174193	180643		1307	7947	770	702			
	外资	2	6333	5140	194	275	243		－166	60	420				
	民营	473	613903	350756	21305	1235731	1235127		26395	31945	18823	7710	0	0	0
2006	总体	529	901489	494839	30400	2087709	2083086	759	30391	41601	23201	8798			
	国有	56	144891	116195	1878	177424	195223		－5985	6147	540	843			
	外资	1	252	1	22	121	109		2	60					
	民营	472	756346	378643	28500	1910164	1887754		36374	35394	22661	7955	0	0	0

续表

年份	企业性质	企业数量（家）	资产总计（万元）	负债合计（万元）	从业人数（人）	工业总产值（万元）	产品销售收入（万元）	产品产量（万吨）	利润总额（万元）	加工转化企业设计生产能力					
										日处理稻谷（吨）	日处理小麦（吨）	日处理油料（吨）	日加工玉米（吨）	日处理杂粮及薯类（吨）	日产粮食食品（吨）
2007	总体	543	1557632	909910	34225	3118194	2992903	913	64679	45464	27887	8893			
	国有	58	174141	144892	3161	241003	243360		4843	5173	840	3173			
	外资														
	民营	485	1383491	765018	31064	2877191	2749543		59836	40291	27047	5720	0	0	0
2008	总体	645	2770333	1481721	58781	4991510	4846056	1357	97822	54455	35889	9568	5096		3327
	国有	58	848653	574485	11396	586141	592746		1889	5877	1500	1632	2096		201
	外资	1	7000	0	580	14500	14500		650						48
	民营	586	1914680	907237	46805	4390869	4238810		95283	48578	34389	7936	3000	0	3078
2009	总体	770	3622101	1941672	74828	6377598	6985011	1743	162710	74744	41428	13358	6898	643	4173
	国有	46	1426232	935146	12152	583536	1207705		18059	4725	1300	1405	2963	1	201
	外资	4	70019	51991	1057	104750	109135		1841			800		100	135
	民营	720	2125850	954535	61619	5689313	5668171		142810	70019	40128	11153	3934	542	3837
2010	总体	866	4078697. 4	1985763	80821	8765540. 5	8636497. 1	2163	211960. 9	91750	51600	19328	9522	643	4607
	国有	58	895559	503468. 1	10583	850378. 3	824382. 8		7067. 1	6876	1500	2470	3852	8	185
	外资	5	147835. 2	125350. 6	1230	185695. 7	234603		5001. 3			1900			450
	民营	803	3035303	1356944	69008	7729467	7577511		199893	84874	50100	14958	5670	635	3972
2011	总体	1074	6287960	2815702. 5	114902	13188664	13101348	2950	392182. 3	122903	63513	19976	10926	415	10335
	国有	55	971055. 4	514070. 3	15061	1162582. 2	1187235. 6		53911. 9	7393	2850	3608	3618	5	308
	外资	10	285117. 6	188496. 4	2437	358517. 1	461144. 1		1666	300		2003			309
	民营	1009	5031788	2113136	97404	11667565	11452969		336604	115210	60663	14365	7308	410	9718

续表

年份	企业性质	企业数量（家）	资产总计（万元）	负债合计（万元）	从业人数（人）	工业总产值（万元）	产品销售收入（万元）	产品产量（万吨）	利润总额（万元）	加工转化企业设计生产能力 日处理稻谷（吨）	日处理小麦（吨）	日处理油料（吨）	日加工玉米（吨）	日处理杂粮及薯类（吨）	日产粮食食品（吨）
2012	总体	1230	7197986	2991535	122220	16034429	16000789	3233	428649	135540	74380	18954	10094	3457	12889
	国有	55	957423	496995	11591	1159290	1147109		12087	7585	2800	1377	3576	21	980
	外资	15	381003	178845	6985	745184	828826		11736	300	0	1801	0	0	1384
	民营	1160	5859560	2315695	103644	14129955	14024854		404826	127655	71580	15776	6518	3436	10525
2013	总体	1371	8310297	3730938		18622384	18376688	3542	534186	155567	85551	20501	12358	2182	15658
	国有	66	413530	224346		719210	704162		3230	7762	3850	1880	1300	26	1125
	外资	14	405133	264882		1042098	963939		18309	300	0	2000	0	0	1439
	民营	1291	7491634	3241710	0	16861076	16708587		512647	147505	81701	16621	11058	2156	13094
2014	总体	1391	8737374	3818564		20559102	19886175	3753	531168	158097	86245	19578	9931	3354	17875
	国有	56	400497	200720		731758	743849		10032	7975	4100	430	1226	6	265
	外资	15	480270	336489		961767	926714		6923	300		2000	0	0	1147
	民营	1320	7856607	3281355	0	18865577	18215612		514213	149822	82145	17148	8705	3348	16463

数据来源：安徽省粮食局。

表 2-40　安徽省小麦粉加工业情况

年份	企业性质	企业数量（家）	资产总计（万元）	负债合计（万元）	从业人数（人）	工业总产值（万元）	产品销售收入（万元）	产品产量（万吨）	利润总额（万元）	加工转化企业设计生产能力（日处理小麦能力）（吨/天）
2000	总体	95	144160	149697	11227	112633	84122	55	-2852	8999
2001	总体	93	116578	127431	9473	72699	51700	39	-3007	8157

续表

年份	企业性质	企业数量（家）	资产总计（万元）	负债合计（万元）	从业人数（人）	工业总产值（万元）	产品销售收入（万元）	产品产量（万吨）	利润总额（万元）	加工转化企业设计生产能力（日处理小麦能力）（吨/天）
2002	总体							51		9541
2003	总体	149	98236	74645	8082	132723	124421	87	3401	14704
	国有	38	61544	50840	2588	53875	45764		-205	4867
	外资	1	6364	4996	182	2695	2669		-496	400
	民营	110	30328	18809	5312	76153	75988		4102	9437
2004	总体	100	93685	62700	5447	189746	193292	139	1757	11506
	国有	9	14455	13034	882	17352	16852		-192	1202
	外资	1	300	30	60	3372	3200			160
	民营	108	107840	75704	6269	203726	206944		1565	12549
2005	总体	94	174877	91312	8473	398074	405467	195	6218	20013
	国有	4	4020	3434	246	12981	12118		-170	770
	外资	1	6006	5129	171	0	0		-168	420
	民营	89	164851	82750	8056	385094	393349		6556	18823
2006	总体	101	287251	132461	12691	769680	767796	326	13177	23201
	国有	4	4464	4176	167	9917	11607		21	540
	外资	0								
	民营	97	282787	128285	12524	759763	756189		13156	22661
2007	总体	104	358824	177253	12651	1207369	1150131	416	20916	27887
	国有	3	22985	7381	987	56918	57233		1037	840
	外资									
	民营	101	335839	169872	11664	1150451	1092898		19879	27047

续表

年份	企业性质	企业数量（家）	资产总计（万元）	负债合计（万元）	从业人数（人）	工业总产值（万元）	产品销售收入（万元）	产品产量（万吨）	利润总额（万元）	加工转化企业设计生产能力（日处理小麦能力）（吨/天）
2008	总体	122	414230	173422	13132	1265937	1275993	506	17330	35889
	国有	3	48084	16881	1512	58791	62087		278	1500
	外资									
	民营	119	366146	156541	11620	1207146	1213906		17052	34389
2009	总体	129	513966	238826	14729	1529634	1525932	565	26800	41428
	国有	2	54656	25869	847	47568	45144		-500	1300
	外资									
	民营	127	459309	212957	13882	1482066	1480788		27300	40128
2010	总体	150	745426.6	339642.5	15975	1983994.2	1973152.9	651	37610.1	51600
	国有	3	47484.1	16060.4	967	60701.6	60830.8		438.6	1500
	外资									
	民营	147	697943	323582	15008	1923293	1912322		37172	50100
2011	总体	196	1077237.6	491559.6	20422	2855918.5	2797300.9	907	61367.3	63513
	国有	6	52256.7	17300.3	1177	135859.6	127751.6		3084.5	2850
	外资									
	民营	190	1024981	474259	19245	2720059	2669549		58283	60663
2012	总体	223	1095060	499832	18193	3256471	3248749	870	70052	74380
	国有	5	60696	23067	962	120605	114061		1533	2800
	外资									0
	民营	218	1034364	476765	17231	3135866	3134688		68519	71580

续表

年份	企业性质	企业数量（家）	资产总计（万元）	负债合计（万元）	从业人数（人）	工业总产值（万元）	产品销售收入（万元）	产品产量（万吨）	利润总额（万元）	加工转化企业设计生产能力（日处理小麦能力）（吨/天）
2013	总体	241	1352691	573928		3484503	3458373	900	86994	85551
	国有	5	69701	32159		130972	120890		1318	3850
	外资									0
	民营	236	1282990	541769	0	3353531	3337483		85676	81701
2014	总体	227	1360502	548644		3773098	3687406	910	85956	86245
	国有	5	74845	30708		173481	156906		2897	4100
	外资									
	民营	222	1285657	517936	0	3599617	3530500		83059	82145

数据来源：安徽省粮食局。

表2－41　安徽省大米加工业情况

年份	企业性质	企业数量（家）	资产总计（万元）	负债合计（万元）	从业人数（人）	工业总产值（万元）	产品销售收入（万元）	产品产量（万吨）	利润总额（万元）	加工转化企业设计生产能力（日处理大米能力）（吨/天）
2000	总体	292	67620	74584	11529	151306	93923	92	－3317	13993
2001	总体	245	54464	58520	11783	126743	73147	78	－2583	12033
2002	总体							99		16384
2003	总体	293	106781	75626	5122	248688	179303	119	1126	16020
	国有	166	59433	45590	2704	103298	99953		－984	9458
	外资	1	356	20	27	208	276		－14	60
	民营	126	46992	30016	2391	145182	79074		2123	6502

续表

年份	企业性质	企业数量（家）	资产总计（万元）	负债合计（万元）	从业人数（人）	工业总产值（万元）	产品销售收入（万元）	产品产量（万吨）	利润总额（万元）	加工转化企业设计生产能力（日处理大米能力）（吨/天）
2004	总体	270	162131	116341	6441	473865	454037	178	5224	21884
	国有	90	70886	66309	1982	108491	88482		668	7952
	外资	1	342	8	26	305	305		0	50
	民营	179	90903	50024	4433	365069	365249		4556	13882
2005	总体	396	335740	223575	10719	689432	694265	236	18891	39952
	国有	57	137888	111680	2220	159240	166428		1344	7947
	外资	1	327	11	23	275	243		2	60
	民营	338	197524	111884	8476	529918	527594		17544	31945
2006	总体	393	464591	274672	14467	1102475	1100347	398	18775	41601
	国有	50	96847	82731	1167	113861	122146		852	6147
	外资	1	252	1	22	121	109		2	60
	民营	342	367492	191940	13278	988493	978092		17921	35394
2007	总体	396	609101	369241	17862	1412524	1398613	455	29281	45464
	国有	52	133581	122372	1877	141155	142196		2483	5173
	外资									
	民营	344	475520	246869	15985	1271369	1256417		26798	40291
2008	总体	400	743020	414388	18465	1901244	1881534	582	31763	54455
	国有	47	134336	93589	2298	178822	195853		1636	5877
	外资									
	民营	353	608684	320799	16167	1722422	1685681		30127	48578

续表

年份	企业性质	企业数量（家）	资产总计（万元）	负债合计（万元）	从业人数（人）	工业总产值（万元）	产品销售收入（万元）	产品产量（万吨）	利润总额（万元）	加工转化企业设计生产能力（日处理大米能力）(吨/天)
2009	总体	493	830779	388809	21640	2359449	2465429	697	44495	74744
	国有	35	106788	66625	1430	170743	203747		1707	4725
	外资									
	民营	458	723991	322184	20210	2188705	2261683		42788	70019
2010	总体	548	1295592.4	552830.5	25676	3537203.2	3557674.2	916	71313.8	91750
	国有	42	129775.6	80429.9	2013	264713.3	268384.3		3644.6	6876
	外资									
	民营	506	1165817	472401	23663	3272490	3289290		67669	84874
2011	总体	628	1962282	855761	30229	4927729	4994197	900	111351	122903
	国有	28	196171	119265	1829	330685	363789		5790	7393
	外资									300
	民营	600	1766111	736496	28400	4597045	4630408		105562	115210
2012	总体	676	2136259	866181	30213	5976315	6005326	893	118009	135540
	国有	33	201516	124322	2028	392052	396729		4522	7585
	外资									300
	民营	643	1934743	741859	28185	5584263	5608597		113487	127655
2013	总体	730	2250171	936509		6831753	6805912	900	163263	155567
	国有	43	199671	118245		388608	393977		4366	7762
	外资									300
	民营	687	2050500	818264	0	6443145	6411935		158897	147505

续表

年份	企业性质	企业数量（家）	资产总计（万元）	负债合计（万元）	从业人数（人）	工业总产值（万元）	产品销售收入（万元）	产品产量（万吨）	利润总额（万元）	加工转化企业设计生产能力（日处理大米能力）（吨/天）
2014	总体	749	2360760	970019		7690587	7543851	917	168601	158097
	国有	41	220659	118088		434503	433409		7470	7975
	外资									300
	民营	708	2140101	851931	0	7256084	7110442		161131	149822

数据来源：安徽省粮食局。

2. 长三角12个地级市粮食加工情况

表2－42　2014年12个地级市粮食加工业总体情况

城市	企业性质	企业数量（家）	资产总计（万元）	负债合计（万元）	从业人数（人）	工业总产值（万元）	产品销售收入（万元）	产品产量（万吨）	利润总额（万元）	加工转化企业设计生产能力					
										日处理稻谷（吨）	日处理小麦（吨）	日处理油料（吨）	日加工玉米（吨）	日处理杂粮及薯类（吨）	日产粮食食品（吨）
南京	总体	42	453800	296600	4900	849900	861400	1017000	9345	4300	420	4400	0	0	600
	国有	8	89480	78000	813	33200	34800	213000	1350	1800	0	0	0	0	300
	外资	8	199100	114500	1200	552700	566600	462200	121	0	0	3300	0	0	45
	民营	26	165220	104100	2887	264000	260000	341800	7774	2500	420	1100	0	0	255
常州															
杭州															
宁波															
嘉兴															

续表

城市	企业性质	企业数量（家）	资产总计（万元）	负债合计（万元）	从业人数（人）	工业总产值（万元）	产品销售收入（万元）	产品产量（万吨）	利润总额（万元）	加工转化企业设计生产能力					
										日处理稻谷（吨）	日处理小麦（吨）	日处理油料（吨）	日加工玉米（吨）	日处理杂粮及薯类（吨）	日产粮食食品（吨）
舟山															
衢州	总体														
	国有														
	外资														
	民营	53								3970	460	1005			13435
湖州	总体														
	国有														
	外资														
	民营	17	52205	27192		108680	157175	24.19	2676	3070					
绍兴															
合肥	总体：	157	1806491	761187.2		3532526	3324629	494	151394	22274	1750	3180		291	1698
	国有	8	76220	45365.9		60316	64867	12	625	1960	0	0		0	0
	外资	8	269874	185918.7		548974	541305	66	5896	0	0	1000		0	569
	民营	141	1460396	529903	0	2923236	2718458	416	144873	20314	1750	2180	0	291	1129
黄山															
宣城															

数据来源：上述各地级市粮食局，空白部分是未提供数据。

（四）粮食销售

1. “三省一市”粮食销售情况

表 2－43　江苏省粮食销售

单位：万吨

年份	省外销售粮食总量	省外销售小麦数量	省外销售水稻数量	省外销售玉米数量	省外销售大豆数量
2001					
2002	493	308	160	13	1
2003	743	376	193	8	158
2004	907	314	366	19	185
2005	1246	404	448	24	356
2006	1172	245	483	44	389
2007	1619	507	488	43	477
2008	1534	583	433	43	466
2009	1996	573	596	24	550
2010	1906	453	521	27	676
2011	1782	489	504	25	607
2012	1792	607	419	56	652
2013	2348	689	448	67	841
2014	2574	428	479	85	1016

数据来源：江苏省粮食局。

表 2－44　安徽省粮食销售

单位：万吨

年份	省外销售粮食总量	省外销售小麦数量	省外销售水稻数量	省外销售玉米数量	省外销售大豆数量
2002					
2003	1135	413	678	16	13

续表

年份	省外销售粮食总量	省外销售小麦数量	省外销售水稻数量	省外销售玉米数量	省外销售大豆数量
2004	601	233	314	26	16
2005	684	371	276	15	19
2006	623	291	273	23	14
2007	945	523	389	16	14
2008	887	454	392	22	19
2009	917	627	241	39	9
2010	1274	757	492	9	13
2011	1142	573	501	38	24
2012	1030	507	436	32	32
2013	1164	745	316	42	30
2014					

数据来源：安徽省粮食局。

2. 长三角 12 个地级市粮食销售情况

表 2-45　2014 年长三角 12 个地级市粮食销售情况

单位：吨

城市	区外销售粮食总量			区外销售小麦数量			区外销售水稻数量			区外销售玉米数量			区外销售大豆数量		
	总量	其中：本省销售	省外销售	总量	其中：本省销售	省外销售	总量	其中：本省销售	省外销售	总量	其中：本省销售	省外销售	总量	其中：本省销售	省外销售
南京	2519914	2210339	309575	779489	605411	174078	893301	787586	105715	222699	196221	26478	607913	605513	2400
常州															
杭州	4922400	3581616	1340784	901500	542447	359053	2488000	2330940	157060	1127800	408870	718930	161500	144330	17170
宁波															
嘉兴															
舟山															
衢州	1084400			173900			519400			297200			72000		
湖州	66.16	52.73	13.43	5.06	0.47	4.59	48.74	40.27	8.47	1.87	1.87	0	1.08	0.72	0.36
绍兴	140611	129366	11245	21010	20918	92	119601	108448	11153						
合肥	5557300	3986000	1571300	1056400	743300	313100	3716600	2531600	1185000	691500	669500	22000	1776		1776
黄山															
宣城															

数据来源：上述各地级市粮食局，空白部分是未提供数据。

（五）粮食流通信息化

1.“三省一市”粮食流通信息化情况

表 2－46　上海市流通信息化情况

单位：%

年份	收购系统信息化覆盖率	仓储系统信息化覆盖率	储备管理系统信息化覆盖率	电子商务系统覆盖率	行政执法系统信息化覆盖率	财务系统信息化覆盖率	辅助决策系统信息化覆盖率	公共服务系统信息化覆盖率	门户网站覆盖率	办公自动化系统覆盖率
2000	0	0	0	0	0	100	0	0	0	0
2001	0	0	0	0	0	100	0	0	0	0
2002	0	0	0	0	0	100	0	0	0	0
2003	0	0	0	0	0	100	0	0	100	0
2004	0	0	0	0	0	100	0	0	100	0
2005	0	0	0	0	0	100	0	0	100	0
2006	0	0	0	0	0	100	0	0	100	0
2007	0	0	0	0	0	100	0	0	100	0
2008	0	0	0	0	0	100	0	100	100	0
2009	0	0	0	0	0	100	0	100	100	0
2010	100	100	0	0	0	100	0	100	100	0
2011	100	100	0	0	0	100	0	100	100	0
2012	100	100	0	0	0	100	0	100	100	0
2013	100	100	0	0	0	100	0	100	100	0
2014	100	100	0	0	0	100	0	100	100	0

数据来源：上海市粮食局（此数据是估算数据）。

表 2－47　江苏省流通信息化情况

单位：%

年份	收购系统信息化覆盖率	仓储系统信息化覆盖率	储备管理系统信息化覆盖率	电子商务系统覆盖率	行政执法系统信息化覆盖率	财务系统信息化覆盖率	辅助决策系统信息化覆盖率	公共服务系统信息化覆盖率	门户网站覆盖率	办公自动化系统覆盖率
2010										
2011										
2012										
2013	61.5	76.9	46.1	38.4	100	92.3	30.7	92.3	100	92.3
2014	63	78.2	48.5	38.4	100	93.2	30.7	93.5	100	95

数据来源：江苏省粮食局。

2. 长三角 12 个地级市粮食流通信息化情况

表 2－48　2014 年长三角 12 个地级市粮食流通信息化情况

单位：%

城市	收购系统信息化覆盖率	仓储系统信息化覆盖率	储备管理系统信息化覆盖率	电子商务系统覆盖率	行政执法系统信息化覆盖率	财务系统信息化覆盖率	辅助决策系统信息化覆盖率	公共服务系统信息化覆盖率	门户网站覆盖率	办公自动化系统覆盖率
南京	90	75	90	10	0	0	0	0	0	100
常州										
杭州	30	100	100	100		100		100	100	100
宁波	100	0	20	100	100	100	0	0	100	30
嘉兴	82	82	100	17		100			100	100
舟山									100	100
衢州	60	40	60	20		100		20	60	100

续表

城市	收购系统信息化覆盖率	仓储系统信息化覆盖率	储备管理系统信息化覆盖率	电子商务系统覆盖率	行政执法系统信息化覆盖率	财务系统信息化覆盖率	辅助决策系统信息化覆盖率	公共服务系统信息化覆盖率	门户网站覆盖率	办公自动化系统覆盖率
湖州	25	0	0	100	0	100	0	0	100	100
绍兴	0	0	0	33	0	0	0	0	17	0
合肥	50	100	70	70	70	100	60	100	100	70
黄山	0	100	100	0	100	100	0	0	100	50
宣城	50	50	60	30	30	100	0	10	33	100

数据来源:各地级市粮食局估计数字,空白部分是未提供数据。

第三部分　长三角地区粮食行政管理部门与骨干企业

一、粮食行政管理部门

（一）上海市粮食行政管理部门

1. 机构概况

上海市粮食行政管理部门为上海市商务委员会。根据上海市政府办公厅《关于印发上海市粮食局主要职责内设机构和人员编制规定的通知》（沪府办〔2009〕57号）规定及国务院《粮食流通管理条例》（简称《条例》）、国家发展改革委《粮油仓储管理办法》等法规规章赋予的法定职责，包括：

（1）贯彻执行有关粮食流通、粮食储备的法律、法规、规章和方针、政策；研究起草粮食流通、粮食储备的地方性法规、规章草案和政策，并组织实施有关法规、规章和政策。

（2）研究提出本市粮食（含食油，下同）宏观调控、总量平衡以及粮食流通发展中长期规划、进出口总量计划的建议，并会同有关部门组织实施。

（3）负责本市粮食流通的行政管理和行业指导；研究提出深化粮食流通体制改革方案，并协同有关部门组织实施；推动国有粮食企业改革；做好国有粮食购销企业改革的协调、监督、检查和指导工作。

（4）负责对本市粮食市场主体的指导、监督、检查和服务；研究提出粮食市场建设规划；协同有关部门管理粮食市场，健全粮食市场监测预警体系，实施粮食市场应急机制，提出启动粮食应急预案建议；负责部队、帮困对象粮食供应管理和城镇居民副食品价格补贴发放管理。

（5）负责本市粮食流通宏观调控具体工作和市级储备粮日常监督管理；研究提出市级储备粮的规模、品种、布局计划和收储、动用建议，按规定批复市级储备粮轮换计划并组织实施，并按规定通报有关情况；落实粮食购销政策；负责粮食流通统计；

图 3-1　上海市召开粮食流通工作会议

指导协调粮食产销合作和区（县）级储备粮管理。

（6）负责本市粮食流通监管；制定粮食流通、粮食库存监督检查制度并组织实施；负责对粮食收购、储备环节的粮食质量安全和原粮卫生进行监督管理；负责对粮食收购、储存、运输活动和政策性用粮的购销活动以及执行国家粮食流通统计制度的情况进行监督检查。

（7）编制粮食流通、仓储、加工设施建设规划；制定粮食储存、运输的技术规范，并监督执行；负责粮食质量标准的实施和监督；指导并推动粮食流通的科技进步、技术改造和新技术推广。

（8）负责粮食收购、军粮供应站、军粮供应委托代理资格的行政许可；负责中央储备粮代储资格的受理和上报工作；会同有关部门认定陈化粮购买资格。

（9）负责粮食流通系统教育培训；负责粮食流通系统的对外交流与合作；负责粮食流通信息化建设。

（10）负责有关行政复议受理和行政诉讼应诉工作。

（11）承办市政府交办的其他事项。

2. 机构负责人

图 3－2　盖国平到有关企业调研生态农业发展和秋粮收购等情况

盖国平，上海市粮食局局长、党组书记。负责市粮食局党组和行政全面工作。分管组织人事处（老干部处）工作。

夏伯锦，上海市粮食局副局长、党组成员。分管调控处（储备管理处）、政策法规处、财务处工作。

王建忠，上海市粮食局副局长、党组成员。分管办公室、监督检查处（流通与科技发展处）工作。

高黎萍，上海市粮食局党组纪检组组长、党组成员。分管纪检监察和机关党委、工青妇、老干部等工作。

洪文明，上海市粮食局副巡视员、党组成员。分管市场处（军粮供应处）工作。

3. 年度重大事项

2014 年，上海各级粮食行政管理部门和企业深入学习贯彻党中央、国务院关于保障国家粮食安全的决策部署，认真贯彻落实新形势下国家粮食安全战略，按照市委、市政府工作要求，紧紧围绕全市发展大局，扎实做好粮食收储、市场供应、流通监管、“粮安工程”建设等重点工作，全力确保本市粮食安全。

（1）衔接产销，拓宽粮源组织渠道。以良友集团、光明米业等骨干企业为主体，

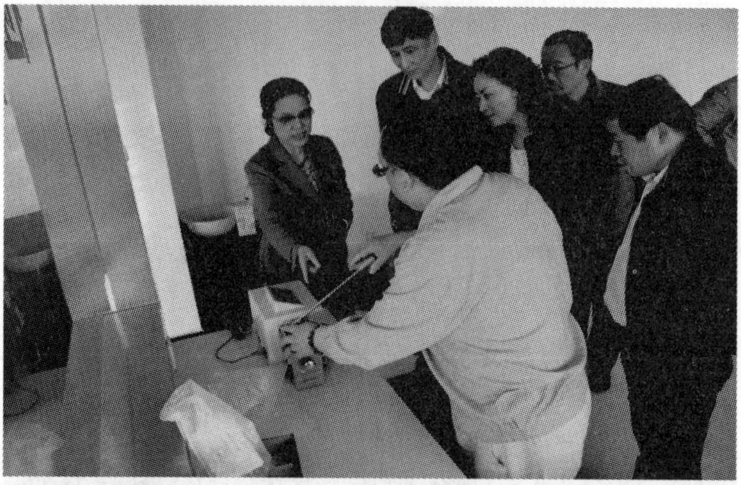

图3-3　夏伯锦、高黎萍等检查指导秋粮收购工作

图3-4　王建忠调研"粮安工程"规划编制和项目建设工作

在东北、苏北、安徽等地建有9个粮源基地，可控粮源200多万吨。本市16家企业根据国家北粮南运运输补贴政策，在保持原有采购渠道的基础上，采购东北地区粮食31.2万吨。同时，调研推进了与河南的小麦产销合作。

（2）抓好收储，增强粮食调控基础。有关区县强化为农服务措施，抓好粮食收购，全市各类粮食企业收购粮食70.8万吨（其中小麦13.9万吨、粳稻约52万吨），维护了收购市场稳定，保护了种粮农民的利益。有序组织地方储备粮轮换，保持常储常新，发挥了稳定和调节市场的作用。根据国家有关部门要求，研究部署新增地方储备粮工作，与市有关部门研究制定了增储工作方案，并部署落实第一批增储任务。

（3）健全市场，保障粮油市场供应稳定。中心批发市场获批组建“上海国家粮食交易中心”，全年竞价交易储备粮 52.6 万吨。9 家重点成品粮批发市场进一步规范管理，全年成交粮食 100 多万吨。全市设立粮情监测点 220 个、粮食应急供应零售网点 906 家、应急加工企业 24 家、应急运输企业 3 家、应急配送中心 16 家，各区县粮食行政管理部门及购销企业不断加强流通统计，强化市场监测和应急管理，有效保证了军需民食，维护了市场稳定。

（4）完善仓储，提升粮食安全保障基础能力。2014 年，全市有 4 个粮食流通基础设施建设项目获得中央或地方财政支持，总投资 4.4 亿元，年内完成投资 1.69 亿元，新增仓容 38.3 万吨。其中：外高桥粮食储备库新建 16 万吨立筒仓项目、邬桥粮库改建散粮仓项目年内完工，新增仓容 28 万吨；金山区粮食储备库项目二期建设完工并投入使用，新增仓容 4 万吨。同时，结合地方储备粮增储工作，开展上海市粮库建设专项调研，为加快推进粮库建设改造、提升仓储能力打下基础。

（5）深化改革，增强体制合力和行业活力。根据全市国资国企改革整体部署，良友集团积极推进转型发展，提升了企业经营活力；光明米业、垠海贸易等企业加大市场化运作力度，粮食经营规模和效益进一步提升；部分区县粮食购销企业推进改制转制，不断探索和拓展市场化经营。同时，在市有关部门指导和支持下，积极推进储备粮轮换市场化运作，主要品种轮出全部实行竞价销售。根据国家粮食局部署，开展上海市粮食流通统计改革调研，研究提出统计改革基本思路。

（6）依法行政，维护粮食流通秩序。组织开展一年一度的全市粮食和油脂库存检查，强化库存监管。加大原粮质量卫生监管和检查力度，全年抽检各类粮油样品近 800 份，并根据市商务委要求，协同推进粮食质量安全追溯，确保粮食质量安全，特别是口粮消费安全。根据国家粮食局和市政府要求，对全市粮食行业安全生产进行调查，并深入开展安全生产检查、粉尘防爆专项整治等，确保储粮安全。

（7）转变职能，提高粮食行政管理效能。会商有关部门，明确自贸区负面清单和进一步扩大开放措施（2014 年）有关涉粮事项。开展市级粮食行政权力清理，全面摸清底数，推动建立权力清单制度。深化上海市粮食行政审批制度改革，注重加强事中

图3－5　洪文明检查国庆粮油市场供应安排情况

和事后监管，落实行政审批责任制。深化上海市完善和落实粮食安全省长责任制政策研究，启动上海市粮食行业“十三五”规划编制前期工作。

一年来，上海粮食系统在加强信息化建设和应用，推进粮食流通监督检查信息系统建设和“副补”发放管理系统改造；加强干部队伍、党风廉政和作风建设，提高履职能力等方面都取得了新的成绩，为做好粮食流通工作提供了坚强保障。

（二）江苏省粮食行政管理部门

江苏省粮食行政管理部门为江苏省粮食局。根据《中共中央办公厅国务院办公厅关于印发〈江苏省人民政府机构改革方案〉的通知》（厅字〔2009〕21号）和《中共江苏省委江苏省人民政府关于印发〈江苏省人民政府机构改革实施意见〉的通知》（苏委〔2009〕252号），设立省粮食局，为省政府直属机构。

1. 机构设置

（1）机构职能。

保障全省粮食供应安全，承担粮食省长负责制下有关粮食流通的具体实施工作；拟订全省粮食宏观调控、总量平衡和粮食流通的中长期规划；提出全省粮食流通体制改革方案，推动全省国有粮食企业改革；提出现代粮食流通产业发展规划并组织实施。

组织实施国家和省粮食流通法律法规；起草地方粮食流通和地方储备粮油管理的地方性法规、规章草案，拟订相关政策，依法制定地方粮食流通有关制度并监督执行。

负责全省粮食市场监测预警和应急保供；贯彻执行国家粮食购销政策，组织开展政策性粮食收购，指导全省粮食购销和产销衔接；协同有关部门落实粮食信贷资金政策，监督粮食风险基金的使用；负责军粮供应，指导灾区及缺粮地区所需粮食的供应。

图 3-6　江苏省 2014 年世界粮食日和爱粮节粮宣传周活动在镇江启动

负责地方储备粮油管理；拟订地方储备粮油规模、品种及总体布局方案并监督实施；提出地方粮油储备及收储、动用地方储备粮油的建议；协调中央储备粮的收购、储存、调运等工作。

依法开展全省粮食流通监督检查；监督检查地方粮油储备的数量、质量、储存安全和全省粮食收购、储存环节的粮食质量安全、原粮卫生。

负责全省粮食流通的行业指导；指导行业科技创新和成果推广；承担粮食流通统计工作；开展行业对外交流与合作。

承办省政府交办的其他事项。

（2）机构设置。根据上述职责，省粮食局设 7 个内设机构：

办公室。组织协调机关政务工作，组织全局性会议及活动，起草重要文稿；负责机关日常文秘、政务信息、新闻宣传、督查督办、档案、信访、机要、保密、接待、政府采购等工作；负责机关信息化建设和政务公开工作；承办行业对外交流与合作有关工作。

政策法规处。起草地方粮食流通法规、规章草案，提出有关政策建议，拟订有关依法行政工作规范并组织实施；提出全省粮食流通体制改革方案，推动全省国有粮食企业改革发展；提出全省现代粮食流通产业发展和粮食市场体系建设规划；承办粮食收购资格审核管理工作；承担行政复议、行政诉讼和行政执法监督等工作；承担规范性文件审核及相关备案工作。

调控处（省级储备粮管理办公室）。拟订全省粮食宏观调控、总量平衡及粮食流通的中长期规划；提出地方储备粮油规模、品种、总体布局方案及收储、动用地方储备粮油的建议，拟订地方粮油储备有关管理制度；承担全省粮食市场安全保供、监测预警和应急有关工作；组织开展政策性粮食收购工作，指导全省粮食购销和产销衔接；落实军粮供应，承担灾区、缺粮地区的粮食供应工作；办理省级储备粮油的收购、销售、储存及轮换计划审批工作；承担军粮供应站（点）认定和陈化粮（重度不宜存粮）购买资格认定工作；承担粮食流通统计工作；协调中央储备粮的收购、储存、调运等工作。

产业发展处。落实现代粮食流通产业发展政策，推进粮食现代物流、粮油精深加工和产业化经营；拟订全省粮食流通基础设施建设规划，承担中央和省投资项目的有关工作；承担粮油仓储管理和安全储存工作，指导粮食行业安全生产工作；承办中央储备粮代储资格初审和省级储备粮油承储企业审定工作；承担粮食行业科技管理和新技术推广工作。

监督检查处。依法开展粮食流通监督检查；拟订全省粮食流通监督检查的制度、办法并组织实施；监督检查地方储备粮油的计划、数量、质量和技术规范的执行情况；组织开展全省政策性粮食购销活动的监督检查；承担全省粮食库存检查工作。

财务处。协调落实粮油购销、储备、仓储物流设施建设、产业化发展等相关财政、金融、税收政策；协同有关部门监管粮食风险基金及其他专项资金的使用；拟订省级储备粮油财会制度并监督执行；开展全省粮食财务管理、会计核算和内部审计工作；承担部门预算及有关财务管理工作；承担机关及直属单位的资产管理工作。

人事处。负责机关及直属单位的机构编制、干部人事、劳动工资及出国（境）人员政审、专业技术职称评聘等工作；承担全省粮食流通行业职工教育培训和特有工种职业技能鉴定工作。

另设：机关党委：负责机关和直属单位的党群工作；离退休干部处：负责机关离退休干部工作，指导直属单位的离退休干部工作。

2. 机构负责人

陈杰，江苏省粮食局党组书记、局长，主持省粮食局全面工作，兼管财务、人事工作。

于国民，江苏省粮食局党组成员、副局长。分管产业发展处、政策法规处工作。

朱新华，省粮食局副局长、党组成员。

张生彬，江苏省粮食局党组成员、副局长。分管监督检查处、军粮供应办公室、粮油质量监测所工作。

陈一兵，省粮食局副局长、党组成员。

蒋云峰，省纪委、省监察厅驻省粮食局纪检组组长、党组成员。

韩峰，省粮食局副巡视员。

张国钧，省粮食局副巡视员，军粮供应办公室主任。

董淑广，省粮食局党组成员、人事处处长、机关党委副书记。

3. 年度重大事项

2014 年，江苏省粮食行业紧紧围绕打造安全粮食、智慧粮食、品牌粮食、法治粮食、廉洁粮食的“江苏五粮”，以保障粮食安全和促进农民增收为中心，在粮食收储、粮库建设、科技兴粮、流通监管、行业改革等方面取得了明显成效。

粮食生产。2014 年，全省粮食播种面积 537.6 万公顷，同比增加 1.5 万公顷；粮食总产量达 3490.6 万吨，同比增加 67.6 万吨，增幅 2.0%，连续 11 年增产。其中，夏粮 1254.7 万吨，增长 4.9%；秋粮 2235.9 万吨，增长 0.4%。玉米总产 239.0 万吨，同比增产 22.6 万吨，增幅 10.4%。油料总产 146.6 万吨，同比减产 3.8 万吨，减幅 2.5%。其中：油菜籽总产 110.1 万吨，同比减产 3.2 万吨，减幅 2.8%；花生产量

34.8万吨，同比减产0.5万吨，减幅1.4%。粮食单产432.9公斤/亩，同比增加7.2公斤/亩，增幅1.7%。

粮食流通。2014年，全省各类企业粮食收购粮食2250万吨，同比增加100万吨。国有粮食企业收购粮食1680万吨，同比增加55万吨，占社会收购总量的74.7%。其中，收购小麦990万吨，稻谷600万吨。全省收购最低价粮食863.5万吨，同比增加352万吨，占国有粮食企业收购总量的51.4%。其中：收购最低价小麦671万吨，同比增加309.5万吨；收购最低价稻谷192.5万吨，同比增加42.5万吨。收购油菜籽52.6万吨，其中临储油菜籽43.1万吨，同比减少17.9万吨。全省国有粮食企业全年粮食销售2175万吨，同比减少75万吨。其中，小麦1065万吨，同比减少100万吨；稻谷505万吨，同比增加40万吨。全省粮食进口总量2063万吨，其中，大豆1267万吨、大麦170万吨、玉米10万吨、稻米11万吨、小麦7万吨。全省粮食出口总量1万吨，全省食用油进口总量218.1万吨，出口总量0.2万吨。

粮食调控。2014年，启动小麦、粳稻托市收购，确定和增设小麦委托收储库点952个，同比增加101个；布设中晚稻委托收储库点686个，同比增加133个。落实省政府丰产增储行动计划，提前完成地方粮食储备规模。实施省级储备竞争承储试点。贯彻实施《江苏省粮食应急预案》，全省落实应急加工企业394家，应急供应网点1998个，无锡、连云港、淮安、扬州、泰州等地修订完善了粮食应急预案，提高应急处置能力。制定出台《江苏省军粮供应军民融合式发展指导意见》，推进军粮供应军民融合式发展。建立并试运行江苏粮食价格指数，服务政府市场调控和企业经营决策。适时安排轮出省级储备轮换，指导地方把握地方储备轮换节奏，增加供给，稳定市场。安排销售托市小麦395万吨、稻谷62万吨，引导企业采购东北粳稻（米）、玉米52.7万吨。推进省内粮食产销合作，签订购销合同（协议）120万吨，建立生产基地75万亩以上。发展省际间产销合作，省粮食局和上海市、浙江省粮食局分别签订产销合作战略协议，签订合同46万吨。省粮食局先后与苏州、无锡、镇江市政府以及省农垦集团签订战略合作协议，推进粮食产业发展，共保地方粮食安全。

粮食流通改革。2014年，制定出台《全面深化粮食行业改革的意见》，重点建立五大体系，推进六项改革，激发行业发展活力。粮食收储现代化水平指标纳入全省农业现代化考核体系，苏州市被国家粮食局授予“国家粮安工程建设试点示范市”。深入推进国有粮食企业改革，全省13个市级国有粮食企业建立和完善现代企业制度，向集团化、规模化方向发展。60%县（市、区）基本形成“集团总公司或购销总公司＋分公司（子公司）”等法人治理结构。全省45个县（市、区）出台改革方案。2014年，全省国有粮食企业实现利润3.8亿元，同比增长13.6%，全省国有粮食购销企业787个，同比减少60个；资产总额476.5亿元，同比增长2.1%；净资产103亿元。

粮食流通监管。开展全省粮食库存检查和国家临储油库存检查，检查结果数量真实、质量总体良好、储存安全。2014年，全省共开展监督检查4928次，出动检查人员31334人（次），检查各类收购主体23923个（次），查处670起违反粮食流通管理的案例，有效维护了粮食流通的市场秩序。制定出台《关于深入推进“放心粮油工程”建设的实施意见》，2014年全省新增“放心粮油店（柜）”1065个，总数达到2484个，实现全省放心粮油工程乡镇覆盖率100%。全省64个市、县（市、区）建立了粮食行政执法支（大）队。建立移动执法系统，完成5846家粮食企业、70多万条信息的记录归集工作。开展粮食行业信用评价工作，修订《江苏省粮食行业信用评价实施办法（暂行）》评价指标，全省3673家粮食企事业单位、个体工商户全部纳入守法诚信评价范围，评出AA、A级2079家、B级1103家、C级460家、D级31家，依据不同等级，实行分类监管。加强粮油质量监测检验，2014年共扦取各类样品9359份。建立不合格粮食处置长效机制，制定出台《关于下发2013年江苏省重金属粮食检测及处置工作实施方案的通知》，加大粮食收购前后质量把控和在库粮食质量检查，开展收购前质量调查、品质测报和原粮卫生监测，严格入库粮食质量标准，确保安全。举办各类检验机构技术人员培训班4批，培训各类技术人员200余人；培训、鉴定检验员362人次，鉴定合格率达85%。

粮食信息化。省粮食局与航天信息股份公司签署智慧粮库建设战略合作协议，智慧粮库纳入智慧江苏建设总体规划。编制《江苏省智慧粮食三年建设方案》，实施“1210”信息化工程，构建基础设施比较先进、行业应用基本覆盖、主要业务可视可控、相关信息互联共享、系统运转安全稳定的智慧粮食体系。发布《江苏省粮库信息化技术规范》、《粮食流通信息基础数据元规范》、《储备粮可视化管理系统功能规范》三项省级信息化行业标准。在省级储备库和物流产业园建成物联网智慧粮库43家，在550家基层国有收储粮库建设可视化信息系统，实现与省级平台的业务数据互联互通和视频信息实时监管。推进全省粮库识别代码试点，80家省级储备库和无锡市涉粮企业生成识别代码，成功实现试运行。无锡市智慧粮食被国家发改委列为国家信息化试点

图 3-7　维修改造后的金湖县陈桥粮库

工程。

粮食流通体系建设。2014 年，全省（包括中央企业）粮食仓储企业共 1358 户，全省（包括中央企业）粮食总仓容 2886 万吨，油罐总罐容 225.84 万吨；从业人员 28275 人；粮食铁路专用线总长度 26.5 公里，粮食专用码头泊位数 1382 个；粮食仓储企业烘干设备 905 套，烘干能力 9224 吨/小时；粮食设施接收能力 16.9 万吨/小时，发放能力 15.9 万吨/小时；2014 年各类粮食流通基础设施建设项目 803 个，完成投资 26.35 亿元。总投入 15 亿元的粮库维修改造工程圆满完成，维修改造粮库 627 个、仓容 681 万吨，建成 551 个粮库建设可视化系统。通过维修改造，新增或更新了机械通风仓容 515.9 万吨、环流熏蒸仓容 270 万吨、粮情检测仓容 442 万吨；共新添置输送设备 2547 台、装卸设备 955 台（套）、清理设备 445 台（套）、计量设备 385 台（套）、信息化设备 592 台（套），粮库收储机械化水平、储粮科学化水平和管理信息化水平得到全面提升。

行业发展。2014 年，全省粮油工业生产总值 2355.1 亿元，销售收入 2361.1 亿元，利润 39 亿元，同比分别增长 5.5%、6%，利润同比减少 18.3%。其中，粮机制造业工业总产值和销售收入占全国总量的 70.3%和 69.3%，米、面、油加工总量在全国名列前茅。全省销售收入超亿元的企业有363家，超20亿元以上的企业17家。无锡粮宝宝商务有限公司打造集智慧粮库、网上拍卖交易、电子政务、电子监察、质量追溯等于一体的粮食物联网应用示范工程，探索出江苏粮食电子商务的新模式。

2014年，省粮食局获得全国首批科技兴粮示范单位，全省粮食行业成立国家级研发中心4家，省级研发中心34家。2014年粮油加工业科技研发总投入4.8亿元，获得专利365件，其中发明专利60件，生物柴油、饼粕提取功能多肽、小麦胚芽凝聚素等多项成果填补了市场的空白。编制《全省"粮安工程"建设实施规划》、《全省粮食仓储物流设施体系建设规划》等，推动全省粮食基础性研究应用。2014年年底，全省有各类粮食批发市场35个，交易量约1123.5万吨，交易额约405.9亿元，年成交量40万吨以上的粮食批发市场有7家。连锁配送、"粮食银行"、"网上粮店"等新型粮食零售业态涌现。

开展粮食专业教育培训和学历培训，组织实施市县粮食局长、购销公司经理、粮库主任轮训工作，加强干部上下挂职锻炼。开展粮油质量检验员、粮油保管员职业技能鉴定7批次。开展全国和全省"双先"评选工作，5个单位被评为全国先进集体，7名个人被评为全国先进工作者（劳动模范），35个单位被评为全省先进集体，50名个人被评为全省先进工作者（劳动模范）。

（三）浙江省粮食行政管理部门

1. 机构概况

浙江省粮食行政管理部门为浙江省粮食局。

（1）主要职责。

贯彻执行国家和省有关粮食工作的方针、政策、法规，承担有关粮食流通和储备粮管理的地方性法规、规章草案的起草和组织实施；负责省粮食安全工作协调小组的日常工作，落实省政府统一领导下的粮食工作市县政府分级负责责任制；研究提出全省粮食流通体制改革方案和粮食购销政策，组织实施粮食安全目标责任制考核工作。承担全省粮食流通市场调控的具体工作，负责编制全省粮食流通中长期规划及粮食购销、储备等计划，做好粮食供需平衡统计调查工作；指导协调政府"订单粮食"等政策性粮食购销和粮食产销合作；负责粮食市场行情的分析、购销预警信息的发布和相

图3-8 浙江省政府召开全省粮食工作会议

关应急措施的落实；指导库区、灾区和大中专院校学生、城市低收入居民、农村缺粮人口等特殊群体的政策性粮食供应；保障军队粮食供给。

负责全省粮食流通的行业指导；负责指导省内粮食收购市场准入制度的组织实施，做好全社会粮食流通统计工作；负责指导粮食行业的教育培训，指导粮食流通的科技进步、技术改造和新技术推广；开展粮食流通的对外交流与合作。

制定粮食流通、粮食库存监督检查制度并组织实施；协同有关部门管理省粮食风险基金；督促检查国家和省粮食购销政策的执行情况；负责粮食收购资格管理；监督管理粮食收购、储存环节的粮食质量安全；协同做好粮食质量标准管理工作。

承担省级储备粮的行政管理职能，会同有关部门研究提出省级储备粮的规模、总体布局和动用省级储备粮的建议，经省政府批准后组织实施；制定省级储备粮管理的技术规范，会同有关部门和单位组织省级储备粮的收储、轮换、调配，监督检查并落实省级储备粮的数量、质量和储存安全；督促指导各地按省政府下达的储备计划落实储备任务，指导和协调下级粮食部门的地方储备粮管理工作；管理省储备粮管理有限公司。

拟订全省粮食市场体系建设与发展规划并组织实施，编制粮食流通基础设施建设规划，指导全省粮食仓储和现代物流建设，管理有关粮食流通设施国家和省政府投资项目。

承办省政府交办的其他事项。

（2）机构设置。浙江省粮食局内设办公室（政策法规处）、购销调控处、管理监督处、财务会计处、人事处（离退休干部处）5个职能处室，另设机关党委、监察室。有7个直属单位：省储备粮管理有限公司、省级粮油储备库管理中心、省粮食干部学校、省粮油产品质量检验中心、省粮油交易信息中心、省粮食局机关后勤服务中心、省军粮供应服务中心。

2. 机构负责人

金汝斌，省粮食局党组书记、局长。全面负责省粮食局工作。

韩鹤忠，省粮食局党组成员、副局长。协助局长分管人事处（离退休干部处）、购销调控处、省粮食干部学校、省储备粮管理有限公司、省级粮油储备库管理中心，负责粮食安全责任制考核工作。

李立民，省粮食局副局长、党组成员。协助局长分管财务会计处、机关党委、监察室、省军粮供应服务中心；负责局机关党委、纪委工作。

李益敏，省粮食局副局长、党组成员。协助局长分管办公室（政策法规处）、局机关后勤服务中心。

叶晓云，省粮食局党组成员、总工程师。协助局长分管管理监督处、省粮油产品质量检验中心、省粮油交易信息中心，负责信息化管理工作。

何震，省粮食局党组成员。协助分管人事处（离退休干部处）、省粮食干部学校。

龚震源，省粮食局副巡视员。负责联系省粮食经济学会、省粮食行业协会，省稻米产业协会、省油脂产业协会，联系局工会、局团委、局妇委会；负责《浙江通志——粮食卷》、《浙江粮食经济》编撰等工作。

3. 年度重大事项

（1）重大政策。

一是浙江省人民政府关于进一步强化粮食安全市县长责任制增强粮食安全保障能力的意见（浙政发〔2015〕14号）。为确保全省粮食安全，根据《国务院关于建立健全粮食安全省长责任制的若干意见》（国发〔2014〕69号）精神，省政府于2015年5月底印发各地。主要内容包括进一步强化粮食安全意识和责任、巩固和提高粮食综合生产能力、切实保护农民种粮积极性、严格落实并管好地方粮食储备、搞活粮食流通、健全粮食应急体系建设、健全粮食质量安全保障体系、大力推进节粮减损、进一步加强对粮食工作的组织领导9个方面。

二是浙江省农业厅、浙江省粮食局、浙江省财政厅关于抓好2015年粮食产销工作的意见（浙农计发〔2015〕4号）。近年来，浙江省高度重视粮食产销工作，加大政策扶持和资金投入力度，有力地促进了粮食生产的发展和粮食市场供求的稳定。但种粮比较效益不高、政策激励作用弱化、种粮成本较快上涨等问题仍然存在，稳定粮食面积难度加大。为进一步稳定发展粮食生产，充分调动农民种粮积极性，经浙江省政府同意，浙江省农业厅、浙江省粮食局、浙江省财政厅于2015年3月初下发了《关于抓好2015年粮食产销工作的意见》。主要内容包括总体要求和基本原则、引导发展粮食适度规模经营、提高粮食生产科技应用水平、加强农田基础设施建设、加大耕地保护力度、积极推进粮食补贴政策整合改革、完善相关配套扶持政策、抓好粮食订单收购和储备、切实加强对粮食产销工作的组织领导9个方面。

（2）主要业绩。

抓粮食收购，切实保护种粮农民利益。全省粮食系统认真抓好“订单粮食”，充分发挥政策性粮食收购的调控功能，坚决守住了“农民种粮卖得出”的底线。省级出台了新增订单小麦1万吨、订单晚稻4万吨奖励政策，各市、县也根据当地储备轮换补库需要，出台相应的“订单粮食”政策，积极主动满足种粮农民对“订单粮食”的需求。制定出台早稻和中晚稻最低收购价执行预案，对农民余粮做到应收尽收。2014年全省国有粮食企业收购粮食19.92亿斤，同比增加7.4%，其中订单收购16.92亿斤，同比增加7.6%。

抓统筹谋划，积极落实新增地方储备粮规模。认真研究新增储备规模的落实方案，对新增规模进行分解测算，并于2014年9月3日下达了先期增储计划。对全省储备粮仓容情况进行了摸底。按照统筹考虑、科学布局、合理分解的原则，形成较为完善的全省新增储备粮规模分解方案，经省政府常务会议研究同意后下达各市。积极研究省级新增储备代储、省外异地储粮等政策，加快落实省级增储任务。截至2015年3月底，已全部落实到位。

抓省外粮源基地建设，继续深化粮食产销合作。积极鼓励省内各类粮食经营主体到粮食主产区建基地、搞订单，多渠道组织粮源，有效满足省内城乡居民的粮食消费需求。开展了省外粮源基地调查，基本摸清省外粮食生产基地现状和发展趋势，目前

图3－9　浙江省政府召开全省粮食系统粮食文化建设现场会

浙江省已在13个粮食主产省建立粮源基地352万亩。认真实施国家采购东北粮食运费补贴政策，有74家企业获得了1.7亿元国家采购东北粮食运费补贴，调运粮食121.18万吨；继续实施东北粮食生产基地自产粳稻费用补贴政策，8家经营主体共调运稻米1.12万吨。

搞好对接服务，进一步拓展产销合作渠道。黑龙江金秋粮交会期间，浙江省12家粮食购销企业与黑龙江有关企业达成粮食购销合同和意向性协议13项，总交易量17.5万吨。2014年10月下旬，吉林省联合省局首次在杭州举办了吉林大米推介会和展销会。11月下旬，在苏沪浙粮油产销合作洽谈会上，与江苏省粮食局签订了推进粮食战略合作框架协议，浙江省9家粮食经营企业与江苏粮食企业签订了30.33万吨原粮和成品粮购销协议。

抓“粮安工程”建设，有效提升粮食保供能力。粮食仓储物流设施建设不断加强。省属中穗粮库迁建项目、德清粮库扩建项目进展良好。17个市县中心粮库新（改、扩）建项目和台州、金华等地区域性粮食物流中心建设进展顺利。2014年全省国有粮食企业新建5.22亿斤储备仓容。粮食质量监测能力逐步提高。积极争取省政府及有关部门支持，下达检验监测设备省级奖励补助资金513万元，安排专项资金1768万元为各地配置粮食重金属快速检测仪68台，已有30台投入使用，并对2013年收购的稻谷全部进行了重金属元素含量检测。粮食信息化建设积极推进。编制完成《浙江省粮食行业信息化建设发展规划（2014~2020年）》，出台《全省粮食仓储信息化建设指导意见（试行）》，开展库存粮食识别代码试点工作。2014年全省粮食行业信息化项目共有67个，实际总投入3841万元。粮食应急网络进一步健全。2014年全省确定粮油应急加工企业281家，日应急加工能力2.7万吨；应急供应企业2063家，日应急供应能力3.1万吨。继续落实农户科学储粮专项。下达农户科学储粮彩钢板小粮仓专项计划2.45万户，拨付中央和省级补助资金735万元，全部完成国家粮食局下达的总任务，每年可为农户减损粮食3000余吨。

抓改革创新，进一步转变粮食管理方式。在粮食行政管理机制改革方面，全省粮食系统开展了“四张清单一张网”建设，完成了权力清单、责任清单的制作，并按照统一要求建设“网上政务大厅”，积极推进权力公开、透明运行，切实承担起法定责任。在加强为农服务方面，推广“粮食订单”质押贷款和“粮食银行”，积极帮助解决种粮农民特别是种粮大户融资难问题。在落实地方储备方面，积极探索社会化储粮方式，省级与部分地区试行储备粮省外异地代储模式。在科技储粮创新方面，大力推进“智慧粮库”、“生态粮库”建设，科技兴粮、绿色储粮等改革创新工作走在全国前列。省直属库“建筑太阳能光伏发电”项目被国家住建部列为“专项示范工程”，“四合一”储粮升级新技术在全国推广应用。并在全国粮食科技创新大会上获得首批“科技兴粮示范单位”称号，是全国唯一获此殊荣的粮库。

抓队伍强素质，努力提升粮食行业发展软实力。完成《浙江省粮食行业中长期人才发展规划纲要（2014~2020年）》编制，启动实施“11528”人才兴粮培训工程。2014年举办了各类培训班15个，共培训各类人员1672人次；共鉴定合格粮油保管员217人、粮油质量检验员102人。积极推进粮食文化建设。7月承办了全国粮食系统纪念“四无粮仓”创建60周年座谈会，浙江省粮食文化建设的做法在全国粮食系统引起了热烈反响。制定出台了《关于加强粮食文化建设的指导意见》，并于9月底在台州召开了全省粮食系统粮食文化建设现场会。加强爱粮节粮宣传。已编印《爱粮节粮教育读本》，结合纪念“世界粮食日”开展了系列爱粮节粮宣传活动。各地都开展了各种形式的宣传活动，取得了较好的成效。

（四）安徽省粮食行政管理部门

1. 机构概况

安徽省粮食行政管理部门为安徽省粮食局。根据《中共中央办公厅国务院办公厅关于印发〈安徽省人民政府机构改革方案〉的通知》（厅字〔2009〕3号），设立省粮食局，为省政府直属机构。

图 3－10　国家粮食局局长任正晓到安徽调研指导“粮食银行”和秋粮收购工作

（1）主要职责。贯彻执行国家关于粮食流通和储备粮管理的方针政策和法律法规；起草相关地方性法规规章草案和政策建议。

研究提出全省粮食宏观调控、总量平衡以及粮食流通的中长期规划、地方粮油储备计划和进出口计划；拟订全省粮食流通体制改革方案并组织实施，推动国有粮食企业改革；提出全省现代粮食流通产业发展战略的建议；拟订全省粮食市场体系建设与发展规划并组织实施；编制全省粮食流通及仓储、加工设施的建设规划。

承担全省粮食监测预警和应急管理责任；负责全省粮食流通宏观调控的具体工作；

指导协调国家政策性粮食购销工作；保障军粮供给；指导和帮助解决灾区、库区移民和缺粮贫困地区的粮食供应，安排以工代赈和国家、省重点建设项目粮食供给；建立省际间粮食购销关系，协调产销区粮食余缺调剂。

承担省级储备粮行政管理责任，提出省级储备粮的规模、总体布局及收储、轮换和动用建议并组织实施；制定地方储备粮管理的技术规范并监督执行。

负责全省粮食流通的行业管理；指导推动粮食产业化发展；制定全省粮食收购市场准入制度；指导全省粮食流通科技进步、技术改造、新技术推广；负责全社会粮食行业的统计工作；开展粮食流通的对外交流与合作。

制定粮食流通、粮食库存监督检查制度并组织实施；负责全省粮食收购、储存环节的粮食质量安全和原粮卫生的监督管理；监督执行粮食储存、运输的技术规范；监督检查省级储备粮的数量、质量和储存安全。

协同有关部门监督管理粮食风险基金的使用；制定有关省级储备粮的财务、会计制度并监督执行；负责省级储备粮的财务审计和监督。

承办省政府交办的其他事项。

（2）内设机构及编制。安徽省粮食局机关目前内设处室11个：办公室、人事处、财务处、调控处、仓储处、行业管理处、政策法规处、监督检查处、机关党委、驻局纪检组（监察室）、离退休工作处。

安徽省粮食局直属事业单位6个：省军粮供应办公室（参公管理）、机关服务中心、省粮油信息中心（安徽粮食批发交易市场管委会，2006年经国家粮食局批准增挂“合肥国家粮食交易中心”）、安徽粮食工程职业学院（安徽商贸工程技师学院，副厅级）、安徽科技贸易学校（安徽粮食经济技师学院，位于蚌埠市）、省粮油产品质量监督检测站（2010年经国家粮食局批准增挂“安徽国家粮食质量监测中心”）。

（3）全省粮食行业机构概况。2014年全省共有粮食行业单位1943个，其中行政管理部门89个，事业单位86个（含参公事业单位11个），企业1768个，其中国有及国有控股企业636个，从业人员103095人，其中粮食系统在岗职工23483人。

2. 机构负责人

牛向阳，省粮食局党组书记、局长。

刘惠，省粮食局巡视员、党组成员。

戴绍勤，省粮食局巡视员、党组成员。

王用华，省粮食局驻局纪检组组长、党组成员。

杨增权，省粮食局副局长。

马三九，省粮食局副局长、党组成员。

许维彬，省粮食局副巡视员。

3. 年度重大事项

（1）重大政策及规划。

贯彻落实国务院《关于建立健全粮食安全省长责任制的若干意见》系列重大政策和制度。即将出台《安徽省人民政府关于落实粮食安全省长责任制的实施意见》，明确各市、县人民政府和省直相关部门承担的粮食安全责任，关注农民增产增收和管好地方粮食储备问题，明确了深化国有企业改革和重点推进县域国有粮食企业改革，进一步加大土地确权和资产重组力度，市县政府对国有粮食企业土地变性确权要给予优惠政策。还规定了大力发展粮食物流网络，提出依托长江、淮河和铁路、公路网，布局建设一批重大粮食物流项目，重点打造区域性粮食物流园区平台，形成“依托两河五线、两通道七节点”的粮食现代物流网络。进一步保障粮食安全资金落实措施，突出强化粮食质量安全治理。

对《安徽省粮食流通监督管理条例》进行地方性立法的必要性和可行性进行了充分的论证，在征求和充分吸取了各个地市粮食局的意见，综合考虑了《中华人民共和国粮食法（征求意见稿）》的相关内容基础上形成了初稿，目前已经向安徽省人大法工委、安徽省政府法制办报告请求列入安徽省 2015 年地方性立法计划。

制定和起草安徽省粮食流通发展“十三五”规划。“十三五”规划分一个总纲和粮食市场体系、基础设施、信息化建设、粮油加工、质量安全、节粮减损、军供保障、人才发展 8 个专项规划。

（2）重大项目。

“危仓老库”维修改造工程：安徽省粮食局 安徽省财政厅关于印发《安徽省“粮安工程”危仓老库维修改造工作实施方案的通知》（皖粮仓联〔2014〕89 号）提出，坚持维修改造和恢复重建并重的原则，加大整合力度，将现有的 2502 个粮食收储库点调减为 1322 个，确定从 2014 年开始到 2015 年秋粮上市前，全省地方国有及国有控股

图3－11　安徽省召开“粮安工程”危仓老库维修改造暨秋粮收购电视电话会议

粮食企业危仓老库重点维修仓容300万吨，改造升级仓容200万吨，恢复重建仓容400万吨，选择部分仓容规模较大、基础较好、管理规范的承储省级储备粮库开展信息化示范库建设。届时全省完好粮食仓容达到2000万吨以上，全面提升了粮食仓储设施整体质量和信息化水平，基本建成布局合理、功能完善、技术先进、管理科学的现代粮食仓储体系，促进粮食生产稳定发展，保障国家粮食安全。

“放心粮油”工程：积极培育发展“放心粮油”企业和产品，逐步形成布局合理、诚信便民的规范化、标准化的“放心粮油”经营网络，为广大城乡居民提供质量安全、品种丰富、价格合理的粮油产品。在三年时间里，充分整合利用现有粮食行业及社会资源，培育扶持一批“放心粮油”企业和产品，在有条件的市县规范认定、建设一批放心粮油配送中心，在城市社区和全省乡镇规范认定、建设一批“放心粮油”示范店和经销点，初步建成规范化、网络化、标准化、信息化程度较高的“放心粮油”经营网络，逐步形成覆盖城乡、连接产销、设施完善、服务规范的放心粮油服务体系。2015年，全省将挂牌认定600个“放心粮油”配送中心、示范店、经销点。

“主食厨房”工程：培育“主食厨房”企业、主食加工配送中心、直营门店、销售亭等经营网络，不断满足城乡居民日益增长的主食消费需求。按照“政府引导、市场主导、企业主体”的原则，用三年时间，充分整合利用现有粮食行业及社会资源，引导扶持一批“主食厨房”企业；每个省辖市至少要培育1个具有较大规模主食加工配送中心的“主食厨房”企业；在有条件的县（市、区）布局一批“主食厨房”经营网点。2015年，全省将挂牌认定300个“主食厨房”配送中心、直营店、经销点。

（3）主要业绩。

一是粮食收购成效显著。及早启动小麦、稻谷最低收购价执行预案，制定收购工作流程图和工作手册，严格落实国家收购政策。积极探索提升粮食银行功能，凤台、太和等地“粮行”创新实践，得到省政府和国家粮食局的充分肯定。2014年新粮收购量近2000万吨，再创历史新高，托市收购突破1000万吨，中晚籼稻、小麦和油菜籽托市收购量分别居全国第一位、第三位、第四位，促农增收40亿元以上。

二是市场调控进一步加强。认真落实国家下达的增储任务，地方粮食储备进一步充实，管理更加规范。重点打造“堡垒型”应急企业30家、骨干网点654个，应急保障网点建设逐步规范化、法制化。2014年合肥国家粮食交易中心成交政策性粮食4660万吨，成交额1126亿元。大力推动军粮供应市级统筹，军民融合发展初显成效。巩固和拓展产销衔接，2014年全省累计外销粮食1068万吨。

三是“粮安工程”建设加快推进。2014年获评国家危仓老库维修改造重点支持省。制定出台“324”工程实施方案和重新布局仓储库点计划。整合中央和地方配套资金22.58亿元，将恢复、新建有效仓容900万吨。已完成投资3.95亿元，维修、新建仓容170万吨。争取中央粮油仓储、物流项目补助4832万元，国家十亿斤仓储项目60万吨。新增农户科学储粮仓7万套，提前一年完成“十二五”农户科学储粮专项建设任务。

四是“两项工程”开局良好。大力发展“放心粮油”和“主食厨房”工程，2014年出台《放心粮油工程实施意见》、《主食厨房工程实施意见》等9项政策措施。认定放心粮油配送中心14个、示范店128个；培育“主食厨房”示范企业8家、主食加工配送中心16个。全省实现粮油加工产值2035亿元，利税76亿元，同比分别增长9%、2%，提前跨越2000亿大关。新增“中国驰名商标”9个、省“著名商标”51个，美亚光电、燕之坊稳居全国同行业之首。

五是企业改革取得突破。以土地变性确权为重点，大力推进“一县一企、一企多点”改革。全省国有粮食企业实际使用土地面积3533公顷，已办理出让土地使用证的土地面积1446公顷，同比增加800公顷。来安县等8个县（市、区）土地出让确权率达100%，寿县等9个县（市、区）土地出让确权率达80%以上。截至2014年年底，全省实行独立核算的国有粮食购销企业整合到492家，同比减少53个；消化完毕第二轮挂账余额3.1亿元。全年地方国有粮食购销企业实现盈利1.94亿元，同比增加6400万元；资产负债率75.7%，同比下降2个百分点；所有者权益50.5亿元，同比增加4.8亿元。

六是依法管粮深入实施。制定行政权力清单和责任清单制度，出台行政处罚自由裁量权实施办法和细化标准，进一步规范执法行为。强化监督检查，重点推进联合检查、“飞行检查”、检查结果移交等七方面创新，重拳治理政策性粮食出库难、“转圈粮”和“顶包油”等违规行为。全年全省累计检查企业（经营户）17517个次，立案503例，罚款155例。粮食诚信体系建设和依法监管创新经验在全国粮食流通大会做典型发言。省粮食局荣获全国粮食系统唯一的“六五”普法中期先进单位称号。

七是党务队伍建设扎实推进。深入开展党的群众路线教育实践活动，严格落实“三严三实”要求，省粮食局机构和全系统工作作风进一步改进。研究制定《处级干部选拔任用初始提名办法（试行）》、《干部交流轮岗办法》等6项人事制度。在安徽省直单位中率先出台党组落实主体责任意见，深入推进党风廉政建设。全省粮食系统有5家单位、8位同志被人社部和国家粮食局授予全国粮食行业先进集体、先进个人（劳动模范）称号。

（五）南京市粮食行政管理部门

1. 机构概况

南京市粮食行政管理部门为南京市商务局（粮食局）。2010年，大部制改革，原南京市粮食局与原南京市商贸局、南京市外经贸局合并组建南京市商务局，也称南京市商务局（粮食局），挂市粮食局牌子。从事粮食工作处室包括粮食产业发展处、粮食储备调控处、粮食监督检查处，在编人员16人，设市粮食局局长一名（正局级）。南京市粮食局的职责为“贯彻执行国家粮食购销政策；保障全市粮食供应安全，对粮食市场进行监测预警；负责地方储备粮油管理和军粮供应；负责粮食流通行业指导和监督检查”。机构改革给南京市粮食行政管理工作带来了新的优势、新的挑战和新的问题。在市委、市政府、市商务工委的指导下，圆满完成了各项工作任务。

一是落实储备计划。以确保粮食安全为己任，积极构筑中央、省、市三级粮食储备体系。自2013年起，南京市逐步扩充地方粮食储备，包括源粮和成品粮，力争每年都有一定量的增加，确保粮食保供安全。

二是强化基础设施。南京市现有国有仓容80.5万吨，其中现代仓容36.6万吨。2014年研究制定了《南京市粮食仓储设施建设规划（2014～2020年)》，计划到2016年年底前使国有有效仓容达94.1万吨，其中现代仓容65.9万吨，成品粮库2万吨；到2020年年底前全市国有仓容总量达到110万吨，其中现代仓容100万吨的中长期建设目标。

图3-12　南京市商务局（粮食局），南京市建邺路148号

三是建全粮油市场。目前，南京市有两个粮油批发市场：一个是南京粮油市场

（已于2013年1月28日开业）。该项目是下关粮油市场的异地拆建项目，也是2013年南京市重大民生工程与全市重大项目投资计划。预计南京粮油市场年交易量可达80～90万吨，成品粮周转库存可达3万余吨，是南京粮食市场供应的主要“米袋子”；另一个是江苏溧水县沙塘庵粮食交易市场。该市场2014年粮食交易成交总量达11.6万吨，成交额为4.88亿元。

四是争取外部粮源。南京市获取外部粮源的主要方式是与各地粮食主产区建立产销合作平台，主要是东北、苏北及安徽，例如与淮安合作建设了50万亩优质稻米保供基地。

五是严格监督管理。南京市粮食监督检查包括商品粮库存检查、粮食收购资格核查、夏秋两季粮食收购专项检查和粮油安全检测等。2014年放心粮油经营网点乡镇、街道覆盖率达100%。

六是推进体制改革。首先，以“两个置换”为重点，稳步推进企业体制改革，通过国有资产置转换基本完成全系统国有粮食企业改革，通过身份置换妥善处置1.35万名职工。其次，深入贯彻落实《省政府办公厅关于国有粮食企业改革的意见》精神，同时结合“粮食流通业基本实现现代化”的指标要求，深化改革，搞活购销，强化储备管理，提升流通监管水平，推进产业发展，切实保护种粮农民利益，维护南京粮食安全。最后，以盘活资产为突破口，积极探索、加强对全社会粮食及食品生产经营企业和粮食市场的宏观调控和管理，多元化发展粮食产业。

2. 机构负责人

汪振和，市商务局局长、市委商务工委书记。主持市商务局（粮食局）、市委商务工委全面工作。

徐震中，市商务局副局长、市委商务工委委员。分管商务综合行政执法支队（市粮油质量检测所、市废金属管理办公室）工作。

李兵，市商务局副巡视员。协助分管粮食储备调控等方面工作。协助分管粮食储备调控处。

顾勇，市商务局副巡视员。协助分管市场秩序处（南京市菜篮子工程办公室）、商务综合行政执法支队（市粮油质量检测所、市废金属管理办公室）等工作。

3. 年度重大事项

（1）重大政策及规划。

一是出台《南京市粮食仓储设施建设规划（2014～2020年）》。2014年，南京市政府研究出台了《南京市粮食仓储设施建设规划（2014～2020年）》（以下简称《规划》）。《规划》分析了南京粮食收购储备与仓储设施现状，指出了粮食流通发展瓶颈，明确了建设指导思想、基本原则、总体布局、建设目标任务，提出了政策保障措施。《规划》要求通过对现有仓容资源整合兼并，新建、扩建和维修改造仓储设施，加快粮食储备库现代化建设。建设分两个阶段实施，计划到2016年，全市国有粮食仓储库点39个，有效仓容达94万吨，其中现代型仓容66万吨，成品粮仓容2万吨，形成以六合灵山粮食物流基地为龙头，南京粮油配送中心为重点，沙塘庵粮食产业园为支撑，市（区）6个中心粮库为节点，30个收储库为基础的粮食仓储物流体系。到2020年，建立起与城乡一体化发展相配套的现代粮食物流体系，全市仓容总量达110万吨，其中现代型仓容达100万吨，建成集粮食购销、结算、测温、可视化监控于一体的现代化粮库。

二是改进“宁淮合作”方式，夯实粮食应急保供基础。2014年，宁淮优质稻米基地建设面积进一步扩大，基地总面积达57.83万亩，比2013年增加6.34万亩；截至2015年9月，销往南京市场粳米11.64万吨，粳稻2.15万吨，稻米合计13.79万吨，折合稻谷18.78万吨。南京市计划对订单收购的宁淮基地优质稻米给予相应补贴。宁淮优质稻米基地建设进一步巩固了南京市粮源供应渠道，有效地促进了南京市粮食供应安全工作。

三是确立规模以上粮库拆迁实行“拆一还一”等政策。为健全南京粮食储备体系，保障南京粮食安全，南京市政府以落实政策为突破口，努力夯实南京粮食储备体系基础，在转发《省政府办公厅关于深化地方国有粮食企业改革的意见》的同时，明确提出对粮食仓储规模在2万吨以上的中心库、骨干库等基础设施因城市建设需要拆迁的，必须实行“拆一还一”，保证了南京粮库仓容总量。此外，市政府还要求地方国有粮食企业对影响装粮需要的非储粮粮库进行整改，确保国家粮仓用于装粮，粮食行政主管部门要主动协调支持国有粮食企业将现有国有划拨土地改变为出让土地，并积极争取政府给予财政支持。

（2）重大项目。

一是以“粮安工程”为指导，加强粮食收储库建设。2014 年是全面深化改革的第一年，南京市紧紧围绕省粮食局工作会议精神，积极实施“粮安工程”，大力加强粮食收储库建设。按照全省粮食仓储库点规划布局，进一步修订完善粮食仓储体系规划，与南京财经大学合作，编制了《南京市粮食仓储设施建设规划》，制定 2014 ~ 2015 年全市粮食仓储实施建设规划和方案，两年内重点推进南粮集团粮油市场异地重建，江宁区六郎汴首山库、当阳马厂库和农都库，浦口区余家湾库，六合区钟林库、马鞍库和大圣库，溧水区曹家桥库以及高淳区漕塘库二期的新建和扩建工作，新（扩）建增加仓容约 25 万吨，总投资约 3 亿元，资金主要由各区通过资产整合企业自筹等解决，同时积极争取财政资金补助。

二是开展“危仓老库”维修改造和信息化建设。对全市国有规划粮食库点中需要维修改造的库点进行了梳理，制定了《南京市“危仓老库”维修改造方案》。全市“危仓老库”维修改造 14 个库点，仓房 69 栋，仓容量 13. 77 万吨；总投资 3004. 19 万元，其中维修 2079. 31 万元、功能提升 669. 28 万元、信息化建设 255. 6 万元。

三是推进下关粮油批发市场的迁建工作。按计划，2014 年年内完成新市场一期主体工程，包括 1 幢市场楼、1 幢综合楼，以及内外装修；完成粮油批发经营和小商品经营招商工作，并预计于 2014 年年底前正式开业运营。该市场占地 72 亩，建筑总面积 8. 1 万平方米，总投资 2. 83 亿元。

四是完成数字粮库试点建设。完成南京灵山粮食储备库有限公司的粮库数字化建设，通过检测验收，并成功应用于 2014 年 6 月的夏粮收购，其数字化管理水平目前处于全省领先行列。同时积极探索智能化管理，引进世界上最先进的一体化空中影像系统——专业旋翼航拍无人飞行器 DJI Inspire 1，成为库区智能化管理的最新力量。

（3）主要业绩。

一是完成 14 个“危仓老库”的维修改造，维修仓容约 14 万吨，总投资 2887. 26 万元。

二是全年粮油加工及粮油食品生产总量 192 万吨，实现工业总产值 85 亿元，销售收入 86. 2 亿元，利税总额 1. 42 亿元。

三是夏粮小麦累计收购 34. 5 万吨，其中，国家最低价收购 8 万吨，地方国有粮食企业商品粮收购 19. 5 万吨，商品油菜籽累计收购 0. 49 万吨。秋粮累计收购达 50. 7 万吨（国家最低价收购6.8万吨），创历史新高，其中籼稻收购17万吨，粳稻33.7万吨。

四是到2014年年底，全市累计培育建设放心粮油店（柜）300个，经营面积达到3.2万平方米，从业员工3000人，年销售额45.99亿元。全市平均每个街道、乡镇拥有3个放心粮油店（柜），平均每2.73万人拥有一个放心粮油店（柜），实现了省局下达的“放心粮油店（柜）”乡镇、街道覆盖率达到100%，每3万人有1个放心粮油供应点的目标。

五是江宁区军粮供应站荣获“工人先锋号”称号，这也是继2012年该站荣获“省十佳军供站”后再获殊荣。

六是江宁区粮食局成功创建“全国粮食流通监督检查示范单位”并通过考核验收。

七是六合区粮食局成功创建“省级粮食流通监督检查示范单位”并通过考核验收。

（六）常州市粮食行政管理部门

1. 机构概况

常州市粮食行政管理部门为常州市粮食局。根据国务院《粮食流通管理条例》，粮食行政管理部门主要负责实施粮食购销调控、粮食流通监督检查、粮食行业发展指导三项职责。常州市粮食局作为市政府主管粮食的职能部门，长期以来承担保障军需民食、维护社会稳定的重任。现有职能处室6个（并按上级规定配备纪委、工会、团委），在编人员43名，其中领导班子成员7名。金坛市、溧阳市、武进区都在发改局挂牌粮食局。

目前，常州市区有国有独资企业1家——江苏常州城北国家粮食储备库，事业单位1家——常州市粮油质量监督检测站和常州市军粮供应站合署，另外还有改制企业10家，市区在岗职工人数600多人。

常州素有“鱼米之乡”之美誉，20世纪80年代武进还是全国商品粮生产基地，常州市每年都有大量结余粮食调往全国各地。近年来，随耕地面积的逐年减少，全市的粮食播种面积也由2008年的240.59万亩，下降到2014年的221.34万亩，6年间粮食播种面积减少了约19.25万亩，年均下降1.3%，但由于常州市粮食单产稳中有升，粮食总产总体稳定，保持在113万~115万吨，其中稻谷总产约75万吨。

由于常住人口的增加，常州粮食的供求格局发生了重大转变。2014 年年末，常州市常住人口近 470 万，按照小康生活水平每人年均 400/kg 消费计算，目前常州市年粮食消费需求总量接近 190 万吨（其中居民口粮 92 万吨），对外依存度接近 40%。目前，除小麦约有 5 万吨盈余外，稻谷缺口 4 万吨，玉米缺口 45 万吨、大豆缺口 10 万吨。常州由过去的产销平衡区演变为典型的粮食主销区。为做好市场供应，常州市粮食局采取加强粮食收储和产销衔接等措施，2013 年完成粮食购销 375 万吨，其中国有企业完成 100 万吨，较好地完成了全年目标任务。

2014 年以来，根据国务院第 52 次常务会议精神，常州市粮食局对全市仓容量 500 吨以上、油罐罐容 50 吨以上的涉粮企业开展专项调查，全面摸清全市各类粮食企业仓储设施的总量、布局、结构、状态、边界和利用情况，并形成卫星成像。总体上看，除新建粮库符合现代型要求，其他绝大部分因建筑年代久远，仓储陈旧、设施老化，与粮食现代化要求差距很大。所以，一方面，常州市粮食局在仓储基础设施维修改造中，对有条件的库点进行必要的功能提升和信息化建设；另一方面，常州市粮食局把中心粮库的建设作为现代农业保障工程列入 2014 年重点工作目标。目前武进库准备工作进展比较顺利，金坛库建设在用地指标的落实等方面还有一定难度。

为保证常州市居民能够吃上放心粮油，多年来，常州市粮食局一直将放心粮油工程建设作为一项民生工程加以推进。一方面，常州市粮食局依托市粮油质量监督检测站，重点加强粮油质检能力建设，特别是针对市民普遍关心的大米重金属含量等热点问题，常州市投入近 300 万元资金新添了检测仪器和设备，重金属含量检测范围也由过去只能检测“铅、镉、汞、砷”4 种扩大到目前的 20 种。实验室面积也由过去的 680 平方米扩大到 1350 平方米。并在市食品重金属检测中心的基础上，全力争创苏南区域重金属检测中心。另一方面，常州市粮食局加大节日粮油市场粮油质量的巡查力度，确保米、面、油质量安全。

2. 机构负责人

周炳荃，常州市粮食局局长、党委副书记。

3. 年度重大事项

（1）重大政策。

一是完成国有粮食仓储基础设施专项规划。提出了建设 1 个市级现代粮食物流中

图3－13　常州市粮食系统开展"践行三严三实，惠农助农增收"活动

心、3个辖市区中心粮库、23个乡镇级主要收储库的"1.3.23"三级仓储管理体系，成为全省第一个完成国有仓储专项规划编制的地级市。

二是启动常州粮食流通信息管理系统项目建设。为加快全市粮食信息化水平，创新粮食行政管理模式，常州粮食流通信息管理系统项目已正式启动，将踏上常州智慧粮食建设的新征程。

（2）重大项目。

一是继续开展粮食仓储基础设施建设和维修改造，重点加强对武进10万吨级中心库等重点建设项目的指导和协调。抓住全国新增1000亿斤仓储建设的有利时机，按照专项规划及市政府实施意见，结合信息化建设需要，继续对危仓老库进行维修改造和功能提升，进一步完善全市粮食收储供应安全保障体系。

二是按照业务应用统一规范、信息资源"一数一源"、技术利用开放可扩展的要求，推进全市粮食信息管理系统建设。将常州市的信息化管理由城北库扩展到全市重要涉粮企业，并与江苏省粮食局信息化系统实现有效对接，构建一个全方位覆盖粮食行政管理，从数量、质量、价格、保供等方面动态反映全市粮食储存供应情况，同时兼具粮油质量检测和行政执法功能的信息管理系统。

三是纵深推进放心粮油工程，立足苏北、东北地区，加强优质粮源基地建设。通过鼓励有条件的粮食企业到外拓展，建设优质商品粮基地，延长粮食供应链，夯实市场调控基础，有效平衡常州市日益扩大的供需缺口，为常州源源不断地提供优质粮食，以解决本地目前粮食对外依存度偏高的紧迫局面。

（3）主要业绩。

一是粮食安全保障水平进一步提高。围绕2012年常州市委6号文件“全面完成市县两级地方储备粮食扩储计划”的要求，常州市粮食局广泛调研、精心测算和多方协调，提出了扩大常州市地方储备粮规模的总体方案，并由市政府向省政府上报扩储计划。经省政府批复同意，常州市成为全省第二批落实扩储的地级市之一。按照全市不低于3个月的销量（其中市区保持不低于3.5个月销量）的要求进行粮食储备。常州市的地方储备规模由原来的13.5万吨调整为23万吨，其中，市区由5.25万吨扩至9.24万吨。

二是粮食科技创新成果丰硕。水源热泵低温储粮技术经过连续两年的试点后，2013年在城北粮库全面推广应用，使储备粮成功经受住了夏季长时间、超高温的考验，延长了粮食保管周期，保证了粮食品质，同时节能40%左右。这项技术具有投资少、见效快、适应性强等特点，在湿热地区推广应用具有广阔的市场前景。城北粮库屋顶太阳能光伏发电工程进展顺利，目前工程已全部结束，预计全年发电量达280万度，不仅促进了绿色清洁能源的发展，而且有效利用了粮食储备库特有的丰富的屋顶资源，扩大了光伏企业开辟产品的应用渠道。

三是常州粮食流通信息化开全国先河。2008年，常州城北国家粮食储备库承担了国家发改委、国家粮食局主导的“十一五科技支撑示范项目”（数字化粮库）、“区域粮食流通应用试点项目”（农户结算卡）、“储备粮减损新技术研究与示范项目”（水源热泵低温储粮）3个国家级信息化试点项目，信息化水平一直在全国保持领先，分别获得国家发改委、国家粮食局颁发的“国家信息化试点工程”和“粮食信息化示范单位”称号。

（七）杭州市粮食行政管理部门

1. 机构概况

（1）机构职能。杭州市粮食局行政管理部门为杭州市商务委员会。2013年7月，根据中发〔2013〕9号文件和《关于杭州市部分机构调整备案的函》（浙编办字〔2014〕286号）的精神，设立杭州市商务委员会［挂杭州市粮食局牌子，简称市商务委员会（市粮食局）]。市商务委员会（市粮食局）内设粮食购销调控处、粮食管理监督处2个业务处室，主要职能：贯彻执行国家和省、市粮食购销政策，拟订并督促实施全市粮食流通中长期规划及粮食购销、储备计划；承担全市粮油供需平衡调查和行业统计工作；承担保障粮油的市场供应和粮食应急保障工作，做好市场运行监测、分析和购销预警信息的发布；组织落实财政资助周转粮油数量的检查和资助金额的审核工作；组织落实“订单粮食”任务，会同有关部门管理“订单粮食”价格；组织实施粮食收购市场准入制度，承担粮食收购企业资格许可工作；研究提出市级储备粮油规模、布局、品种结构和动用市级储备粮的建议，编制粮油收购、采购、储备、销售、库存和出入库（轮换）计划等；承担市级储备粮食管理工作，制定储备粮食管理制度；落实市级储备粮食任务，监督、执行储备粮食出库、入库、轮换、移库计划；监督、管理粮食库存数量、质量以及库存实物台账，审核库存损益事项，编制粮食库存实物统计报表；指导粮食仓储设施建设和技术改造；承担市级储备粮食代储企业资格认定工作；承担粮食的防治管理、安全保管工作；承担粮食行业发展规划和行业管理工作；承担粮食行业监督检查及相关行政执法工作；承担粮库的防汛（冻）、防雷、防台风工作。

（2）机构编制。市商务委员会（市粮食局）下设4个粮食管理和经营的直属企事业单位，分别是杭州市粮食收储有限公司、杭州粮油发展有限公司、杭州市粮油中心检验监测站、杭州市粮食后勤服务中心。

2006年，杭州市粮食局被国家粮食局评全国粮食系统先进集体，有3人先后被国家粮食局评为全国粮食系统先进个人。

2. 主要业绩

（1）积极探索新形势下产销合作的“杭州模式”。

第一，粮食产销合作“复制”常态化。自粮食购销体制改革以来，杭州市粮食局采取了“请进来，走出去”的办法，加强政府层面粮食产销合作，为企业搭建产销合作平台，把“杭州模式”粮食产销合作“复制”到全国粮食主产区，分别与黑龙江、江苏、安徽、江西、河南、湖北、湖南等主产省建立长期稳定的产销合作机制。到目前为止，全市共建立粮食生产基地60多个，生产面积达到90多万亩。

第二，粮食产销合作方式多样化。随着粮食产销合作的深入，杭州市粮食局在合作方式上做了积极探索，开创了框架型、合作型、融入型、订单型的多种合作模式。一是框架型。杭州市粮食局分别与黑龙江省牡丹江市、山东省济宁市、陕西省西安市粮食局等签订了战略合作伙伴协议，定期与不定期进行交流，取长补短，合作互赢。二是合作型。为弥补杭州粮源的明显不足，从2003年年初开始杭州市粮食局与粮食主产区洽谈粮食产销合作的又一新模式——储、加、销。关于“储、加、销”产销合作模式，国务院在国发〔2006〕16号文件中充分肯定了这种做法。从2013年起，杭州市粮食收储有限公司与黑龙江省五常山河油米厂开展第二轮为期五年的储、加、销合作，规模为6000吨。2003年，杭州恒天面粉集团有限公司投资800万元，与江苏省阜宁县粮食局合作经营面粉公司。三是融入型。经杭州市政府同意，杭州市粮食收储有限公司于2005年在黑龙江省密山市置地50亩建仓购粮，建仓仓容1.5万吨，并配置日产100吨加工能力的加工车间和烘干设备等设施，在产区直接收购、加工和储存粮食，掌控粮源，确保储备轮换和市场应急供应所需。2014年，杭州富义仓米业有限公司在黑龙江省尚志市投资1.8亿元，15万吨仓容，该项目预计在2015年10月投入使用。四是订单型。随着粮食产销合作力度的加大和杭州市对粮源需求的增加，杭州市粮食局对“订单粮食”政策进行了积极的探索，于2004年提出了订单粮食要在市本级的基础上向区、县（市）和省外粮食主产区延伸。对外延伸订单收购的粮食，用于本级储备的轮换，给予当地种（售）粮大户享受价外补贴。这项政策也是杭州市在同行中率先提出和践行的。

图3-14　坐落于江苏省阜宁县的面粉公司

第三，粮食产销合作粮源稳定化。2000 年“黑龙江精品米油一条街”的鸣锣，标志着杭州粮食市场开始面向全国。为了与粮食主产区建立稳固的粮食产销衔接关系，把产区的粮食引入到主销区，确保杭州粮食供需的平衡，2000 年年底，杭州市粮食局引进黑龙江大米，在杭州世贸中心进行展销推介并取得成功。2001 年杭州江南粮油批发交易市场引进黑龙江粮食主产区的客户和粮源，在市场创办了黑龙江大米精品一条街，把黑龙江的优质大米直接引入杭州的市场，以满足杭州市的消费。2003 年山西杂粮一条街的建立，开创了粮食产销合作的新模式，也在全国粮食系统取得了轰动的效应。目前，市场上有黑龙江、江苏等地 150 多种粮油品牌落户，其中“双兔”、“北大荒”、“秋然”等优质大米品牌就有 40 多个，满足不同层次居民的消费需求。目前，杭州市粮食专业市场有经营户 460 多家，年经营量在万吨以上的有近 50 家。杭州市粮食局还连续 10 年对优秀粮食经营大户进行表彰奖励，奖励范围从大米经营扩大到面粉、油脂经营户及粮油企业。

第四，粮食产销合作储存规范化。为解决杭州储备库容的严重不足，杭州市粮食局探索在粮食主产区开展储备粮委托代收、代储等产销合作模式，即杭州市从储备规模中划出一定的数量，委托粮食主产区的国有粮食收储公司进行收购和储存，给予收购和保管费用；粮权属杭州市粮食收储有限公司。为规范管理，制定了《杭州市市级储备粮代储监管办法》，责、权、利得到了明确的划分。目前，已与江西、江苏、安徽、河南、山东等多家国有粮食收储企业达成委托代收、代储协议，形成了建仓直管、租仓协管、代储监管和代理委托管理模式。

（2）以中心粮库建设为载体，全面提升仓储管理。截止到 2014 年年底，全市中心库仓容达到 70 万吨，其中杭州市本级 23.5 万吨，县市区 46.5 万吨；国家级规范化管理粮食企业 2 家；省“星级粮库”9 个；以粮库信息化、网络化为标志的智能化管理覆盖率达到 100%。

目前正在新建的粮库 3 个。2010 年 12 月，萧山国家粮食储备库迁（扩）建工程正式开工建设，该项目由 10 万吨级粮食仓储区、年吞吐量 50 万吨的粮食物流区、日加工量 250 吨级的粮食加工区和粮食信息中心四大功能区块组成，征地 250 亩，主体工程总建筑面积 53870.6 平方米，概算投资 2.669 亿元，2012 年 12 月底完成并投入运行。

余杭区中心粮库迁建工程于 2012 年 7 月立项，2013 年 9 月开工建设，项目用地面积约 77.7 亩，总投资 2.57 亿元，总仓容 5 万吨，设 300 吨泊位内河码头一个，建成后实现仓储、交易、物流、资源、管理数字化为一体的中心粮库，预计2015年9月将投入使用。

杭州市国家粮食储备库（803地下粮库）扩建工程于2005年立项启动，2010年10月18日动工建设，地下总建筑面积40434平方米，设计仓容5万吨，概算总投资2.963亿元，工程建成后可解决杭州市政策性粮食部分仓容缺口，节约杭州市城区土地资源，降低粮食保管费和轮换费用等，该工程将在2016年投入使用，届时形成10万吨级的仓容，为亚洲最大的地下粮库。

（3）培育市场，全市粮食物流体系网络格局初具规模。杭州粮食物流中心是2004年国家流通业的国债贴息项目，也是杭州市“十一五”规划重大建设项目，中心位于杭州市北大门余杭区良渚镇勾庄，东临京杭大运河，北临绕城公路，西临衢州路，南临宣杭铁路新线，地理位置十分优越，水、铁、公交通条件极为便利，项目占地1085亩，建筑面积25万平方米、总投资14亿元，分五大功能区（粮食交易市场、粮食仓储区、粮油加工区、军粮加工供应区、粮油物流配送区）、两大配套（铁路专用线、运河水运码头），中心建成后将实现年粮油交易量150万吨，年粮油加工量60万吨，粮油仓储量16.8万吨及水路、铁路300万吨的年吞吐能力。杭州粮食物流中心建成投入运行，标志着杭州粮食物流体系网络格局初具规模，全市基本实现“平时粮食供应和调节靠市场”的战略目标。目前，全市有专业粮食市场4家，2014年年底全市粮食专业市场粮油销售量达到257.27万吨，比上年增加4.14%，销售量首次突破250万吨；销售额119.64亿元，比上年增加9.34%。杭州粮油物流中心实现销售量82.78万吨，销售额37.57亿元；网上交易量111万吨，交易额28.5亿元，被国家粮食局命名为国家级粮食物流示范单位。

图3-15 杭州粮食物流中心粮油批发交易市场

（4）防患未然，全市粮食应急保障机制日趋健全。全市各级粮食行政管理部门进一步完善粮食安全应急预案，落实各项应急措施，不断提高应急处置能力。同时，根据企业调整和网点变化情况，按照布局合理的要求，各级粮食行政管理部门及时与相关企业签订新一轮应急供应协议。目前，全市已建立粮食应急供应网点 339 个，应急日加工能力 5202 吨，落实应急粮食运输企业 10 家，日运输能力 3730 吨，大大提高了杭州市粮食应急处置快速反应能力。同时，杭州市粮食局建立了社会周转粮和周转油储存财政资助制度，目前市本级有 11480 吨周转粮和 1500 吨周转油储存规模。

（5）弘扬传统，粮食文化得以传承。为大力弘扬“四无粮仓”和老一辈粮食系统干部职工的优良传统，充分挖掘粮食历史文化资源，杭州市余杭区粮食局在 1953 年全国首创“四无”粮仓旧址内筹建“四无粮仓”陈列馆，经过两年时间的筹备于 2009 年 7 月8 日开馆。该馆是目前国内唯一一座以“四无”粮仓为内涵、粮食仓储为主线的历史陈列馆，涵盖粮食生产、粮油加工、粮油常识等内容，分为四无粮仓的创建和发展历史、粮食仓储、农耕及粮油加工、粮油实物及票证等四个展区，“杂交水稻之父”袁隆平院士为陈列馆题写馆名。国家粮食局、中国粮食行业协会及全国粮食系统同行先后参观陈列馆后，都高度赞扬余杭创建“四无粮仓陈列馆”的举措，为市民提供了一个传承粮食仓储文化，了解粮食知识，弘扬粮食文化的场所。

（八）宁波市粮食行政管理部门

1. 机构概况

宁波市粮食行政管理部门为宁波市粮食局。宁波市粮食局内设 5 个智能处室。机关行政编制 24 名，其中局长 1 名，副局长 3 名，总工程师 1 名，处级领导职数 8 名（含机关党委专职副书记 1 名）。现有实际人数 30 名，其中局长 1 名，副局长 4 名，总工程师 1 名，纪检组长 1 名，巡视员 1 名，副巡视员 2 名，处级以下干部 20 名。市军粮服务管理中心（市粮食局结算中心）1 个，属事业单位，编制人员 8 名，与局机关合署办公。市局直属的白沙粮库、宁波市庄市国家粮食储备库、宁波市甬江粮食收储有限公司、宁波市甬北粮食收储公司、宁波市庄桥粮油批发市场、宁波市粮食局托管中心 6 家企业共有 173 名职工。

8 个县（市区）粮食行政管理机构全面并入商务部门（挂粮食局牌子），内设粮食分管领导和相应专门科室。全市国有粮食企业经过十几年的改革，已基本实现“一县一企”、“一企多点”模式，8个县（市区）设置8家收储总公司，共有职工1166人。全市共有国有粮食企业18家（含独立核算的分公司），职工1459人。

内设机构包括办公室、组织人事处（机关党委合署办公）、购销储备处（行政审批处）、管理监督处和财务处。此外，各县市区粮食主管部门有余姚市商务局（粮食局）、慈溪市商务局（粮食局）、奉化市商务局（粮食局）、宁海县商务局（粮食局）、象山县商务局（粮食局）、鄞州区商务局（粮食局）、镇海区商务局、北仑区商务局（粮食局）。

2. 机构负责人

杜钧宝，党委书记、局长。分管范围：主持局全面工作。

冯沛福，党委副书记、副局长、机关党委书记。分管范围：党建、纪检监察、组织人事、宣传教育、老干部工作、精神文明建设、机构编制、综合治理、群团组织、劳动工资等工作。分管组织人事处、机关党委。

程宏友，党委委员、总工程师。分管范围：粮食购销储备、军粮供应、粮食安全责任制考核、粮食流通、产销合作、应急体系建设等工作。分管购销储备处。

颜华，党委委员、副局长。分管范围：市本级中心粮库建设、市粮食现代物流中心项目筹建、粮食质量安全监管、安全生产、国有资产监管、直属单位维修项目审批管理等工作。分管管理监督处。

林洁，党委委员、副局长。分管范围：局情况综合，机关行政事务、后勤管理、文秘档案、机要保密、提案议案、信访、扶贫等工作。分管办公室。

徐建国，党委委员、副局长。分管范围：财务结算、审计审核、直属单位年度经济目标考核、机关和直属单位工会等工作。分管财务处。

黄华斌，党委委员、纪检组组长。分管范围：负责纪检组工作。

3. 年度重大事项

（1）重大政策规划。根据宁波市“十三五”规划编制工作要求，由宁波市粮食局负责《宁波市“十三五”粮食流通基础设施建设规划》编制工作，具体工作已经启动，预计2015年年底前完成。

（2）重大项目。宁波市中心粮库一期工程项目，已列入国家重大工程，是宁波市重点工程项目，由宁波市粮食局牵头组织实施，宁波市甬江粮食收储有限公司作为建设单位，承担具体建设任务。该项目位于江北区洪塘街道旧宅村，用地面积为49548平方米，总仓容4.5万吨，总建筑面积15018平方米，其中平房仓7栋，建筑面积10815平方米，临时粮仓、机械库建筑面积1545平方米，综合楼建筑面积2249平方米，变配电间、门卫、机房及一站式服务等建筑面积409平方米，同时建设道路、绿化、给排水、气调通风、粮情检测等配套设施。总投资26047.06万元，其中，市财政拨款18047.06万元，其余由宁波市甬江粮食收储有限公司通过拆迁置换方式解决。

4. 主要业绩

（1）保供稳价措施有力。

第一，搞活粮食流通，充分发挥粮食市场保供稳价作用。2014年全市粮食市场繁荣，品种丰富，价格平稳，交易活跃，秩序井然，是历年来最平稳的一年。以市粮油批发市场为中心，余姚泗门粮食集散地、宁海农批市场为两翼的有形粮食市场持续有效地发挥着调节市场供求的功能。全年成交粮油49万吨，其中粮食48万吨，食油1万吨。宁波网上粮食市场成交数量达40万吨，交易额10.3亿元。目前，口粮供应主要由粮食批发市场、粮食加工企业和大型连锁超市“三驾马车”为供应主体的局面已初步形成。口粮供应的集约化水平大大提高，有力地保障了口粮质量安全。

图3-16　宁波市粮油批发市场

第二，落实补贴政策，助推优质粮源入甬交易。确定了市内20家粮食骨干企业具备费用补贴申报资格，其中17家企业从东北地区采购的2013年新产粳稻（米）和玉米数量为17.05万吨，其中粳稻（米）11.4万吨，玉米5.65万吨，补贴金额2387万元。

第三，巩固产销合作，推进粮源采购基地建设。按照“政府引导、部门协调、市场运作，企业操作”原则，2014年各地继续根据“远交东北大粮仓、近联毗邻产粮省、扶持民营企业参与”的思路，以市场为导向，以利益为纽带，巩固与主产省的粮食产销合作关系、推进合作粮源采购基地建设。一是国有粮食购销企业在巩固省际粮食产销合作传统项目上有新进展。市本级首次与黑龙江省金谷粮食（集团）股份有限公司开展玉米储销合作；鄞州与黑龙江省五常市民乐乡农业合作社建立优质粮源采购基地。二是鼓励帮助民营企业在主产区建立稳定的粮食购储加工基地有新突破。其中宁波小清河粮油有限公司在黑龙江省农垦八五三农场已建成8万吨、续建16万吨的粮食收储仓库，号称“甬商粮仓”，为获得第一手黑龙江粮源打下了扎实的基础。三是积极探索在东北等交通便利的地区设立粮食储存基地有新举措。初步与黑龙江、吉林、河南等主产区粮食局达成代储（租仓）合作意向。

第四，坚持质量至上，切实做好军粮供应保障工作。认真贯彻“以兵为本，服务部队”的宗旨，围绕提升军粮综合保障能力，提高军粮供应管理水平的中心任务，各地狠抓了供应粮油质量管理，做到了“三统一，二定点”并严格监管，确保供应质量安全；加大了应急保障机制建设，着力构建“平时服务，急时应急，战时应战”的全天候军粮供应保障体系。

（2）强农惠农政策全面落实。主要包括：

第一，及时出台订单粮食收购政策，让农民预期收益“种前早知道”。2014年全市累计收购粮食23.33万吨，同比增加5370吨，增幅达2.36%，再创粮食市场化改革以来的新高。

第二，攻坚克难，努力做到农民余粮应订尽订。由于粮食市场购销价格倒挂，农民对订单需求骤增，各级粮食部门积极做好政府参谋，主动与当地农业部门、财政部门、重点乡镇等进行沟通和协商，研究完善今年粮食订单签订方案。努力提高粮食订单的精准性和指向性，把粮食订单真正落实到本地种粮农户身上，让政府的惠农扶农强农政策真正让种粮农户享受到，切实保护农民种粮积极性。

第三，开展优质服务，大力推广“一站式”机械化收购。2014 年全市共投入资金 775 万元，通过一系列方便农民售粮的优质服务措施落实，从 2014 年粮食收购满意率调查反馈情况看，农民对粮食部门工作满意率达 99% 以上。

（3）粮安工程扎实推进。

第一，确保储备粮油规模、仓储、费用“三落实”。全市地方储备粮（包括先期新增储备规模）5.76 万吨和食油（包括中小包装）500 吨，全部到位，费用落实。做到存储的储备粮中晚稻比例高于 30% 以上，储存的成品粮中晚稻米高于 85% 以上。

第二，粮食物流仓储基础设施建设扎实推进。2014 年县（市）区中心粮库建设成绩斐然，镇海、北仑、宁海、象山和余姚第二中心粮库全面建成并投入使用；市本级中心粮库也在紧锣密鼓中推进。同时加强资产资源整合，结合新型城镇化建设和粮食功能区高产示范区建设和“危仓老库”改造，重新规划仓库布局；积极推进与中心粮库形成一库多点有机整体的区域内粮食仓储物流系统建设。

第三，粮食应急保障能力得到加强。应急加工能力建设有突破，全市已有 4 家国有粮食购销企业拥有日总产 600 吨的加工能力的大米加工厂，打破了国有粮食企业没有应急加工厂的僵局，也为地方储备粮轮换提供了可选择方案。目前已落实应急加工厂 31 家，日加工能力 4370 吨；粮食应急供应网点初步实现了城乡全覆盖，已建立供应网点 328 个；粮食应急运输能力建设得到重视，各地已与 16 家运输企业签订了应急运输协议；确保应急时能“运得出、送得进、供得上”。

第四，依法加强粮食质量安全监管。落实“勤检查、不坏粮”制度，粮情做到 7 天一大查、3 天一小查、雷暴风雨随时查。

第五，库存管理更加规范。2014 年继续认真组织开展粮油仓储企业规范化管理活动，严格贯彻执行各项制度，不断提高粮油仓储管理水平。宁波市国有粮食购销企业库存粮食数量真实、质量良好、管理规范；粮情稳定，粮温正常，没有发现虫粮、霉变粮、发热粮等储粮安全隐患情况，也没有存在大的安全生产隐患。

第六，“智慧粮食”建设初露端倪。市局成立了粮食信息化发展领导小组，已建成的中心粮库都预留了信息化网络接口，部分粮库已推广应用无线粮情测控系统、安全监控报警系统、数据网上报送系统、远程即时现场监管系统和办公自动化系统。

（4）安全生产工作扎实有效。在安全生产工作中，与直属单位层层签订安全生产责任书，做好安全生产责任田“包干到户”工作；及时开好安全生产工作例会，汇总安全生产工作信息，排查安全生产隐患，解决安全生产工作中遇到的各种问题。积极开展“强化红线意识、促进安全发展”为主题的安全生产月活动，认真做好企业危旧房屋排查、整改、修缮工作。全年无生产安全责任事故发生。

（九）嘉兴市粮食行政管理部门

1. 机构概况

嘉兴市粮食行政管理部门为嘉兴市粮食局。

（1）机构职能。负责全社会粮食流通的行政管理；编制全市粮食流通中长期规划和粮食收支平衡计划；保障军粮、救灾粮等的供应和安排；加强全市粮食市场的宏观调控，确保供求平衡，稳定粮食市场；协同有关部门加强对粮食市场和全市粮食质量的监管，指导全市粮食流通的行业管理；负责市级储备粮食的库存安全；会同有关部门负责全市粮食市场供求形势的监测和预警分析，建立粮食应急体系等。

（2）机构编制。

市级机构编制情况。市粮食局是政府工作部门，内设办公室（党委办公室）、购销调控处、监督管理处、财务会计处4个职能处室。行政编制15名（含纪检、监察和后勤服务人员编制），离退休干部工作人员编制2名。实有在编人员15人（其中工勤人员1人）。现有局领导3名（党委书记、局长暂时空缺，党委委员、副局长3名），内设办公室（党办）、购销调控处（南湖区、秀洲区粮食分局）、监督管理处（行政执法处）和财务会计处4个处室。

2015年5月29日中共嘉兴市委、嘉兴市人民政府关于印发《嘉兴市人民政府职能转变和机构改革方案》的通知（嘉委发〔2015〕12号文），确定将市粮食局与市商务局合署办公。

县（市、区）机构编制情况。5个县（市）均设有粮食行政管理机构，海宁市因同时承担粮食流通和三产服务管理职能，称海宁市服务业发展与粮食局；平湖市粮食局与平湖市商务局已于2015年5月起合署办公；嘉善县和海盐县粮食局为事业局；桐乡市粮食局目前为独立政府部门。南湖区和秀洲区未单独设立粮食局，两区涉及粮食流通的行政管理工作绝大部分由市局直接办理，部分工作经市政府协调由两区农经局协助市粮食局开展。

2. 机构负责人

屈达贵：局党委委员、副局长，分工职责：协助局长负责粮食行政执法、粮食流通监督管理、粮食安全生产和粮食行业发展工作。分管监督管理处（行政执法处），联系市粮食行业协会。

周龙顺：局党委委员、副局长，分工职责：协助局长负责粮食购销、粮食储备、粮食产销合作、粮食应急（军粮）供应、统筹城乡综合配套改革工作。分管购销调控处（南湖区、秀洲区粮食分局），联系市粮食结算中心、市粮食收储有限公司、市军粮供应站、市粮经学会。

马俊：党委委员、副局长，分工职责：协助书记、局长负责组织、人事、纪检、宣传、党务、群团、老干部、信访、信息、保密、财务工作。分管办公室（党委办公室）、财务会计处。

3. 年度重大事项

（1）重大政策。

继续实行粮食安全责任制考核：把粮食生产指标、发展旱粮生产任务、粮食生产功能区建设、粮食高产创建任务等列入省粮食安全责任制考核内容。嘉兴市粮食播种面积为 273 万亩，占全省的 14%；总产量 121 万吨，占全省的 15. 12%；新增旱粮面积 1. 5 万亩，占全省的 5%。

调整地方粮食储备规模：《浙江省人民政府办公厅关于进一步增加地方粮食储备规模的通知》，嘉兴市地方储备规模新增 131%。根据省政府文件要求，新增储备分三个时间点落实到位，即 2015 年 3 月底前落实先期新增储备，其余新增规模分 2 年到位，其中 2016 年 3 月底前到位 50% 以上，2016 年年底前全部到位，80% 储备粮由国有粮食企业在省内承储。

执行国家小麦和稻谷最低收购价政策：2015 年生产的早籼稻（三等，下同）、中晚籼稻、粳稻和小麦最低收购价分别为每 50 公斤 135 元、138 元、155 元和 118 元，保持 2014 年水平不变。

（2）重大项目。

经嘉兴市发改委《关于嘉兴市本级中心粮库迁建工程项目建议书的批复》同意，市本级中心粮库实施异地迁建。项目选址充分考虑嘉兴的粮食安全供应保障和粮食功能区建设分布实际，与嘉兴市本级地方储备粮“一库三点”（1个中心库，3个收纳点）整体布局相呼应，形成覆盖市本级产粮区域的库点均衡布局。

项目占地170亩，新建21米×60米的高标准平房仓20幢，总仓容约100000吨；配套辅助生产用房和生活用房；军粮供应站一个；1500吨地方食用油储备罐及配套的泵房、输油管；码头及机械设施设备；场地硬化、绿化等室外附属工程。总建筑面积42104平方米，投资估算24900万元。

项目建设将充分利用我国粮食储藏技术发展进步的成果，在接发工艺装备、储粮工艺装备及粮库信息化、新技术应用等方面将积极参照国家正在修订即将发布的《粮食仓库建设要点》，力争使建成后的中心粮食储备库成为集“四散化”、“四合一”升级新技术为一体的绿色、智能化粮库。带动并进一步提高全市粮食安全储备的能力，更好地完成粮食收购工作，保护好农民的种粮积极性，确保区域地方粮食安全。

该项目预计2016年年末建成并投入使用。

4. 主要业绩

粮食安全责任制考核获优秀奖：2015年2月，浙江省政府在杭州召开全省粮食工作会议，对获得2014年粮食安全责任制考核优秀单位绍兴市、衢州市、嘉兴市给予表彰。浙江省实施粮食安全责任制考核6年来嘉兴市5次获此荣誉。

2014年全社会粮油供需平衡调查情况：粮食生产稳定发展、粮食消费继续下降、粮食市场购销活跃、供需矛盾依然存在。2014年全市粮食产需缺口163.62万吨，比上年减少28.96万吨，粮食对外依存度达57.22%，比上年下降约1个百分点，其中玉米和大豆缺口达141.66万吨，占86.58%。

成立网上粮食市场：2014年5月27日，嘉兴市与杭州国家粮食交易中心合作正式成立杭州市国家粮食交易中心嘉兴分中心，2014年共为7家省内粮食购销企业委托网上粮油销售挂拍共18笔，数量达6.3万余吨，成交金额1.76亿余元。

推进智慧粮仓和生态储粮建设：全市中心粮库均已安装集通风、环流熏蒸、控温、粮情测控、库区安防等集成控制系统。市中心粮库完成了富氮低氧气调储粮设备的安装并投入使用，2014年对7个仓1.5万吨粮食进行充氮储藏成效明显，为全市推广应用起到示范作用。

继续做好农户科学储粮减损工作。组织开展农户科学储粮装具小粮仓储粮的成效调研监测，加强对农户科学储粮的服务指导，深入乡村进行农户储粮知识的宣传和培训，向农户发放安全储粮技术科普手册200余册。积极推广农户小粮仓安全储粮的有效方法和良好经验，促使农户用小粮仓储粮真正能够减损增收。2014年市本级重点在秀洲区再次推广农户科学储粮小粮仓1000余套，嘉兴市今年预计推广达4000余套，一年可为农户减损增收近60万元。

完善粮食订单政策。对用于储备粮轮换的“订单粮食”实行价外奖励，在订单区域、对象，订单品种数量，订单粮食质量标准，订单奖励政策和订单签约步骤等方面制定了较为成熟的粮食订单政策，建立了订单粮食信息管理系统，形成了一套规范、透明的粮食订单工作机制。2014年嘉兴市“订单粮食”价外奖励提高到每斤0.12～0.20元。预购定金发放范围逐年扩大，2014年向55户种粮大户发放预购定金217.8万元。粮食订单政策切实保护本地农民的种粮积极性，保障储备粮轮换粮源。为应对粮食收获期间恶劣天气和种粮大户烘晒难的突出问题，确保订单粮食顺利入库，开展“代农烘粮”业务，到2014年秋粮入库前，全市国有粮食企业烘干设备总数达171套，单批烘干能力达到2400吨，基本满足了订单粮食烘干需要。

稳固粮食产销合作关系。近年来，嘉兴市粮食对外依存度超过50%，粮食缺口品种主要以玉米、大豆等饲料用粮为主，占粮食总缺口的85%。为满足市场需求，通过与主产区的产销合作，在更大范围内谋求嘉兴市的粮食供给保障，让全体嘉兴人民在任何时候都“有饭吃，吃好饭”。按照“政府推动，市场调节，企业运作”原则，嘉兴市各级粮食行政管理部门加大对主产区涉农涉粮项目的支持、服务力度，引导嘉兴企业与粮食主产区开展粮食产销合作，建立相对稳定的粮食基地和粮食贸易关系。到2014年年底全市建立省外粮食生产基地53.77万亩，与黑龙江、江苏、甘肃、吉林、安徽等省14个单位建立了产销合作机制，年粮食采购量达20万吨以上。

应急能力不断提升。市本级及所辖五县（市）编制了粮食安全应急预案，由当地政府印发。编制粮食安全应急预案操作手册，每两年修订完善一次。2008年起每年组织粮食应急预案培训和演练，及时发现存在的问题和不足，进行调整和补充，提高预案的可操作性。到2014年全市落实应急供应网点115家，应急加工能力1700吨/日，有力地保证了粮食市场的应急供应，增强了政府应对市场异常波动的能力。

抓好粮食数量质量安全监管。根据国家粮食局工作部署，2008年起按要求每年开展粮食检查，通过企业自查、全市复查、全省交叉抽查，进一步保障了嘉兴粮食库存数据真实、质量状况良好、库贷挂钩合理、仓储管理规范、资格检查到位。积极创新粮食质量安全监管思路，突出抓好收获粮食质量卫生抽检与加强收购环节粮食检验、组织粮食库存年度检查与配合做好质量卫生安全抽检、深化“星级粮库”创建与加强库存粮食日常监管、强化粮食经营索证索票制度与落实粮食销售出库检验“四个相结合”，督促全市国有粮食企业认真履行入库粮食质量检验制度。积极参与市消费者保护委员会、市食品安全委员会组织的“3·15”维权宣传活动和“食品安全宣传周”活动，现场发放宣传资料、回答市民提问、向市民赠送粮油食品安全科普资料，引导民众重视粮油食品安全，树立健康、正确、节约的消费理念。

（十）舟山市粮食行政管理部门

1. 机构概况

舟山市粮食行政管理部门为舟山市商务局。2013 年下半年起，推进机构改革工作，在整合原舟山市商务局和原舟山市粮食局的基础上，设立舟山市商务局，挂舟山市粮食局牌子。划入原舟山市商务局和原舟山市粮食局的职责。重新设立办公室、综合处、商贸发展秩序处（电子商务处）、市场建设调节处、粮食购销调控处、粮食储备管理处、对外贸易处（服务与公平贸易处）、外商投资处（开发区处）、对外投资与经济合作处和行政许可服务处 10 个内设机构。有序推进局属事业单位改革，重新核定舟山市商务促进中心职责与人员编制，原 WTO 舟山咨询服务中心更名为舟山市国际贸易咨询服务中心，撤销舟山市粮油质量检测中心，将粮油质量检测职能交由舟山市军粮供应中心承担，舟山市军粮供应中心增挂舟山市粮油质量检测中心牌子。推进国有粮食企业改革。2014 年 12 月，舟山市粮食局直属粮库吸收合并舟山市军粮加工中心。舟山市粮食局所属国有粮食企业缩减至 4 家，分别为舟山市粮食局直属粮库、舟山市粮食资产经营有限公司、舟山市粮食收储有限公司、舟山市普陀山宝陀粮油公司。舟山市粮食局下辖县（区）粮食局 3 个，分别为普陀区、嵊泗县和岱山县。县（区）粮食局因机构改革，从原县（区）发改局撤并至县（区）经信局。

2. 机构负责人

薛剑波，党组书记、局长。主持市粮食局全面工作。负责全局性工作的部署、协调和指导。分管干部人事、审计以及国有资产监管等工作。

陈国权，党组成员、副局长。协助局长分管储备粮管理、市场监管、安全等工作。分管监督检查管理处、业务处（行政审批处、军供处）（储备粮管理、行政审批等），联系市粮食收储公司、直属粮库。

陈锋，党组成员、副局长，协助局长分管军粮供应和加工、购销业务、市场开发和粮食安全责任制考核等工作。分管业务处（行政审批处、军供处）（储备粮管理、行政审批除外），联系军粮供应中心、军粮加工中心、市粮油质量检测中心。

潘玉友，党组成员、副局长，协助局长分管粮食物流、机关后勤保障、公共卫生、工会等工作。分管办公室（监察室），联系普陀山宝陀粮油公司、市粮食行业协会、市粮食经济学会。

3. 年度重大事项

（1）重大项目。

一是舟山国际粮油集散中心集散功能进一步完善，投资6000多万元新建了一条1200吨/小时入库输送线，改造了出库装船输送线，使之出库装船能力达到1200吨/小时。

二是坐落在舟山国际粮油产业园区内、投资1.36亿元的浙江省舟山储备中转粮库8万吨浅圆仓全面投入使用。

三是投资9389万元、仓容为3万吨的普陀中心粮库主体工程基本建成。

（2）主要业绩。

一是储备结构有了改善，保障能力有了新的提高。经过相关部门的共同努力，2014年全市晚粳、晚籼储备比上年增加1.12万吨，比例达到24.59%（上年是12%），这个比例尽管在省内是比较低的，但从舟山市纵向来看是储备结构最好的一年。另外市本级、岱山、嵊泗分别建立了一定的应急储备。并且市本级和岱山还通过出台政策鼓励、引导粮食经营加工企业增加经营库存，提高了应对市场风险的能力。

二是落实粮食购销政策，地产粮收购有新的举措。针对市场粮价下行，舟山市粮食局在2014年3月就制定出台了粮食最低收购价执行预案和订单收购政策，通过订单收购保障种粮大户有粮卖得出，并且创新服务举措，提供包装物，实行运费补贴和上门检测水分和质量，真情助农服务，确保收购顺利进行。同时，把收购超过储备计划部分的粮食全部作为政府临时储备，既解决了农民卖粮难的问题，又增加了本地市场的有效供给。

三是推进安全体系建设，应急保障能力上有新提高。主要包括：①完善了应急预案。在市、县（区）粮食应急演练的基础上，根据机构改革后行政区划和人员变动较大的实际情况，及时修订、完善了粮食应急预案、操作手册和具体的应急处置方案，进一步明确干部职工在应急处置中的岗位职责。②提高了应急能力。浙江泰丰粮油食品有限公司建成200吨/天的加工生产线，并纳入应急加工；嵊泗建成了30吨/天的应急大米加工厂。此外还出台补助政策，对列入应急加工的经营企业（户）按加工能力进行财政补助，以保证其设备完好，随时能够投入应急加工。③调整了应急网点。根据岛屿和人口集聚以及供应网点的变化情况，及时调整了应急供应网点，其中市本级改由规模较大、经营稳定的连锁超市承担应急供应任务。

四是扎实做好军供工作，保障军粮供应上有新提升。主要包括：①坚持军供质量标准，管理制度进一步规范。舟山市粮食局完善了军粮采购、运输、加工、保管、出入库、检验、售后等相关环节的管理规定，建立了军粮质量监管机制及追溯制度以及军地联合检查制度，实现了军供粮食质量全过程、全方位、无缝化监管，做到了军供粮源采购渠道正规、安全、可靠。全年军粮供应质量稳定，数量保证。②满足部队应急需求，保障能力进一步提高。近年来，驻舟山海军舰艇部队执行远航应急保障任务日益频繁，出海距离越来越远，时间越来越长，为了保障军粮应急供应，舟山市粮食局完善了低温仓、真空包装等设施。同时，在国家和省粮食局以及市财政的支持下，定海军粮供应站二期工程，落实了资金拼盘，现已进入土建工程。③不断创新服务举措，服务能力进一步提升。舟山市粮食局始终把“官兵满意不满意、部队方便不方便”作为衡量优质服务的重要标准，对服务部队的内容和途经进行了探索。积极开展“粮油科技进军营”活动，专门组织部队司务长进行专题培训，向部队宣传粮油营养知识和科学储粮方法，积极倡导均衡膳食、谷物优先、粗细搭配的科学饮食理念。

五是发展粮食集散产业，打造粮食基地上有新发展。2014年，舟山国际粮油集散中心进口粮集散、加工以及基础设施建设稳步推进，功能进一步完善，投资6000余万元，增加了一条1200吨/小时的入库输送线，出库输送线经改造后也达到1200吨/小时。出入库效率大幅提高，并可随时进行船船减载、入库储存和出库装船作业。全年集散中心接卸进口粮食400万吨。

（十一）衢州市粮食行政管理部门

1. 机构概况

衢州市粮食局是市政府主管粮食工作的工作部门，内设办公室、人事教育处、购销调控处、管理监督处、行政审批服务处和监察室等6个处室。主要职责包括贯彻执行国家和省、市有关粮食工作的方针、政策、法规，承担有关粮食流通和储备粮食管理的政府规范性文件的起草和组织实施；贯彻落实粮食安全行政首长负责制，加强对粮食安全问题的研究，深化粮食流通体制改革；承担全市粮食流通市场调控的具体工作，完善粮油储备管理，建立健全粮食市场监测预警和应急管理机制；加强粮食市场体系建设，推进粮食产销合作和粮食现代物流发展；维护市场稳定，提高全市粮食供应保障能力，确保粮食安全。

近年来，按照市委、市政府的总体部署和要求，衢州粮食工作围绕“在四省边际率先崛起，力争走在全省前列”的工作目标，坚持储备调控和市场调节相结合，主动做好保安全和谋发展两篇文章，不断开拓创新，大力发展粮食电子商务，积极发展粮食物流，为保障区域粮食安全做出了重要贡献，粮食工作成为区域性的一张“金名片”。衢州粮食工作已连续九年被省粮食局评为一等奖，粮食安全责任工作连续五年被省政府评为优秀。

2. 机构负责人

舒财富，党委书记、局长，主持党委、行政全面工作。

罗忠伟，党委副书记、纪检组长，协助党委主持纪检监察工作。分管监察室。

华志才，党委委员、副局长，协助局长分管工程建设项目。负责粮食流通监督检查、平安综治维稳、安全生产、依法行政、法制建设、招商引资等工作。分管管理监督处。

郑文建，党委委员、副局长，协助局长分管物资（服务）采购、审批（执法）事项。负责粮油购销、军粮供应、行政审批、粮安办、对外宣传等工作。分管购销调控处、行政审批服务处。联系市粮食行业协会、市粮食会计学会。

杨风华，党委委员、副局长，协助局长分管财务、人事。负责机关日常政务、人事教育、系统党建、信息化、信访维稳、扶贫结对、老干部和工青妇、粮食文化、精神文明等工作，协助党委分管党风廉政建设、作风建设、效能建设工作。分管办公室、人事教育处、人武部、托管中心。

3. 年度重大事项

一直以来，衢州市粮食局牢固树立创新思维，不断推出新思路、新举措，坚持每年有创新、有亮点、有特色，持续推动粮食工作转型升级。

（1）衢州粮食创新工作力争走在全省前列。

一是率先推出粮食订单预购定金制度，将粮食服务工作延伸到生产领域。衢州市率先推行粮食订单预购定金制度，通过支付预付定金，鼓励种粮农民多种粮，从源头上保障粮源。2014 年衢州市的年早稻粮食订单 5. 68 万吨，为全省的 40%。

二是创新金融惠农服务，引领规模化粮食生产。以“粮食订单”为抓手，率先探索“粮食订单质押贷款”、“种粮农民互保合作资金贷款”，破解粮食生产融资难题。

三是试点“粮食银行”。借鉴银行和商业连锁经营运行模式，率先试点“粮食银行”。2014 年“粮食银行”扩展工作取得了突破，全市设立了六家“粮食银行”。

四是率先开展“最美粮食人”评选活动。近年来，衢州各行各业涌现出许多最美人物，为弘扬衢州最美精神，市粮食局开展了“最美粮食人”评选活动，在全市粮食科技、生产、加工、流通、储存、机械制造、金融服务等各个范围，挖掘出了一批在粮食战线上的“最美”工作者。

（2）立足本级，大力发展衢州粮食物流。

一是创办粮食批发市场，集散天下粮食。粮食流通市场化改革后，市粮食局积极兴办粮食批发市场，做好“天下粮食，衢州集散”的文章。自 1999 年创办以来，衢州粮食批发市场从“马路市场”发展成为占地 114 亩，营业用房面积 2. 54 万平方米，仓容 5 万多吨的专业市场。目前，市场经营户 120 多家，经营品种 60 多种，年成交量近 78 万吨，成交额突破 25 亿元，辐射全省及国内 20 多个省市，成为浙江省连通其他省市粮食物流的重要枢纽，从区域性粮食大市发展成为全国性粮食专业市场。

二是发展粮食电子商务，实现融合发展。中国网上粮食市场经过十余年来的发展，网上竞价交易已成为浙江省储备粮轮换的主流模式，累计实现交易量 320 多万吨，交易额约 77 亿元，成交量和交易额年平均增长速度分别约 72. 85% 和 87. 55%。现有注册会员 3900 多家，其中正式交易会员 1400 多家，分别来自全国 15 个省（市）20 多个地区现货市场加盟粮网，已有23个分会场，市场触角已逐步向全国延伸。创办于2010年的“早稻网上交易会”已逐步发展成为“汇聚粮商、连接产销、发现价格、服务流通”的早稻网上交易平台，会上的成交价成为区域性早稻价格风向标，基本形成了以粮网平台为核心，具有区域性和权威性的早稻网上交易中心。

三是推动粮食物流项目建设，打造区域物流中心。浙西粮食物流中心占地500亩，概算总投资3.5亿元，是省市重点建设项目，先后被国家发改委列为全国《粮食现代物流发展规划》浙江两个内陆城市散粮物流节点之一，被列入省服务业重大项目计划和省政府“三个千亿工程”行动计划。按仓储、加工、交易、信息“四位一体”现代粮食物流和公铁水联运的功能进行设计，建成后将形成14.3万吨省市仓容储备库，4万吨站台交易库、500吨储油罐，60万吨吞吐能力的铁路专用线，100万吨批发交易市场及200万吨网上交易平台。

（3）用创新思维，推动粮食工作转型。衢州市粮食局坚持每年有创新，每地有亮点，保持粮食工作走在前列。加快浙西粮食物流中心项目建设进度，尽早实现粮食批发市场的搬迁，并不断完善功能，优化服务环境，集聚资源要素，加快打造集仓储、加工、批发、信息“四位一体”的粮食物流园区。推动中国网上粮食市场的转型升级，结合粮食批发市场和中国网上粮食市场的发展要求，按照形成粮食物流产业化和优化物流服务，实现服务增值的思路，加快加工、整理、中转服务区块建设，进一步提升物流服务功能。要按照平台运营商的目标，加大软硬件投入，大力发展中国粮网分会场，拓展服务领域并向终端消费方向发展。超前谋划，在市场搬迁中实现管理方式方法的转型，坚持“六位一体”和“四散化”要求，推动各类要素的集聚，增强粮食物流中心的承接力、辐射力和影响力。

（十二）湖州市粮食行政管理部门

1. 机构概况

湖州市粮食行政管理部门为湖州市商务局。湖州市粮食局挂牌设置在市商务局。

主要职责包括：①贯彻执行国家和省、市有关商贸和粮食工作的方针、政策、法规；研究商贸和粮食经济发展趋势，拟订扩大消费需求、开拓国内外市场发展战略；拟订推进商贸和粮食体制改革方案，拟订商贸和粮食经济中长期发展规划，负责市本

图 3－17　湖州市粮食局

级“菜篮子”工程日常管理工作，落实粮食安全责任制。②负责商贸流通产业促进体系建设，推进商贸流通产业结构调整，推进连锁经营、现代会展、电子商务等流通方式发展；牵头组织商贸服务业推进工作，指导社区商业发展，培育大型流通企业，促进中小流通企业发展；拟订并组织实施全市成品油分销体系、煤炭、典当、拍卖等行业发展规划，负责成品油、煤炭、典当、拍卖经营许可，对其经营资质、市场运行和经营活动进行监督管理；推广使用甲醇汽油等替代燃油；监督管理内资直销、商业特许经营等特殊流通行业；负责煤炭应急储备管理；负责餐饮服务业的行业监管；推进再生资源回收体系建设；推进流通标准化、信息化建设。③负责拟订商品市场的规划；指导大宗产品批发市场规划和城乡商业网点规划、商业体系建设，推进农村市场体系和农产品现代流通体系建设，组织实施农村现代化流通网络工程，推进农产品市场升级改造；对有关特殊流通行业进行监督管理。④负责建立健全生活必需品市场供应应急管理机制，按分工对重要消费品储备进行监督管理；对生活必需品市场运行和商品供求状况进行监测分析，调查分析相关商品供求价格信息，进行预测预警和信息引导；组织实施重要消费品市场调控和重要生产资料流通监督管理；推进市场信息平台和营销网络建设；负责生活必需品市场运行调节，监测分析商贸经济运行状况。⑤参与整顿和规范市场经济秩序的相关工作；拟订规范市场运行、流通秩序的政策；按分工承担商务领域综合行政执法，配合有关部门开展打击侵犯知识产权、商业欺诈工作；监督管理生猪定点屠宰和酒类流通相关工作；监督管理汽车报废更新、二手车流通及废旧物资回收等工作；推动商贸领域信用建设，指导商业信用销售，建立市场诚信公共服务平台；组织商贸、粮食等重要会展活动；审核中小商贸企业融资担保费用补贴资金；加强对商贸、粮食等方面国有资产的监督管理。⑥负责市粮食安全工作协调小组的日常工作，落实市政府统一领导下的粮食工作县（区）政府分级负责责任制；承担全市粮食流通市场调控的具体工作，负责编制并组织实施全市粮食流通、购销、储备等计划；指导、协调“订单粮食”等政策性粮食购销和粮食产销合作；对贯彻执行国家和省、市粮食购销政策的情况进行督促检查；负责粮食市场行情的分析、购销预警信息的发布和相关应急措施的落实；保障军队粮食供给；指导全市粮食流通行业发展；承担全社会粮食流通统计工作；指导全市粮食仓储和现代物流建设；配合有关部门管理市粮食风险基金；负责粮食收购企业资格许可的核查；对粮食收购、储存环节的质量安全进行监督管理；配合有关部门开展粮食质量标准管理工作；落实省、市政府下达的储备粮食任务，负责市级储备粮食管理，指导、督促下级粮食部门落实储备任务并做好相关管理工作。

根据上述职责，湖州市粮食局内设 9 个机构，分别是：办公室、组宣人事处局离退休管理中心系统党委、局纪检监察室、综合处、行政审批处、贸易流通处、粮食调控处、市场发展处和财务统计处。

2. 机构负责人

褚连荣，党委书记、局长，主持党委、行政全面工作。

邵屹，党委副书记、副局长，协助党委书记、局长负责机关行政事务、行政法规、信访、商务发展规划、商品交易市场培育发展、市场运行与调节、食品安全、妇联等方面的工作。分管局办公室、市场发展处。

钱树春，党委副书记、副局长，协助党委书记、局长负责党务、人事、离退休干部、粮食、双拥、综合维稳、人民武装等方面的工作。分管局组宣人事处、粮食购销调控处、局直属机关党委。

沈康民，党委委员、副局长，协助局长负责对外投资与经济合作、行政审批、依法行政等方面工作。分管对外经济合作处、行政审批处。

施群英，党委委员、副局长，协助局长负责国内开拓市场、促进消费、品牌培育、商贸服务业推进、成品油市场监管、商贸领域安全生产监管、信用建设。电子商务等方面的工作。分管局商贸发展处、电子商务处。

周军，党委委员，副局长，协助局长负责对外贸易、进出口公平贸易、服务外包、工会等方面的工作。分管局对外贸易处、服务贸易处。

金卫亮，党委委员，副局长，协助局长负责外商投资、开发区、财务管理、国有资产监管、共青团等方面的工作。分管局外资管理处、财务处。

顾仿勤，党委委员，驻局纪检组长。主持驻局纪检组工作。分管驻局见监察室。

3. 重大事项

围绕国家粮食安全新战略，按照《关于建立健全粮食安全省长责任制的若干意见》（国发〔2014〕69号）精神要求，全力做好湖州粮食流通工作。

（1）大力推进粮食仓储设施建设。

为保障新增储备规模的仓容需求，提升全市仓储设施条件，湖州市大力推进粮食仓储设施建设及老库维修改造。全市实施仓储设施新建项目3个，建设仓容6.6万吨，总投资1.8亿元；维修改造项目4个，改造仓容5.5万吨，总投资2500万元。完成此次大规模粮食仓储建设，全市有效储备仓容将超过20万吨，确保地方储备规模的仓容到位。

（2）扩大订单覆盖，增加惠农力度。

按照地方储备粮轮换粮源优先以订单的形式落实到本地的要求，湖州市积极扩大政策性订单粮食覆盖。全市落实订单小麦7600吨（含省级订单5000吨），晚稻订单计划27000吨。并对交售订单粮食实行价格奖励，预计全年发放订单奖励资金1000余万，实实在在助农增收，提高农民种粮积极性。

4. 主要业绩

（1）落实粮食安全责任考核，保障区域粮食安全。坚决落实粮食安全行政首长负责制，根据省政府粮食安全责任制考核要求，主动承担市粮食安全工作协调小组日常工作，组织市级粮食安全责任制考核，层层落实责任，确保各项考核任务的全面完成。多年来湖州市较好地完成了省级粮食安全责任制考核目标任务，确保了全市粮食安全。

（2）管好地方储备粮，确保储粮安全。积极落实省下达储备任务，确保地方储备粮“规模、仓储、费用”三到位。扩大成品粮储备规模，完成省下达任务147%，提升粮食应急保障能力。严格执行储备粮轮换制度，强化储备粮质量把关，改善仓储设施条件，完善仓储管理，确保地方储备粮数量真实、质量良好、储存安全、调用高效。

（3）做好粮食收购，发挥主渠道作用。充分利用“订单粮食”政策，抓好粮食收购。近年来，全市国有粮食收储企业通过“订单粮食”形式，年均收购粮食2.5万吨左右，解决种粮农户“卖粮难”。进一步加强粮食收购监督，落实“五要五不准”的收购守则，有效杜绝“打白条”、“转圈粮”等违法违规行为，维护粮食收购市场稳定。

（4）完善应急网络，提升应急保障能力。积极通过培训、演练，完善粮食安全应急预案和操作手册，提高应急预案的针对性、可操作性、有效性。不断健全粮食应急供应网络，按地域、人口及粮食供需量等情况，合理设立全市粮食应急加工、运输、供应等应急网点，全市落实应急加工企业19家，加工能力2530吨，应急供应网点91个，应急运输企业10家。基本实现各乡镇、街道都配有应急供应网点，各区域内都具有应急加工能力，全市粮食安全应急保障能力得到有效提升。

（十三）绍兴市粮食行政管理部门

1. 机构概况

绍兴市粮食行政管理部门为绍兴市发展和改革委员会（粮食局），内设粮食购销调控处、粮食管理监督处，直辖绍兴市粮油质量检验监测站、绍兴市储备粮管理有限公司、越州粮食批发市场。

主要职责包括：贯彻执行国家、浙江省有关粮食工作的方针、政策、法规和规章；指导全市编制粮油购销、调拨、库存和进出口计划；指导全市粮食收购和市外调拨工作，组织指导全市城乡粮油供应，保障军需民食；组织指导全市储备粮油的收购、储存、保管和销售；负责对全社会粮食流通的管理，具体组织实施粮食收购资格的行政许可，依法组织对粮食流通领域的监督检查并依法开展行政处罚；组织指导全市粮食流通体制改革，推行现代企业制度，指导全市粮食行政主管部门加强企业管理；指导和协调全市粮食仓储设施及粮食物流建设；指导全市实施农户科学储粮专项；研究提出市本级储备粮的规模和布局，并督促实施。

全市各区、县（市）均设有粮食局，分别为绍兴市柯桥区粮食局，下辖柯桥区储备粮公司、柯桥区粮食总公司、浙江亚太粮油批发市场、绍兴粮网有限公司；绍兴市上虞区粮食局，下辖上虞区粮食收储公司、上虞区粮油批发市场；诸暨市粮食局，下辖诸暨市粮食收储公司；嵊州市粮食局，下辖嵊州市储备粮公司；新昌县粮食局，下辖新昌县粮食收储公司。

2. 重大事项

（1）抓好粮食安全责任考核。2014 年年初做好 2013 年度粮食安全责任制完成情况考核工作，4 月被省政府通报表彰为 2013 年度全省考核优秀单位，获得项目奖励资金 100 万元。2014 年 5 月及时召开市县粮食安全工作协调小组成员会议，分解落实全年的各项考核任务。还联合市农业和统计部门分两次通报春季和夏季粮食作物播种面积情况。绍兴市建立了省、市、县三级粮食生产功能区粮食作物面积统计调查制度。8 月，市政府组成三个督查组开展专项检查。经过上下共同努力，2014 年各项任务完成情况符合年初预期目标。

（2）全力扩大订单粮食规模。一是全市粮食部门与种粮大户签订粮食订单 11.5 万吨，比 2013 年增加 5000 吨。发放粮食预购定金 1324 万元，与 2013 年持平。重点抓好市本级粮食订单政策的协调，全年订单收购量比上年增加 14000 吨左右，基本保证了种粮大户的订单需求。二是全市争取省级订单粮食指标 37500 吨，其中市本级 13100 吨，为市财政节约订单粮食价外补贴 626 万元，用于扩大市本级订单收购数量。三是严格执行小麦、早稻和晚稻最低收购保护价。2014 年市本级、柯桥区、诸暨市三地首次实行小麦订单收购。全年三季订单粮食价格明显高于市价，有利于粮农增收。全年预计收购订单粮食 11 万吨，其中早稻 4.63 万吨，晚稻 6 万吨。

（3）全面落实储备粮增储任务。一是按照中央和省统一部署，2014 年第四季度落实市辖三区第一批增储任务 4.64 万吨。报经市政府批准，对市本级 1.82 万吨增储任务采用委托江苏省金坛市储备库代储的过渡办法，目前已经完成委托代储协议的签订工作，小麦招投标工作已经开始，到 2015 年 3 月底可以全面完成增储任务。二是及时安排年度轮换计划。全市安排 11.77 万吨储备粮和应急周转粮轮换补库任务。全市现有 21.05 万吨地方储备粮库存真实，质量良好，结构合理。

（4）抓好应急保障能力提升。加强应急粮食管理，全市落实 161 家应急供应粮店，1970 吨大米日加工能力，90 个粮食价格监测点。在柯桥区开展粮食应急预案四级响应演练。加强粮食产销协作，全市3家粮食专业市场年成交粮食45万吨以上，建立省外粮食产销协作基地45万亩。加强粮情监测，全年粮食市场价格平稳，市场供应正常有序。

（5）越州粮食批发市场建成运行。经过三年多建设，越州粮食批发市场于2014年7月完成竣工验收。6月，报经市政府批准，绍兴市发改委将越州粮食批发市场委托给市供销总社经营与管理，实行所有权与经营权分离。10月28日市场正式开业运行，招租入场粮食经营户118家，预计年成交量达到20万吨以上。委托经营管理后，认真做好4名粮食市场公司职工的整体处置，确保了平稳过渡。

（6）实施三项执法检查。2014年3～4月，按国家发改委等三部委部署，组织各区、县（市）粮食局120多名业务骨干，对全市7家国有粮食企业、78个储粮库点中存储的235264吨粮食（其中稻谷186026吨，小麦47438吨，玉米1800吨）开展六个方面的检查。结果表明，全市库存粮食数量真实、质量良好、轮换及时、补贴到位、管理健全、执行政策规范。

6～9月，根据全国“转圈粮”专项整治行动的通知要求，组织各区、县（市）粮食局分别对辖区内国有粮食收储企业，81个政策性粮食委托收储库点开展了“转圈粮”专项检查。检查结果表明，绍兴市国有粮食收储企业在执行国家政策性粮食收储和储备粮轮换过程中，不存在“转圈粮”问题。

7～8月，按照国粮局精神，组织抽调50多人对全市101座粮库、57万吨库容的仓房进行了清查，结果表明全市符合安全储粮要求的完好仓容为519513吨。

（7）提升三方面粮库管理水平。深化星级粮库创建。2012年以来，全市粮库认真贯彻对照省粮食局新修订的星级库标准，抓基础，抓队伍，使粮库的管理水平又上了一个新的台阶。2014年3月，绍兴7家三星级以上粮库接受了省粮食局委派的考评组的复评，全部合格。至年底，全市已有1家四星级、6家三星级、3家二星级粮库。

坚持开展粮库规范化活动。每季度一次对市本级所有粮库对照规范化管理细则进行严格的考评，以授予流动红旗的形式提升各粮库的管理水平，提高粮库保管员创先争优的荣誉感。在市本级的带动下，柯桥区粮食局2014年下半年开始也开展了这项工作。

加快推进科学储粮的步伐。柯桥区中心粮库投资700万元，开始富氮储粮技术的改造和应用，以替代储备粮保管中的磷化氢熏蒸技术，逐步达到绿色储粮的要求。

(8) 抓好三条质量监管措施。

2014 年 6 月，会同省粮油质检中心，对全市 2013 年地产库存储备粮进行重金属专项“体检”。全市库存的 26948 吨早籼谷、44447 吨晚粳谷经过扦样检测，无镉、铅、无机砷和汞等重金属严重超标的样品，表明去年绍兴全市地产粮源基本无污染，符合国家食品安全标准。

推进粮油质量检验机构建设。绍兴市粮油质量检验检测站开始正式运行，2014 年不但完成了金华、衢州和绍兴三市储备粮重金属的检测任务，还承担了绍兴市储备粮公司 0.11 万吨小麦、1.2 万吨早籼稻、2.4 万吨晚粳稻的水分、杂质、出糙等的统仓鉴定和所有库存储备粮一年两次的检验检测。与此同时，通过招标程序，完成了该站原子荧光光度计等 4 套共 58 万元设备仪器购置和调试安装。

抓好全市新收获粮食质量调查和品质测报。对全市 18 个镇（乡）、90 个村、450 户农户收获早稻的水分、出糙、杂质等质量指标进行了调查。对 27 个镇（乡）、135 个村、675 户农户收获的晚稻进行了脂肪酸值等品质指标的测报。总体来看，今年全市粮食质量较好。

(9) 组织三次大型活动。

开展“五送”惠农服务活动。2014 年在全市粮食系统开展“五送”（送政策、送订单、送定金、送药剂、送小粮仓）惠粮农专项服务活动，发动全系统粮食干部职工联大户、搞服务，转作风，树新风。4 月 22 日，在绍兴高新区陶堰镇举行全市粮食系统“五送”服务活动启动仪式，推动全市粮食系统为农服务活动全面开展。8 月上旬组织该委机关青年党员干部为种粮大户开展上门收购服务。

举办爱粮节粮宣传周活动。10 月 16 日，由市发改委主办、柯桥区粮食局、平水镇政府承办的绍兴市 2014 世界粮食日宣传活动暨农户科学储粮小粮仓赠送仪式在平水镇成功举行。活动当天，还开展了放心粮油展销，发放爱粮节粮手册，提供粮油知识咨询等形式多样的活动。省粮食局李立民副局长专程参加赠送仪式并讲话。

11 月在上虞中心粮库举办全市粮库消防演练。组织辖区内 7 家粮食仓储企业，开展以消防出水操为主要内容的演练和竞赛，提高粮库保管员灭火的实战能力。各区、县（市）粮食局局长、分管局长、粮食收储公司经理均到场观看演练，较好地提升了全系统干部职工的消防安全意识。

（10）履行三方面安全监管职责。

督促各区、县（市）粮食局全面与所属粮食收储企业签订安全生产责任状，明确企业安全生产的主体责任，并实行年度考核。

督促绍兴市储备粮公司在前赵中心粮库改造了粮库排涝系统，新增了排水泵站；对上蒋粮库的围墙进行了整体重砌，全面提高了粮库的防涝排涝能力。在梅雨及台风季节，每天坚持向市储备粮公司发送市防汛指挥部、市气象台发布的风情、汛情、雨情。

督促现场管理。市、县两级粮食部门在粮食收购、储备粮轮换等繁忙季节，经常深入粮库，进行现场安全督查，发现事故隐患，及时下达整改通知书，截至目前全市粮库未发生人身伤亡责任事故。

（11）3500 户农户用上了新型小粮仓。

2014 年年初，通过三方面措施，继续抓好农户科学储粮专项：一是深入调研，要求各区、县（市）粮食局结合春耕生产调查和在签订粮食订单的同时，进一步了解农户对新型小粮仓的需求情况。二是加强宣传，在晚稻登场前夕、10 月 16 日世界粮食日，在柯桥区平水镇举行彩钢小粮仓赠送仪式，广泛向农户分送资料，宣传新型小粮仓的优点和使用方法以及政府的补助政策等。三是传授使用技术，柯桥区粮食局、绍兴市储备粮公司带领技术人员，用敞篷汽车拉着小粮仓到陶堰、皋埠、富盛、平水、稽东等镇乡的部分村子进行实地样品展览和安装使用技术的演示，使农户了解新型小粮仓能折叠、能通风、能除虫、防鼠雀等好处。通过努力，全市 2014 年又为 43 个镇（乡）、365 个村的 3500 户农户配置了彩钢小粮仓，并用它存放今年新收获的晚稻等粮食。到目前，绍兴全市已累计为 13645 农户家庭配置了新型小粮仓。

（十四）合肥市粮食行政管理部门

1. 机构概况

合肥市粮食行政管理部门为合肥市粮食局。

合肥市粮食局负责粮食流通的行政管理、行业指导，监督粮食流通的法律、法规、政策及各项规章制度的执行；依照《粮食流通管理条例》对粮食经营者从事粮食收购、储存、运输活动和政策性用粮的购销活动，以及执行国家粮食流通统计制度的情况进

图 3－18　合肥市粮食局荣获全国粮食系统先进集体称号

行监督检查。主要职责包括贯彻执行国家关于粮食流通和储备粮管理的方针政策和法律法规；起草相关地方性法规规章草案和政策建议：拟订全市粮食宏观调控、总量平衡以及粮食流通的中长期规划、地方粮油储备计划；拟订全市粮食流通体制改革方案并组织实施，推动国有粮食企业改革；承担组织制定有关粮食企业经营资格条件工作；提出全市现代粮食流通产业发展战略建议；拟订全市粮食市场体系建设与发展规划并组织实施；拟订全市粮食仓储、加工和粮食流通设施建设规划；承担全市粮食流通监测预警和应急管理责任；负责全市粮食流通宏观调控的具体工作；指导协调国家政策性粮食购销工作；保障军粮供给；指导和帮助解决灾区、库区移民和缺粮贫困地区的粮食供应，安排以工代赈和国家、省、市重点建设项目粮食供给；建立地区间粮食购销关系，协调产销区粮食余缺调剂；承担市级储备粮行政管理责任，提出市级储备粮的规模、总体布局及收储、轮换和动用建议并组织实施；制定地方储备粮管理的技术规范并监督执行；负责全市粮食流通的行业管理；指导推动粮食产业化发展；执行粮食收购市场准入制度；指导全市粮食流通科技进步、技术改造、新技术推广；负责全社会粮食行业的统计工作；开展粮食流通的对外交流与合作；制定粮食流通、粮食库存监督检查制度并组织实施；负责全市粮食收购、储存环节的粮食质量安全和原粮卫生的监督检查；监督执行粮食储存、运输的技术规范；监督检查市级储备粮的数量、质量和储存安全；会同有关部门监督管理粮食风险基金的使用；制定有关市级储备粮的财务管理制度并监督执行；负责政策性粮食和市级储备粮的利息和费用补贴的管理及拨付；负责市级储备粮的财务审计和监督。负责对市属国有粮食企业继续履行出资人职责，统一对相关国有粮食企业的国有资产进行处置；承办市政府交办的其他事项。

2. 机构负责人

张世军，局长、党组书记。负责市粮食局全面工作。

图 3－19　张世军陪同合肥市市长张庆军调研粮食工作

李大全，党组成员、纪检组长。负责纪律监察、党风廉政建设、政风行风评议等工作。分管监察室。

施平，党组成员、副局长。负责指导安全储粮、粮油质量检验、监督检查、食品安全、防汛、消防、安全生产等工作。联系肥东县粮食局、合肥市粮食局第二仓库、安徽合肥国家油脂储备库、合肥市粮食局中心化验室。

丁党生，党组成员、副局长。负责党务、组织人事、政风行风建设、政务公开、精神文明建设、宣传信息、效能建设、保密、档案、工青妇等工作。分管办公室、机关直属党委、工会。联系庐江县粮食局、安徽合肥禾谷粮油储备购销有限公司。

夏拥军，党组成员、副局长。负责粮食调控、粮油信息、救灾、应急保障、市储粮轮换等工作。分管调控处，粮油信息中心联系巢湖市粮食局、合肥市粮油储运公司、合粮资产运营管理有限公司。

汤和平，党组成员、副局长。负责行业指导、粮食产业化、城乡统筹、依法行政、军粮供应、双拥、美好乡村建设、粮食科技等工作。分管行业管理处（政策法规处）。联系长丰县粮食局、合肥市军粮供应站。

汤雪松，党组成员、副局长。负责财务、审计、资产管理，企业管理、企业改革等工作。分管计划财务处。联系肥西县粮食局、合肥市徽谷粮食资产运营中心有限公司、合肥市饲料公司。

翟如民，调研员。负责局机关后勤保障、离退休干部服务管理、信访等工作。联系包河区粮食局。

陈勇，总会计师。协助夏拥军同志工作。

顾强，总经济师。协助汤雪松同志工作

3. 年度重大事项

近年来，合肥市粮食局扎实做好“广积粮、积好粮、好积粮”三篇文章，紧紧围绕“合肥特色、安徽一流、全国先进”的目标，着力实施“五个一”工程和粮食产业化500亿元跨越工程，全力保障合肥大湖名城的“米袋子”安全。连续4年蝉联全省粮食工作目标考核第一名，多次荣获“全省粮食系统先进集体”称号。

（1）抓粮食收储，保障市场供应。一是多收粮。近3年来，认真落实国家惠农粮食政策，充分发挥国有粮食企业主渠道作用，共收购粮食200多万吨，有效地解决了农民卖粮难的问题，为农民增收近10亿元。二是保供应。全市现有常住人口750万，城市人口490万，年粮食产量和需求量均为300万吨。属产销平衡区。粮食最高库存200万吨，最低库存100万吨。保供稳价任务艰巨。2011年，针对CPI一路走高，发挥地方储备粮调控稳价的作用，8月20日至11月30日，提前轮换、定向限价（1.75元/市斤）销售市级储备粮2.22万吨，取得了良好的社会效益，探索出储备粮提前轮换、动态储备、保供稳价的新路子。三是建网络。完善全市粮食应急供应预案，在全市确定粮食应急加工企业34家、粮食应急供应网点200个、粮食应急配送中心3家，应急供应能力进一步加强。

（2）抓设施建设，守住管好粮仓。一是推进仓库建设。2013年年初，市政府下发了《关于加强粮食仓储设施建设工作的意见》，全市利用3年的时间，新建60万吨高大平房仓，2014年建设40.5万吨。二是加强粮食园区建设。实施“退城进郊”，在双凤开发区投资2亿元，建成占地280亩、仓（罐）容18万吨的物流园区，该库被国家粮食局评为“全国粮油仓储管理规范化企业”。在巢湖市栏杆镇投资1.2亿元，建设占地100亩，仓（罐）容10万吨的合肥粮食产业园，2014年年底可建成投入使用。三是加强储备粮管理。先后出台了《合肥市市级储备粮油入库验收规程》、《合肥市成品粮储备管理工作细则》，全市已建成空调仓6万吨，实现了地方储备粮原粮全部进高大平房仓，成品粮全部进低温仓。3年新增5万户新农村科学储粮示范户，总数达6.5万户。

（3）抓政策机遇，壮大粮食经济。全市拥有国家级龙头企业4家，获中国驰名商标企业8家。有8家成为全国的行业领军企业（全国最大的杂粮生产企业燕之坊、全国最大的麻油生产企业燕庄油脂、全国最大的稻米油生产企业金润米业、全国最大的大米色选机企业美亚光电、全国最大的粮油加工基地中粮（巢湖），最大的粮油购销混合所有制企业光明槐祥，全国最大的工厂化生产米线企业王仁和米线、全国黄酒生产企业第三名海神黄酒）。2013年全市粮油加工业产值317亿元。一是科学统筹规划。2012年，市政府下发了《合肥市加快粮食产业化发展的意见》，规划到“十二五”末，建成10个仓容10万吨以上的粮食物流园区，建成5个超30亿元的粮食工业园区，培育10个省级以上的龙头企业，实现500亿元的全市粮食产业化产值目标，目前产业园区建设正在有序推进。二是争取政策支持。近年来，除争取市政府《合肥市承接产业转移促进现代农业发展若干政策》等四大产业政策扶持外，还先后争取市政府出台了《关于加强市级储备粮油轮换价差收使用管理的意见》、《市粮食系统国有资产处置意见》、《关于加强粮食仓储设施建设工作的意见》等4项粮食专项政策，明确赋予市粮食局管理和处置国有资产收益的权利；明确粮食系统土地出让收益用于粮食产业发展。三是着力做好服务。开展“粮食产业化促进年”等活动，先后为28家省级龙头企业争取省级财政贴息680余万元，共编制推介111个项目进入《合肥市农业固定资产投资项目库》等政府投资计划。四是抓好“两项工程”。2014年上半年市政府出台了《关于实施“放心粮油”和“主食厨房”工程的意见》，计划用3年时间，重点培育扶持5~10家“放心粮油”和“主食厨房”骨干企业，3~5个主食加工配送中心、放心粮油配送中心，规范认定100家放心粮油食品示范店，100~200家放心粮油食品经销店，形成布局合理、诚信便民、规模化、标准化的"放心粮油"和"主食厨房"经营网络。目前，正式确定并挂牌"放心粮油"配送中心2个，示范店8个，经销点5个。新增主食厨房网点近50个，2015年年底竣工投产3个总面积超7万平方米的主食加工配送中心。

（4）抓企业改革，促进转型升级。一是解决企业改革遗留问题。完成了市属粮食企业改革遗留问题的二轮改革，12家粮食企业精减为5家，依法与354名职工解除了劳动合同，成功化解了企业债务8.88亿元，全部解决了"老人、老账、老粮"问题。二是优化整合国有资产。对小、散、旧，效益不高的国有资产进行集中整合，变分散为集中、变劣质为优质、变低效为高效，2012年，对粮食三库破产重组，实现年创收600多万元。2013年，又将一块400平方米房产在公共资源拍卖中心进行拍卖，出让资金全部用于建设10000吨油罐，年经济收益达100万元。三是大力实施"5112"人才工程。"十二五"期间，重点培养5名法人代表，10名企业副职，10名后备干部，20名粮食专业技术人才。建立后备干部队伍和粮食专业技术人才库，适时开展全市仓储和检验专业技能培训和竞赛。四是抓管理促效益。健全内部监督机制，实现财务管理制度化、规范化。近5年来，全市国有粮食购销企业盈利水平始终位居全省前列，2013年实现销售收入20亿元，盈利2677万元。

（5）抓军粮质量，保障部队供应。始终坚持"质量第一、服务第一、信誉第一"的理念，实行军粮采购招标，定点加工，对军粮的供应质量严格把关。2014年，按照招标程序，重新确定了5个定点加工企业，确保军粮供应不断档、不降等、不脱销。2012年，市军粮供应站荣获全国百强军供站称号。已建成3000平方米军粮供应和应急保障中心，正在筹建30000平方米军粮供应大厦，2014年完成拆迁任务。在保障部队供应的同时，加快放心军粮（油）配送中心及其网点设施建设和质量保障体系建设，尽快取得军粮质量管理体系认证，维护并利用好"军供、放心粮油"金字招牌，拓展营销网络，开展了放心粮油进军营、进学校、进工厂、进社区、进农村"五进"活动，受到各方广泛好评。

（6）抓党的建设，引领事业发展。一是领导班子团结有力。坚持以邓小平理论、"三个代表"重要思想、科学发展观为指导，深入贯彻习近平总书记关于粮食工作系列重要讲话精神。把粮食工作嵌入到全市"大湖名城、创新高地"建设的大环境中谋篇布局。班子成员讲团结、顾大局，形成了和谐共事的良好局面。二是加强队伍建设。

认真在干部职工队伍中开展党的群众路线教育实践活动，注重思想政治建设、组织建设和业务建设，激发大家人人爱岗敬业，个个奋发向上的工作热情。注重机关作风建设，制定了一系列管理制度和办法，实行重大工作目标责任制。全系统干部职工认真履行职责，正确行使权力，团结协作、奋发向上，连续 9 年荣获全省粮食行业政风行风建设优秀单位，受到上级机关和社会各界的好评。三是严格落实党风廉政建设责任制。认真开展廉政风险防范管理工作，查找廉政风险点制定防范措施，增强党员干部的廉政意识和拒腐防变能力。始终把“不着火、不坏粮、不死人、不抓人”作为底线，严防死守。近 5 年内全市粮食系统没有发生违法违纪事件或安全责任事故。

近年来，合肥市委、市政府高度重视和关心粮食工作，稳机构、强职能、压担子、给政策。特别是今年把粮食仓储设施建设列入市委常委会工作要点和市政府重点工作进行部署。市人大常委会围绕“粮安工程”专题调研。省粮食局有力指导、鼎力支持合肥粮食工作先试先行，创新发展。

合肥市粮食局认真贯彻“有阳光就要灿烂，有‘由头’就有抓手，不作为就是作孽”的指示精神，自加压力、主动作为、锐意进取。守住管好天下粮仓，继续谱写合肥粮食产业发展的新篇章，以合肥粮食产业发展的新业绩，领取全国粮食系统先进集体的军功章。

（十五）黄山市粮食行政管理部门

1. 机构概况

黄山市粮食行政管理部门为黄山市商务局。根据《中共安徽省委办公厅　安徽省人民政府办公厅关于印发〈黄山市人民政府机构改革方案〉的通知》（厅〔2009〕60 号），设立市粮食局，由市商务局管理。

（1）职责调整。取消已由国务院、省政府、市政府公布取消的行政审批事项。增加制定全市粮食（含食用油，下同）收购市场准入制度的职责。进一步深化粮食流通体制改革，完善地方粮食储备体系，健全粮食监测预警体系和应急机制，提高全市粮食供应保障能力。

（2）主要职责。

贯彻执行国家、省关于粮食流通和储备粮管理的方针政策和法律法规；起草相关规范性文件和政策建议。

研究提出全市粮食宏观调控、总量平衡以及粮食流通的中长期规划、市级粮油储备计划；拟订全市粮食流通体制改革方案并组织实施，推动国有粮食企业改革；提出全市现代粮食流通产业发展战略的建议；拟订全市粮食市场体系建设与发展规划并组织实施；编制全市粮食流通及仓储、加工设施的建设规划。

承担全市粮食监测预警和应急管理责任；负责全市粮食流通宏观调控的具体工作；指导协调国家政策性粮食购销工作；保障军粮供给；指导和帮助解决灾区、库区移民和缺粮贫困地区的粮食供应，安排以工代赈和国家、省、市重点建设项目粮食供给；建立市际间粮食购销关系，协调产销区余缺调剂。

承担市级储备粮行政管理责任，提出市级储备粮的规模、总体布局及收储、轮换和动用建议并组织实施；制定市级储备粮管理的技术规范并监督执行。

负责全市粮食流通的行业管理；指导推动粮食产业化发展；制订全市粮食收购市场准入制度；指导全市粮食流通科技进步、技术改造、新技术推广；负责全社会粮食行业的统计工作；开展粮食流通的对外交流与合作。

制订粮食流通、粮食库存监督检查制度并组织实施；负责全市粮食收购、储存环节的粮食质量安全和原粮卫生的监督管理；监督执行粮食储存、运输的技术规范；监督检查市级储备粮的数量、质量和储存安全。

协同有关部门监督管理粮食风险基金的使用；制订有关市级储备粮的财务、会计制度并监督执行；负责市级储备粮的财务审计和监督。

承办市政府交办的其他事项。

（3）内设机构。根据上述职责，市粮食局设置 3 个内设机构（正科级），分别是：办公室、调控与行业管理科（监督检查科）、财务科。

（4）人员编制及其他。行政编制 9 个，下辖 3 个全额拨款事业单位，编制 12 个。市辖 3 区 4 县 7 个粮食局、8 个粮食直属库。

2. 机构负责人

叶晓明，党组书记、局长。

辛金辉，党组成员、副局长。

陶其明，党组成员、副局长。

3. 年度重大事项

一是全力做好粮食收购工作。开展秋粮产购形势调查，做好资金、仓容和器材各项准备。严格执行国家收购政策，圆满完成市政府和省局下达的收购任务，为储备粮轮换提供粮源保证。

二是扎实做好储备粮管理工作。认真贯彻皖政办秘〔2015〕7号和黄政办秘〔2015〕8号文件精神，做好2014年新增市县级储备落实工作，进一步提升全市粮食安全水平。认真做好2014年储备粮轮换，圆满完成轮换任务。

三是继续实施好“放心粮油”工程和“主食厨房”工程。按照山区粮情实际，因地制宜，突出重点，稳步推进两大工程建设。在2014年工作基础上，2014年力争再建设3~5户“放心粮油”示范店，挂牌2~3户“主食厨房”企业。

四是做好“粮安工程”危仓老库维修改造工作。按照实施计划，完成总投资4490.4万元，改善仓容22.49万吨。通过重点维修、改造升级和恢复重建，完成两批改造计划，全面改善黄山市粮食仓储设施，提升粮食仓储硬件水平。

五是做好粮食供应应急体系建设。围绕山区保供粮工作，进一步健全完善全市粮食应急体系。加强对“堡垒型”应急骨干供应企业和加工企业的监管，完善粮油市场价格预测报警机制，抓好新农村科学储粮工程，继续完善冬季边远山区库区粮食临时应急储备，确保突发事件下“调得动、用得上、能应急”。

六是做好国有粮食企业转型升级增效工作。探索国有粮食企业混合所有制改革，选择一家国有企业开展混合所有制改革试点。加强粮食产业服务体系建设，开展“粮食银行”试点工作，在一到两个区县，试行依托粮食企业加工、仓储、营销网络优势，将现代商业银行经营理念与传统粮食经营方式相结合，试点开展“粮食银行”业务。

七是做好粮食流通监督检查。会同宣传等部门积极开展爱粮节粮宣传，创新方式开展“市民走进粮食园区”主题宣传活动，动员全社会力量参与“爱粮节粮”。抓好政策性粮食监管，以改革思维谋划做好监管工作，加强对粮食收购、储存、运输、加工等活动和政策性粮食购销等方面的监督检查，以确保粮食流通秩序良好，国家政策落实到位。

八是抓好军民融合发展工作。以军粮供应工作为抓手，实现单纯的部队政策性供应向军民兼容市场化、品牌化、产业化供应转变；单纯的米面油供应向主食、副食、调味品综合性供应转变；单纯的日常供应向应急应战、食品安全、以兵为本、军民融合转变。

4. 主要业绩

2014年，全市粮食系统围绕市委市政府决策部署，圆满完成各项目标任务，全年粮食经济运行质量进一步提升，粮油供需平衡有序。

（1）加强粮食市场调控，全年供需平衡有序。全市调入粮食38万吨、食用油2万吨。加强市场监测，做好全市粮油统计，强化储备粮管理，完善行业自律，全市粮油市场平稳有序。

（2）严格执行国家政策，收购数量创近年新高。全市完成收购量132942吨，其中国有企业58820吨，分别占目标任务的265.88%和196.07%，收购量创十年来新高。完成最低收购价政策收购15135吨，按每公斤平均高于市场价0.1元计算，粮农增收151万元。

（3）做好仓储设施建设，提升储粮安全水平。对全市粮油库点进行科学规划，新库建设总投资4180万元，年度完成投资2020万元，建成1.9万吨，正在建设5.6万吨。积极做好全市“危仓老库”维修改造，争取资金3571.2万元，制定方案分三阶段开展维修改造计划。

（4）加强储粮库存管理，全市储粮安全规范。加强储粮规范管理，制定印发《省级储备粮轮换入库验收办法（试行）》。开展仓储企业信息化示范建设，举办全市粮油保管员培训班，举办库存粮食识别代码技术应用培训班，市储备库投入4万余元建成安防远程监控系统。加强行业安全监管，开展火灾隐患专项整治行动，落实防汛保粮措施，加强粮油质量监测监管。全市粮食安全生产良好，各级储粮管理规范、数量真实、质量良好，存储安全。

（5）完善粮食应急体系建设，扎实做好“保供粮”工作。开展“放心粮油”工程，全市投入100万元，建成6个国有“放心粮油”示范店。完善粮油应急体系建设，全市指定国家粮食应急供应点174个、应急加工企业14个、应急配送中心2个，审报“堡垒型”应急骨干企业2个、应急销售网点57个。做好冬季偏远农村地区粮食供应，在边远山区64个乡镇、151个村组，设立170个临时储备点，储备粮食679.5吨，可辐射供应人口32.51万人。开展好新农村科学储粮，发放科学储粮示范仓10071套，比计划数增加25.89%，争取省财政补助241.7万元，惠及42个乡镇、112个村、10071户农户。

(6) 积极争取政策支持，推进粮食产业发展。争取危仓老库维修改造补助资金3571.2万元，省储补贴430万元，区县储费用补贴207万元，农业备灾备荒补贴23万元，仓储建设补助76.5万元，产业化财政专项资金90万元，调入东北玉米财政运费补贴211万元，有力地支持了粮食产业的发展。扎实开展“2000亿跨越工程跨越年”活动，全年完成优质粮油订单面积238814亩，占目标119.4%，优质订单率90%以上；订单收购量35273吨，占任务117.58%；完成粮油加工产值190965万元，占任务119.35%，龙头企业实现产值151565万元，比2013年增长11.5%，实现利税5137万元，比2013年增长50.56%，超亿元产值企业8个。推进“主食厨房”工程建设，全市8家主食企业实现产值52719万元，实现利税2534万元。

(7) 深入宣传政策法规，强化粮食依法行政。加强粮食政策法规宣传，开展依法行政、依法管粮。开展粮食库存检查，约谈相关企业负责人，11个问题全部整改到位。开展最低收购价预案执行情况和民营企业收购专项督查，维护收购市场秩序。开展“转圈粮”专项整治。联合工商、物价、质监、卫生五部门，开展粮油销售市场进行执法检查。积极创建监督检查示范单位，黟县粮食局成功申报省级示范单位。

(8) 狠抓扭亏增盈工作，国有企业运行良好。做好企业土地确权工作，全市办理土地确权面积468393平方米，确权率74%。加强企业资金监督监管，严控费用开支，全市国有粮食企业实现主营业务收入17978万元；费用总额3453万元，同比减少56万元，实现盈利136万元。

(9) 认真开展“双拥”工作，圆满完成军粮供应。深入开展“双拥”工作，进一步提高军粮质量和服务水平，实行军粮市级统筹采购，全年军粮供应完成良好，受到部队官兵好评。

(十六) 宣城市粮食行政管理部门

宣城市粮食行政管理部门为宣城市粮食局。

1. 机构概况

(1) 机构设置。市粮食局内设机构三个，分别是办公室、财务审计科、综合业务

图3-20　宣城市粮食产业园

科。下辖五县一市一区，分别为宣州区、郎溪县、广德县、宁国市、泾县、绩溪县、旌德县。

（2）人员编制。市粮食局机关现有行政编制9名，机关后勤管理服务人员编制1名，合计编制10名，现有10人。单位领导职数4名，其中，党组书记、局长1名，副局长2名，纪检组长1名。下设一个财供事业单位——市军粮供应办公室，编制12人，现有11人。市局机关有离休2人，退休23人、退职2人，遗属17人。

2. 机构负责人

程良松，局长、党组书记。主持市粮食局党组、行政全面工作。

赵学工，副局长、党组成员。分管综合业务科和市储备库、丰良公司工作。

彭辉中，纪检组长、党组成员。主持纪检监察工作，分管党建、信访、效能建设。

沙寿南，副局长、党组成员。

3. 年度重大事项

（1）重大政策规划。制定和起草宣城市粮食流通发展“十三五”规划。“十三五”规划分一个总纲和粮食市场体系、基础设施、信息化建设、粮油加工、质量安全、节粮减损、军供保障、人才发展8个专项规划。

（2）重大项目。“危仓老库”维修改造工程。召开了全市“粮安工程”危仓老库维修改造工作推进会，全市危仓老库维修改造工作启动迅速。2015年全市重点维修库点

图3－21　宣城市粮食工作暨系统党风廉政建设工作会议现场

18个，总仓容7.92万吨，投资总额1129.28万元；升级改造库点2个，总仓容5.24万吨，投资总额419.2万元；恢复重建库点1个，总仓容1.04万吨，投资总额416万元。“放心粮油”和“主食厨房”建设工程。研究制定了《宣城市粮食局“放心粮油”和“主食厨房”工程推进年活动实施方案》，并下达了指导性任务目标，提出抓大促小、抓城促乡、抓下游促上游、抓示范促一般的发展思路。建立了宣城市推进“放心粮油”和“主食厨房”工程建设联席会议制度，明确了成员单位职责分工。2015年全市力争完成放心粮油示范店任务数30个、主食厨房示范企业10个。

（3）主要业绩。

落实国家收购政策。及时启动了最低收购价预案，2014年全市国有粮食企业收购粮食20.5万吨，占全年粮食入库14万吨目标的146.23%，其中全市托市价收购小麦4.7万吨，稻谷9.7万吨，由于托市价政策驱动，全市粮农预期增收9000余万元。

夯实粮食安全基础。圆满完成了4.4万吨省级储备粮、1.5万吨市级储备粮和400吨市级储备油轮换工作。调整充实应急载体，重点打造了2个堡垒型应急骨干企业和45个骨干网点，日加工和供应大米能力分别为780吨和1534吨。全市国有粮食企业销售粮食14.9万吨，占全年粮食销售14万吨目标的106.43%。军粮供应保障能力和服务水平持续提升。组织开展了春冬两季粮油安全普查和安全生产大检查，全年粮食行业安全生产无事故。

推进“两大工程”建设。全市两家军粮供应网点试行“放心粮油示范店”挂牌运营，取得了良好的经济和社会效益。授予安徽五星养殖（集团）有限责任公司为“宣城市放心粮油配送中心”；授予安徽五星养殖（集团）有限责任公司粮油专营店、宁国市沙埠粮油加工厂“百年福庆全梅林连锁店”、绩溪县板桥绿色农产品开发有限公司劳模食品店为“宣城市放心粮油示范店”；授予台客隆郎溪购物广场粮油经销点为“宣城市放心粮油经销点”，并按要求加挂“安徽省放心粮油”统一标识。

推动粮食产业发展。市政府继续将粮食产业发展纳入政府考核，为粮食产业发展提供了良好的政策环境。认真开展了“2000亿跨越工程突破年”活动，粮食产业化继续保持良好的发展态势。2014年全市国有粮食行业实现粮油加工总产值65.6亿元，实现盈利2.2亿元，落实粮油订单101万亩，订单优质率达92%。支持龙头企业加快粮油专业合作社建设，自建优质粮油基地，2014年，宣城市龙头企业领办粮油合作社达21家，其中2家合作社入围国家示范社，全市27家龙头企业自建粮油基地17万亩。积极争取政策扶持，宣城市3家粮油企业技改项目获得了90万元省财政贴息补助。

优化粮食流通环境。按时按质完成2014年粮食库存检查工作，检查结果显示全市库存粮食数量真实，账实、库贷相符。加强粮食监督检查机构建设，全市成立粮食行政执法大队2个，取得粮食监督检查证和行政执法证人数56人。推进粮食监督检查工作常态化，依法处理2起涉粮案件，维护了正常的粮食流通秩序。扎实开展《粮食流通管理条例》宣传活动，邀请省粮食局杨增权副局长在宣城中学开展了以“爱粮节粮是全社会共同责任”为主题的讲座，与市妇联、团市委联合开展了“爱粮节粮进社区进校园”活动，提高了粮食执法的社会认知度。

加快仓储设施建设。投资4500万元的5万吨市粮食储备库项目，2011年12月18日开工建设，一期工程4幢仓已竣工投入使用。开展了2014~2015年度粮食流通基础设施建设规划调查统计。协调配合市政府与省粮食局、省财政厅签订《危仓老库维修改造目标任务责任书》。编制上报了2014年“危仓老库”维修改造计划和改造项目实施方案，经多方努力，7个粮库的3.17万吨仓容维修改造任务正在有序进行中。深入开展新农村科学储粮示范工程，共发放农户科学储粮罐7217个。

深化粮食企业改革。按照“有进有退、有所为有所不为”的原则，大多数县市都分别在辖区内打造了1～2个优势骨干国有或国有控股粮食企业。实行市局领导分片联系国有粮食企业改革推进工作制度，指导督促各县市区搞好国有粮食企业改革工作。主动与税务部门联系，落实了全市国有和国有控股粮食购销企业相关税收免征优惠政策。由于托市收购政策启动，政策性补贴收入增加，全市国有粮食企业经营状况明显好转，多数县市区实现了盈利，累计盈利308万元。

加强行业自身建设。扎实开展党的群众路线教育实践活动，促进了作风转变和效能建设。修订出台了17项机关管理制度，加大制度落实力度，坚持做到制度管人、管事、管权。大力推进党风廉政建设，推进党风廉政建设责任制落实。深入开展“三反三正”和廉政文化“四进”活动，组织参加了省局举办的全省粮食行业廉政书画和格言警句优秀作品评选活动，荣获一等奖1件、二等奖2件和优秀作品奖3件。深化文明创建工作，积极参与争创省级卫生城市活动，取得初步成效。机关党建、行业文化建设、双拥创建、老干部工作都取得了新成绩，行业软实力不断提升。

二、骨干粮食企业

（一）上海良友（集团）有限公司

1. 企业概况

上海良友（集团）有限公司（以下简称“集团”）成立于1998年8月，注册资本15.73亿元，是上海最大的从事粮食经营的国有企业集团，承担上海粮油市场“保供稳价”和国有资产“保值增值”两项职责。

集团的经营领域涵盖粮油加工、仓储物流、便利连锁、粮油贸易、进出口业务、实业投资等。主营业务可分为政策性业务和经营性业务两大类。政策性业务主要是粮油储备业务；经营性业务主要是粮油食品加工与贸易业务以及粮食现代物流业务。

集团愿景是成为具有行业影响力、带动力、辐射力的大粮商。发展战略是秉承

“良心、良品、良友”的核心价值观，以保障上海粮食安全为己任，根据“主业集聚、产业扩展”的战略思路，通过产业发展和改革创新，实现“上控粮源、中控物流、下控渠道”的战略目标。

2014 年年末集团旗下共有 45 家全资和控股子公司，总资产 156 亿元，净资产 55 亿元，净资产收益率 1.8%，实现销售收入 225 亿元，营业收入 124 亿元，实现利润总额 1.22 亿元。从业人员 5452 人，在岗职工平均工资增长达到 11%。

2. 战略与特色

（1）业绩与荣誉。集团以保障上海粮食安全为己任，坚持推进产业发展和改革创新，并取得阶段性的成果。集团名列中国制造业企业 500 强第 290 位，在中国粮油企业 100 强中列第 6 位，上海百强企业第 36 位，并连续三年荣获“中国十佳粮油集团”。

图 3-22　上海良友集团外高桥园区

第一，粮食仓储物流。目前，集团控股的粮食仓储物流企业 13 家，占地面积共计 5252 亩，仓容 220 万吨。集团每年按照市政府的要求和计划，完成地方政府政策性粮油储备及轮换任务。集团市外粮源基地建设“26248”计划基本完成，在黑龙江、吉林、江苏等地建成 6 个市外粮源基地，年粮食收储能力 200 万吨 。市外粮源基地仓储物流设施进一步完善，粮食收储经营功能不断提升。其中，虎林模式得到国家粮食局和上海市委市政府的高度赞扬，成为全国粮食行业产销合作的典范。

集团2014年整合系统内的仓储物流企业，组建了良友物流集团股份有限公司，并初步形成了以外高桥物流园区为中心，乐惠物流和浦江仓储为骨干，集粮食中转、运输、配送于一体的现代物流体系，并通过与市外粮源基地、国内重要港口的合作协同，建成了北粮南运物流通道。其中外高桥物流园区入选“中国十佳粮食物流（产业）园区”，在保障上海粮食安全、服务全国粮食流通中发挥了重要作用。

第二，粮油加工。集团在上海市外高桥、马桥等地建有2个粮油加工园区、4个粮油加工基地，并在虎林建成大米和米糠油加工基地，在宜兴建成面粉加工基地。目前，集团稻谷年加工能力55万吨（其中本市15万吨），小麦年加工能力46万吨（其中本市35万吨），大豆年加工能力93万吨，食用油年精炼能力31万吨、中小包装年灌装能力35万吨。集团的粮油加工能力基本满足上海粮油市场的日常供应，并在粮油市场出现波动时承担应急增量加工供应任务。

图3-23　良友集团旗下品牌与产品

集团每年向上海市场供应米面油等品牌食品110万吨左右，其中乐惠（大米）、福新（面粉）、雪雀（面粉）、海狮（食用油）、三添（芝麻油）、友益（豆粕）、味都（面制品）、良友便利8件为上海市著名商标。米面油等主要品牌产品上海市场占有率名列前茅，其中乐惠大米、福新面粉及三添芝麻油保持第一，海狮食用油保持第二。乐惠米业公司、绿都集团公司荣获“中国百佳粮油企业”称号。乐惠大米、海狮食用油荣获“中国十佳粮油（食品）品牌”称号，并连续多年获评“长三角名优产品”。

第三，粮油市场渠道。大宗贸易方面，形成了国内贸易与国际贸易并举、现货与期货套作、贸易与实体加工联动的粮食贸易新格局。集团联合外部优势企业成立上海粮食交易中心市场，并被列入“国家粮食局重点联系批发市场”。不断完善管理制度并搭建电子竞价交易平台，在完成政策性储备粮轮换竞价交易的同时，积极开拓区县、中央储备粮及商品粮交易，2014 年完成交易量 64 万吨。实体渠道方面，集团在上海市布局 500 多家良友便利店的基础上，率先开设粮油平价店，截至 2014 年年底，已成功开设 30 家门店，基本覆盖上海中心城区，并向嘉定、宝山、金山等市郊拓展，集团粮油产品集中展示和销售效果显著。电商渠道方面，紧跟电子商务发展趋势，集团旗下粮油加工企业与主流电商对接并建立网上销售渠道。良友便利连锁公司建立了自营电商平台，并与京东等主流电商合作，开展 O2O 经营，有效发挥了店铺的资源优势。

（2）战略与方向。按照“上海深化国资国企改革 20 条意见”要求，根据上海市国资委的统一部署和要求，集团研究制定了进一步深化改革发展的工作方案，对产业布局、结构调整、市场化改革、体制机制创新等做出顶层设计并有序推进。

作为上海市最大的从事粮食经营的国有企业集团和保供稳价的主渠道企业，良友集团将全面贯彻落实国家和上海市的各项决策部署，坚持创新驱动、转型发展，坚持稳中有进、开放求进、改革促进、循序渐进，以市场化、专业化、现代化、国际化为导向，以深化国资改革带动国企改革为着力点，以推进开放性市场化重组为途径，积极发展混合所有制经济，提高企业活力和整体竞争力，实现良友集团健康较快地可持续发展，力争成为“全国布局、海外发展、整体实力领先”的上海大型企业集团，成为全国地方粮食企业改革发展的排头兵，为保障上海粮食安全、促进上海经济社会发展做出新的更大的贡献。

（二）江苏省粮食集团有限责任公司

1. 企业概况

江苏省粮食集团有限责任公司是经省政府批准组建，并由省政府出资的大型国有独资企业，2001 年 6 月 6 日在省工商局注册，注册资本 6.34 亿元，其主要职责是：承担省政府委托的粮油储备、粮食收购、进出口等调控任务，省政府授权范围内国有资产经营，开展粮油贸易、储备、物流、加工产业化经营，为全省粮油安全服务，在省政府实施粮油宏观调控、保证全省粮油安全、推进粮食产业化经营、服务“三农”中发挥主力军和重要载体作用。

截至2014年年末，江苏粮食集团在职职工1158人，旗下有各级全资和控股企业46家，其中二级企业14家，三级企业32家，总资产40多亿元，净资产14.7亿元，集团年销售收入53亿元，年利润9000万元；目前粮油总库（罐）容达116万吨，其中：粮食仓容86万吨，油脂罐容30万吨，粮食储备量达40多万吨，年粮油经营量300多万吨；年加工大豆能力达90万吨，年加工小麦能力达20万吨，年加工大米能力达15万吨；拥有位居全国同行业前茅的粮油物流集聚中心——张家港粮油码头，年吞吐量700万吨左右。

图3－24　苏粮国际大厦

集团秉承“突出主业、壮大产业、培育品牌、差别发展”的发展战略，重点打造“粮油购销、储备、加工、物流、农产品期货及综合业务”的“5+1”粮油产业链。集团以“禾为先”为产品主品牌，旗下拥有“苏三零”、“苏畅”、“苏星四季”等产品子品牌，其中“苏三零”小麦粉为“中国驰名商标”、“苏畅”大米为江苏省著名商标。

集团主要业务有粮油购销、储备、加工、物流、农产品期货及综合业务。

粮油购销：充分利用现有保供网络，联手市县粮食企业，扩大区域辐射范围，成为南北粮食调剂的重要载体和有生力量，积极参与并扩大大豆、玉米、油脂油料等短缺品种的调入和进口业务。同时，加强与国内外优强企业的联合，建立供应基地，促进江苏省粮油短缺品种的供求平衡和价格稳定。全年集团粮油经营量300余万吨。

粮油储备：储备粮油是省政府实施粮食宏观调控、保证全省粮食安全的战略物资，确保储备粮油安全是省粮食集团的重要责任。集团现拥有13家储备库，86万吨粮食仓容，30万吨油罐罐容。多年来集团按照《江苏省地方储备粮管理办法》要求，完善粮油储备基础设施建设、建立粮油储备购销网络、健全储备粮油轮换体系、延伸储备粮业务产业链，确保省级储备粮数量真实、质量良好、储存安全，确保省级储备粮储得进、管得好、调得动、用得上，在省政府调节粮食供求总量、稳定粮食市场和应对重大自然灾害或者其他突发事件中发挥了重要的宏观调控作用。

粮油期货：根据粮油经营规模大、粮食市场波动难测、市场风险大、油料油脂市场直接与国际市场接轨、国际市场波动直接影响国内市场等发展环境以及面临的新情况、新特点，粮食集团利用国内国外粮油期货两个市场开展套期保值业务，规避大批量经营粮油市场风险，提高企业的市场竞争力。

粮油物流：省粮食集团大力发展现代物流产业，通过粮油仓储、油脂加工、物资吞吐促进港口物流业发展，将继续大力发展张家港码头油脂油料物流和油脂产业基地；整合高港库和苏三零资源，建设苏中粮食物流和苏三零小麦产业基地；建设昆山粮油食品物流和食品产业基地。粮食集团进军物流业是促进产业结构转型升级、提升发展层次、实现可持续发展的重大举措。

粮油加工：粮食集团在发展过程中，坚持突出发展粮油主业，向精加工、深加工、食品加工方向发展，在不久的将来进而向生物技术、生物医药等新兴产业发展，延伸粮油产业链，增加产品附加值，提升市场竞争力。集团目前可年加工大豆100万吨、小麦80万吨、大米15万吨。通过粮油加工、综合利用，提高企业综合竞争力，提升企

图 3－25　苏粮集团张家港产业园

业产业化发展水平，并服务三农，发挥龙头企业在农业产业化中的带动作用。

综合业务：为不断满足市民对优质、健康、生态、安全农产品的需求，集团公司通过对接基地建立优质农产品展销中心、配送中心，同时建设直营门店和吸收加盟门店。公司按照“专业化、产业化、现代化、品牌化”原则，打造安全健康食品供应链。实现农产品从“农田到餐桌”全过程监管，全封闭运行，通过统一采购、统一配送、集中销售，减少流通环节，降低流通成本，保证食品安全，引导消费者安全消费、健康消费，提升全民生活质量，推进产业链良性循环发展，创造安全、环保、绿色、健康的消费和生活方式。

房地产开发及物业管理业务是苏粮集团的主营业务之一。集团设有南京开发公司、南京房产经营公司、南京华畅达物业管理公司。主要从事房地产开发、经营、物业管理等。

经过十多年的快速稳步发展，粮食集团粮油保供网络体系和“5＋1”粮油产业链逐步完善，在全国同行业中稳居第一方阵，已形成了集粮油购销、储备、工业、物流、期货和综合创收业务为一体，产业链较为完备的大型粮食企业集团。

2. 企业负责人

刘习东，省第十一届政协委员，南京财经大学兼职教授、贸易经济（粮食经济）专业硕士研究生导师；中国粮食商业协会副会长；江苏省国际商会副会长；《粮油市场报》编委会副理事长。现任江苏省粮食集团董事长、党委书记。主持集团公司全面工作。负责集团发展战略和政策研究、队伍建设和管理、资金筹集和管理、党的建设、公共关系处理等工作。兼任江海粮油集团公司董事长。主要职责：召集并主持董事会会议；检查、监督董事会决议的实施；在董事会闭会期间，处理董事会授权的事务；签署公司董事会文件、法律文书和对外合同、协议及公司法定代表人签署的其他文件；董事会授予的其他职权。

罗洪明，省第十二届人大代表。现任江苏省粮食集团有限责任公司总经理、党委副书记，主持集团公司全面生产经营管理工作，组织落实董事会决议。协助党委书记抓好集团党的建设。负责储备粮油管理、粮油购销及贸易、企业改革、企业安全运行及管理、法律服务等工作。主要职责：主持公司日常生产经营管理工作，组织实施董事会决议；组织实施公司年度经营计划和投资方案；拟订公司内部管理机构设置方案；拟订公司的基本管理制度；制定公司的具体规章；拟订需提交董事会决策的投资方案；根据董事会决定，对公司大额款项的调度和财务支出款项实行董事长、总经理双签制度；受董事长委托，代表公司对外洽谈、处理业务、签署合同和协议；按照干部管理权限，提请聘任或者解聘副总经理等高级管理人员；决定聘任或解聘除应由董事会聘任或解聘的其他高级管理人员；董事会授予的其他职权。

图3-26　苏粮面粉车间

3. 业绩和荣誉

（1）企业改革成果。“十二五”以来，集团公司进入“中国十佳粮油集团”行列，规模和效益仅次于北京粮食集团和上海良友集团，在省级粮食集团中位列第3；所属苏三零面粉公司位列“中国十佳粮油成长型企业”第1，“中国小麦加工企业50强”第7位，“苏三零”品牌是中国驰名商标；苏粮集团张家港粮油产业园跻身“中国十佳粮油产业园”和“江苏省重点物流企业”，年粮油物流吞吐量近700万吨，总价值120多亿元。目前，张家港粮食产业园年油脂吞吐量位列全国单体港口第一，粮食年吞吐量位列省级港口第一、全国单体港口第二。

粮食安全关系经济发展、社会稳定、国家安全。2014年中央经济工作会议将“切实保障国家粮食安全”作为首项主要任务。习近平总书记强调，中国人的饭碗任何时候都要牢牢端在自己手上，饭碗应该主要装中国粮食。李克强总理强调，要以保障国家粮食安全和促进农民增收为核心，推进农业现代化。国家粮食局任正晓局长调研苏粮集团张家港粮油产业园时强调，要大力推进“粮安工程”，继续打造进口粮食专用口岸，在保障粮食安全方面发挥三个“重要载体”重要作用：一要努力成为落实省政府实施粮食宏观调控、稳定粮食市场、搞活江苏粮食流通的重要载体；二要努力成为服务国家粮食安全战略，实施适度进口，确保国家粮食安全的重要载体；三要努力成为调剂粮食余缺，对接国际国内两个市场，促进全国粮食平衡的重要载体。

围绕中央和江苏省关于粮食安全的部署，苏粮集团始终牢记“保障全省粮食安全、维护粮油市场稳定、增加农民收入、丰富百姓生活”的神圣使命，大力实施“突出主业，壮大产业，培育品牌，差别发展”的发展战略，坚定不移地全面深化改革，发展壮大粮食经济，自觉履行政治责任、经济责任和社会责任，巩固“一网两军三阵地”建设，在全省粮食安全保供中进一步发挥主力军作用。第一，继续建好“一个网络”。依托集团公司遍布全省的粮食收储、加工、物流、贸易网点，用好农产品期货工具，发展壮大以“粮油储备、粮油工业、粮油物流、粮油贸易、粮油期货和综合创收业务”为主要内容的“5+1”产业链，不断完善粮油安全保供网络。第二，自觉发挥“两个主力军”作用。一是发挥在省内地区间粮食余缺调剂中的主力军作用。充分利用现有保供网络，联手市县粮食企业，扩大区域辐射范围，成为南北粮食调剂的重要载体和有生力量。二是发挥在省内短缺粮油品种调入或进口中的主力军作用。进一步培养和引进贸易人才，壮大贸易队伍，积极参与并扩大大豆、玉米、油脂油料等短缺品种的调入和进口业务。同时加强与国内外优强企业的联合，尝试建立供应基地，促进江苏省粮油短缺品种的供求平衡和价格稳定。第三，着力打造特色鲜明的“三大粮油产业主阵地”。一是苏南主阵地。以张家港粮油产业园为中心，建成以粮油物流、粮油进口及储备、油脂工业为主的产业基地，目标是油脂吞吐规模相当于全省城乡居民食用油脂的总量，满足省内粮油进口的装卸、存储、中转能力，保持全国粮油单体港口油脂吞吐量第一、粮食吞吐量第二的地位。二是苏中主阵地。以苏三零面粉公司为中心，以成品粮生产为重点，建成粮食收储、加工、销售一条龙体系，在成品粮市场上不断提高份额和影响力。三是苏北主阵地。建成以大宗粮食品种、小杂粮食品种、短缺粮油品种收储、调入、贸易为主的基地，在省内省外“北粮南运”中形成优势，发挥主力军作用。

（2）企业荣誉。

2013年、2014年“中国十佳粮油集团”；

中国粮油企业100强；

中国粮油百佳企业；

中国服务企业500强；

集团所属江海粮油公司、苏三零面粉公司荣获“中国十佳粮油成长型企业”；

苏粮集团张家港粮油产业园荣获“中国十佳粮油物流产业园”、“江苏省重点物流企业”；

集团董事长刘习东荣获“2013中国十大粮食经济人物”、“中国十佳粮油创业风云人物”、首届“江苏省粮食行业领军人才”。

（三）安徽省旅游集团有限责任公司粮食板块

1. 2011年重组前安徽省粮食集团公司概况

安徽省粮食集团有限责任公司（简称粮食集团）是于2000年经省政府批准，在原省粮食局所管理的企业基础上整体划转设立的国有独资公司，注册资本人民币1.43亿元，法定代表人关飞。主要经营范围为承担中央、地方储备粮经营管理和相关政策性经营任务，开展粮食收购、储存、加工和销售等生产经营活动。重组前为省内唯一一家省直大型国有粮食专业集团公司，农业产业化省级龙头企业，省重要骨干商贸企业。粮食集团成立之初共拥有17家子公司，经过10年的改革发展，截至2010年年底拥有全资及控、参股公司10家，职工290人，总资产6亿多元，净资产近2亿元。粮食集团自成立以来，一直立足粮食主业经营，从事粮食的收购、销售、储存等业务，不断扩大粮食收储量和经营量，提升经济效益，积极发挥主渠道作用。经过10年运作，粮食集团已经步入一个健康良性的发展轨道。

（1）有一个较完善的仓储体系。多年来，粮食集团通过自筹资金建设以及合资、租赁等低成本运作，粮食仓储整体规模由成立初的12万吨提高到110多万吨，库点范围覆盖了全省粮食主产区18个县、市，建立了一个较完善的仓储体系。目前所属的库点各种仓储设施完善，功能齐全，科学保粮率已达到100%，能够较好地完成各类储粮任务。尤其是所属安徽省省机械化粮库、安徽省粮油储运公司、安徽省双凤粮库等全资粮食企业库点，拥有省内先进的仓储设施，全部实行机械化通风、环流熏蒸、“双低”紧闭储存和计算机粮情检测，已成为省内示范性粮食库点。

（2）有一个较完整的购销网络。在收购上，通过建收购基地、建产销联合体、建跨区域的股份制粮食企业，粮食集团在优质粮生产基地和粮食主产区建立了稳定的粮食收购体系。在销售上，积极通过产销合作拓宽市场网络，与上海、浙江、广东等主销区建立长期稳固的销售关系，年粮食销售量达40多万吨。同时，集团公司所属的安徽省粮油储运公司也是国家批准的安徽省粮食进出口专营企业。

（3）有一个较稳定的企业经营环境。通过积极推进所属企业改革，精简了机构，强化了管理；通过努力争取有利的政策环境，不断完善企业的运营机制，形成了健康稳定的发展态势。

——粮油收储量稳步增加。从2005年收储粮食25万吨到2009年的82万吨，5年间增长了2倍多。

——盈利能力逐步增强。粮食集团从2001年前的微利，到2002年起逐年实现盈利，盈利能力稳步增长，到2010年实现盈利1700多万元。

（4）有一支专业经营团队。粮食集团所属粮食企业职工队伍中，年龄在40岁以下的人员占职工总数的70%，具有大学专科以上学历的人员占职工总数55%，队伍精干，领导班子年富力强。他们了解粮食政策，熟悉安徽的省情、粮情，有着良好的社会关系，积累了丰富的经营和管理经验，在省内外拥有一大批客户群，十分清楚基层粮食收购、储存、调运和加工的业务环节，是支撑粮食企业发展的重要人才基础。

2. 2011年重组后的安徽省旅游集团公司粮食板块概况

2011年6月，经安徽省人民政府批准，安徽省旅游集团公司对安徽省粮食集团公司进行吸收式重组，并保留安徽省粮食集团公司牌子，承担粮食业务职能。重组后的安徽省旅游集团公司（简称集团公司）主营业务为旅游开发经营、粮食和商贸经营、地产开发，是全省为数不多的集团化管控、产业化经营、多元化发展、专业化协作的大型现代服务类企业之一。

目前，集团公司拥有各类子公司22家（其中粮食板块全资企业3家、控参股企业4家），共有职工3500人，拥有国家5A级旅游景区2个、4A级旅游景区1个、3A级旅游景区1个，拥有五星级标准酒店3家、连锁商务酒店5家、国际乡村酒店1家，国际国内功能兼备的旅行社1家，省内重点旅游运输企业2家，国家综合甲级资质设计院1家，农业产业化省级龙头企业2家，现代粮食储库5座，大型房地产开发企业3家。

通过两次重组后的不断改革、创新和发展，集团公司已经形成了“以旅游业为主导，以粮食和商贸业为基础，以房地产业为支撑”的三大板块发展格局。截至2014年年底，集团公司资产规模逾100亿元，主营业务收入36亿元，已成为安徽省百强企业、中国服务业500强单位，连续5年跻身“中国旅游集团20强”行列。2011年重组后，集团公司粮食板块经营体系保持了稳定，经营工作得到进一步加强。

第一，及时明确粮食板块战略定位和发展重点。集团公司明确提出以粮食和商贸业为集团发展的基础产业，以优化粮食产业链为重点，建设“三个体系、一个园区”（即功能完善的粮食仓储体系、科技含量高的粮食深加工体系、布局合理的粮油购销体系、产业集聚的新桥粮食现代产业园区），合理配置企业经营要素，为提升粮食主营业务发展空间和综合效益搭建了平台。

第二，粮食板块经营工作稳定增长。重组后集团所属粮食企业实现了经营稳定、队伍稳定，经营规模继续扩大，企业效益稳步增长。截至2014年年底，集团粮食板块粮油经营总量达到115万吨（其中：收购粮油73万吨，销售粮油42万吨），较2011年增长44%，累计库存粮油95.2万吨，较2011年增长70%。实现营业收入12.9亿元、利润总额2093万元，分别比2011年增长60%和41%。

第三，集团公司粮食板块产业作用明显加强。重组后的几年来，在省粮食局、中储粮安徽分公司和省农发行的大力支持下，集团所属粮食企业积极参与宏观政策性经营任务，努力发挥大型国有粮食企业的社会和产业作用。一是积极参与粮食最低价收购，收购规模逐年提升，2014 年粮食最低价收购总量达到 47 万吨，创历年新高。在收购过程中，严格执行政策，规范操作，把国家的惠农政策落到了实处，切实发挥了国有粮食企业引领示范和宏观调控主渠道作用，得到了主管部门的好评。二是积极运作新桥粮食产业园项目，使产业园成为区域性大型粮食产业基地，切实发挥了资源优势，提升了粮食产业功能，延伸了粮食产业经营链条，提升了集团粮食板块的产业价值。

第四，粮食板块资源整合力度加大。为进一步加大企业内部资源整合力度，加快实施辅业分离，按照省政府要求，集团重组后粮食板块进一步整合，低效企业国有资本逐步退出。该项工作已经取得阶段性进展，目前集团公司粮食板块全资及控参股企业共 7 户，职工人数 329 人。

第五，集团公司粮食板块得到政府和主管部门的大力支持，产业地位显著提升。这次重组得到省粮食局、财政厅、发改委、农发行、中储粮等相关部门的理解和支持，为集团粮食板块发展创造了一个良好的外部环境。目前，集团粮食板块在政策性粮食经营及基础设施建设等方面都获得了政策单独切块扶持，产业地位得到了进一步强化。

3. 企业负责人

关飞，安徽省旅游集团有限责任公司董事长、党委书记。

4. 战略与特色

作为省内唯一一家同时从事旅游开发、粮食经营和地产开发的省直大型国有集团公司，安徽省旅游集团公司粮食板块一直承担着中央、地方储备粮经营管理和相关政策性经营任务，以此为基础形成了其几个主要经营特点：

一是政策性经营业务规模较大。除承担中央、省级储备粮油经营管理任务外，集团公司粮食板块企业每年积极参与粮食最低价收购，收购范围覆盖省内粮食主产区，收购规模约占每年全省粮食最收购低价总量的 5% ~7% 。大量的政策性收储业务夯实了集团公司粮食板块的经营基础，同时也带动了各项经营工作的开展。

二是粮油仓储规模较大、网点较多。通过多年的低成本运作，集团公司在省内粮食主产区建设和控股了大量优质库点，在全省 20 多个县市分布了近 40 多个收储库点，累计总仓容 135 万吨，其中大部分库点都具有参与粮食最低价收储资质。在粮食主产区拥有库点，对集团公司掌握粮源起到了重要作用，带动集团公司粮食市场化经营工作跨上了一个新台阶。

三是政府的扶持力度较大。作为拥有省级农业产业化龙头企业和国家大型农产品流通“双百市场工程”企业的省直大型国有集团公司，集团公司在社会主义新农村建设和安徽省实施东部崛起战略以及推进农业产业化建设进程中，得到省政府重点扶持，无论在政府财政扶持、农发行信贷支持方面，还是在税收减免等方面，都可以享受较多的优惠政策。

5. 发展目标

第一，巩固完善粮食收储和经营贸易体系。未来几年内，将以集团公司粮食板块的三个核心企业（安徽省粮油储运公司、安徽省机械化粮库、安徽省双凤粮食储备库）为主体，抓住国家“粮安工程”的机遇，对现有的库点进行升级改造，拟在阜阳、宿州、蚌埠、滁州、淮南等主要粮食产区各打造一个规模在5万吨以上的中心库，与现有的收储库点形成一个较为完善的收储网络，争取在未来3～5年内，使集团公司粮食板块的可利用仓容达到150万吨规模。同时依托粮食收储网络，采用内引外联、合作经营等形式，进一步调整经营结构，扩大经营规模，提高经营水平，稳定盈利能力。

图3－27　新桥粮食现代综合产业园

第二，延伸粮食产业链条。未来几年内，将采用多元化的经营合作体制，积极引进战略投资者和民营资本。通过新桥粮食现代综合产业园和三大核心粮食企业，积极加大粮食产业科技投入，在延伸粮食产业链上下功夫，努力实现由粮油仓储、贸易向粮油精深加工，方便、休闲食品开发方面发展和转型，大力发展食用油精炼、旅游休闲食品、方便食品加工、绿色产品分销、粮食产品电子商务、粮食物流等高附加值产业，进一步延伸集团公司粮食产业链条。争取在未来几年内，不断提升集团公司粮食板块的科技含量和产品附加值，形成2~3个有代表性和竞争力的高附加值产品、拳头产品，打造1~2个具备一定知名度和市场占有率的产品品牌。

第三，完善新桥粮食现代综合产业园产业功能，实现经营多元化。未来几年内，将在新桥粮食现代综合产业园前期已经建成的仓库和油罐及配套设施的基础上，做好后续项目的调研、论证、建设工作。积极争取国家产业政策支持，积极探索发展粮油产品精深加工和旅游休闲食品开发有机结合的模式和渠道，寻找和引进有核心竞争力的产业项目，推出产品，打造品牌。尝试开展粮食产品电子商务平台业务，有计划地推进园区后续建设，力争用3~5年的时间，将新桥粮食产业园打造成为集粮油收储、精深加工、电商物流和信息服务于一体的大型综合性产业园。

第四，深化粮食板块改革，引进社会资本，创新合作方式。利用集团公司粮食产业体系和网络优势，积极创新合作经营模式，通过收购、参股、联合经营等多种形式，深化与省内外销区、加工企业和储备企业的合作。通过深层次的经营合作，积极关注和探索新的产业形式，逐步尝试粮食产业链多种环节，进一步拓展经营模式，形成有核心竞争力的产品和品牌。

第五，加强经营人才储备，建立人才引进机制。建立完善的人才引进与储备机制，大力引进和储备一批粮食专业人才，尤其是要引进和储备一批粮食精深加工和食品加工销售方面的专业人才。建立健全人才保障机制，要引得进人才，留得住人才，能培养出人才，并能充分调动各类人才的积极性和创造性，发挥各类专业人才在粮食产业经营中的作用，提高粮食产业的核心竞争力。

（四）南京粮食集团有限公司

1. 集团概况

2011年10月，经市政府批准，南京粮食集团有限公司正式挂牌成立，2012年8月，在市属国有企业重组过程中，南粮集团被整体划转至南京商贸旅游发展集团有限责任公司。集团公司总部位于雨花台区龙西路568号，设有“五部一室”，即办公室、党群人事部、资产管理部、财务管理部、规划发展工程部和粮油事业部。

截至2014年年末，集团公司注册资金5000万元，总资产11.63亿元，净资产2.12亿元。目前公司占地48万平方米（722亩）、各类房产面积约20万平方米，拥有粮食储备仓容37.9万吨（其中高大平方仓容22万吨）、食用油脂库9.5万吨，拥有5000吨级长江码头与500吨级内河码头各一座。

截至2015年4月，集团有在册职工291人（其中在岗职工237人，离岗内退职工54人）；离退休职工896人（其中离休干部12人、退休领导36人）；另有征地保养人员46人；劳务外包人员23人。

图3-28　南京粮食集团的高大平房仓

作为一家国有独资粮食企业，集团公司目前下设五个子公司：南京铁心桥国家粮食储备库有限公司、南京市下关粮食仓库有限公司、南京石埠桥粮食储备库有限公司、南京灵山粮食储备库有限公司和南京现代粮食物流有限公司，业务涉及粮油购销储备、专业粮油批发市场、粮油加工、粮油期货交割、物流中转及资产经营等多个领域。

集团现有省市两级储备规模15.07万吨，其中省级储备5.5万吨（稻谷3万吨、小麦1万吨、油脂1.5万吨），市级储备9.57万吨（稻谷4.5万吨、小麦3.5万吨、大米0.76万吨、面粉0.15万吨、油脂0.66万吨）。为保护农民利益，集团积极参加国家最低收购价粮食的收购，近三年收购最低收购价粮食近5万吨，为农民增收发挥了国企主力军作用。

集团有合作大米加工厂两座，年加工稻谷量达 20 万吨（其中石埠桥库区年加工量为 10 万吨，灵山库区年加工量为 10 万吨）；合作面粉加工厂 1 座，位于灵山库区，年加工小麦量达 30 万吨。以上均为南京市粮食应急保供加工点。

下关粮油批发市场是南京市最大的米面油批发市场，系国家粮食局重点联系市场，交易量约占全市消费量的 60%。根据南京市下关滨江商务区开发的要求，新市场已经易地重建，新址位于新港开发区恒广路 1 号，一期投入 2.83 亿元，建筑面积约为 8.1 万平方米，2014 年年底已建成并投入使用，市场定位为以粮油批发为主，以水产市场为重点，其他农副产品干货兼营的综合性市场。

集团现拥有一批优秀的粮油保管技能人才，其中高级技师 3 人，技师 13 人，在全省获得“全国粮食行业技术能手”的 13 人中，南京粮食集团占 4 人。

南京粮食集团始终有效发挥粮食安全保供主渠道作用，既服务发展大局又坚持发展为要务，近年来获得多项荣誉。2011 年被人力资源和社会保障部授予全行业唯一的“第十届国家技能人才培育突出贡献奖”；近年来先后被国家粮食局授予“全国粮油仓储规范化管理先进企业”；被江苏省粮食局授予首批“省级示范粮库”，并被评为“江苏省和谐诚信企业”、“江苏省粮食科技先进单位”；2014 年被南京市总工会授予“南京市五一劳动奖状”。

图 3-29　南京粮食集团的食用油脂罐

2. 未来运营及发展方向

南京粮食集团坚持以国企改革为出发点，以新粮油市场建设为发展契机，以全面预算为抓手，立足粮油主营业务，确保市场供应的同时，优化产业结构，开辟新的经济增长点，增强企业综合经济实力和发展潜力。

第一，加强粮油基础设施建设，增加收储规模，提升经营能力。做好铁心桥国储库的资产盘活及新址迁建工作；推进石埠桥油罐及码头扩建建设项目；结合交割仓库优势，稳步扩大粮油期货交割规模；实施南粮品牌运作，打造拥有南粮特色的系列产品。

第二，稳步推进粮油市场经营管理工作。有序开展招商引资工作，最大化实现商铺入驻率；提升新市场功能，发展电子商务，打造拥有南粮特色的粮食电子商务平台；建设完善质检中心，为粮食安全保驾护航；拓宽市场业态，打造以粮油经营为主，一站式采购的“市民大厨房”。以“二轮综改”为比照，推进企业公司化改造。贯彻苏政办发〔2013〕79号文件精神，积极推进集团下属子公司土地性质变更工作；进一步完善现代企业制度，以做到产权关系明晰、法人制度健全、经营机制灵活、管理科学规范；完善集团OA办公自动化系统，充分发挥出现代化管理系统优势。

3. 企业负责人

梅勤，南京粮食集团有限公司董事长、党委书记。

郭一颖，南京粮食集团有限公司总经理、董事、党委委员。

（五）苏州市粮食集团有限责任公司

1. 企业概况

（1）企业属性。苏州市粮食集团有限责任公司是经苏州市人民政府批准设立的国有独资有限公司。于2014年3月31日注册成立，主要承担着苏州市级地方粮油储备、粮食收购、粮食销售等调控任务，是集储备、贸易、物流、加工、市场批发等功能于一体的大型综合性企业。

集团现有粮食仓容13.78万吨，油罐1万吨，日加工能力100吨的大米生产线三条，粮食铁路专用线两条（750米）。截至2014年12月底，苏州粮食集团注册资金

9100万元，总资产60965万元，净资产36880万元，主营业务收入28178万元，利润总额1064万元，净利润899万元，在岗职工总人数为129人。

粮食集团总部位于苏州市竹辉路490号，下设综合管理部、事业发展部、财务资产部和监察审计部四个管理机构。下辖江苏苏州国家粮食储备库有限公司、苏州市金仓粮食物流中心有限公司、苏州市军供应站有限公司三家全资子公司、苏州市批发交易市场服务有限公司一家控制子公司、苏州市粮食集团有限责任公司竹辉旗舰店一家直属分公司。

图3－30　苏州国家粮食储备库

（2）分公司情况。江苏省苏州市国家粮食储备库有限公司位于苏州市吴中区郭巷街道九盛路158号，是苏州市农业产业化龙头企业、苏州市粮食应急定点加工企业，是政府粮食宏观调控的重要载体。该公司地处苏州市吴中区郭巷街道，西靠京杭大运河，北依苏申港，与苏嘉杭、沪宁、环城高速公路仅相距1公里，与粮食批发市场毗邻。仓库占地142亩，拥有散装房式仓11幢，准低温成品库1幢，周转立筒库10只，平房包装仓5幢，总仓容6万吨，并拥有日产200吨的大米生产车间一座。该库粮食专用码头有停靠300吨位泊位6个，其中，每小时吸粮50吨的散装吸粮机泊位2个，包装吊机泊位4个，低温烘干设备1套，装机容量120吨。库房全部具备机械化通风、电子粮情监控和环流熏蒸等功能。库区安装实景录像安防监控系统，消防系统完善。近年来该库荣获了“江苏省粮食清仓查库先进集体”、“苏州市AA合同守信用企业”、

“苏州市创建平安企业先进集体”、“苏州市模范职工之家”等称号，2011年12月被江苏省粮食局评为“江苏省示范粮库”。2013年11月被国家教育部、国家粮食局联合授予“全国中小学爱粮节粮社会实践基地”称号，2014年11月被中国关心下一代成长教育中心授予“国家青少年爱粮节粮教育基地”称号。

图3-31　苏州市金仓粮食物流中心有限公司

苏州市金仓粮食物流中心有限公司位于苏州市姑苏区虎林路68号，占地140亩，于2011年年底开工建设，目前已全部竣工，总投资2.52亿元，平房仓6幢仓容3.94万吨，立筒仓一组10只仓容1万吨，楼房仓1幢仓容1.42万吨，食用油罐14只罐容1万吨，日加工大米100吨车间一座，低温烘干设施1组装机容量120吨，铁路专用线750米（其中改造延伸340米），专用港池可停泊300吨位船只码头泊位4个。金仓粮食物流中心全部采用数字化管理，是江苏省第一批数字粮库试点单位。

苏州市军粮供应站有限公司位于苏州市吴中区郭巷九盛路158号，主要从事驻苏部队、武警、消防等粮食供应任务和服务保障工作。公司先后被苏州市政府、军分区评为“双拥先进单位”，被省经贸委、总工会、团省委评为“用户满意服务明星单位”，被省委省政府省军区评为“双拥模范单位”，2011年被国家粮食局评为“全国百强军粮供应站”，2013年被中国粮食行业协会评为全国放心粮油进农村进社区示范工程

“示范销售店”。

苏州市粮食批发交易市场服务有限公司位于苏州市吴中区郭巷街道久盛路128号，是全国大中城市重点粮油市场，市政府“米袋子”实施项目，前后经过三次搬迁，于2006年12月18日迁移至该址。该市场地处苏州市吴中区郭巷街道，东临苏州国家粮食储备库，西靠京杭大运河，北依苏申港，与苏嘉杭、沪宁、环城高速公路仅相距1公里，公交车513、501、56、932、67路可直达火车站、市中心，水陆交通十分便捷。

市场投资近1亿元，占地面积53亩，共有250家经营门店，配套成品仓库12300平方米，内河驳岸码头长700多米，可停靠300吨位船只50多条，配备五台装卸吊机，2014年成交粮油78万吨，交易金额超36亿元。是国家人事部国家粮食局联合表彰的“先进集体”，江苏省级文明单位、农业产业化重点龙头企业、样板市场、诚信市场、五星级文明诚信市场，苏州市创建全国消费放心城市首批先行试点“先进单位”。

苏州粮食批发交易市场设施完善，功能齐全，管理规范，经营品种涵盖米、面、油、小杂粮等各种粮油产品，具备现货交易、电子商务、期货交易等功能，是苏州粮食的集散中心、交易中心、信息中心。

苏州市粮食集团有限责任公司竹辉粮油旗舰店位于苏州市竹辉路325号，由2014年6月18日挂牌营业，是2014年苏州市放心粮油工程示范点单位，是目前苏州市规模最大的放心粮油店，承担着为苏州市民提供优质放心粮油消费场所的任务。

2. 企业负责人

翟子谦，苏州市粮食集团有限责任公司董事长、总经理。

3. 战略与特色

（1）发展战略。

集团定位：承担苏州市级地方储备粮油运作与日常管理，具储备、贸易、物流、加工、市场批发等功能于一体的大型综合性粮油企业集团，在苏州市政府实施宏观调控、保证全市粮油供应安全、推进粮食产业化经营、服务“三农”、落实市政府“放心粮油”实事工程中发挥主力军和重要载体作用的综合性粮油企业集团。

集团服务宗旨：集团坚持以为驻苏部队、武警、消防提供优质粮油供应保障任务，为广大市民提供优质粮油产品，提供优质放心粮油消费场所为己任。

集团发展战略规划：以拥有完整粮油产业链、叫得响的品牌产品、一流的软硬件设施、协作高效的优秀团队为目标，通过“把控粮源、创新电商、匹配物流、做强品牌与整合资源”的战略实施，逐渐把集团建成为苏州粮油市场的主力军、长三角地区的排头兵，在全国粮油市场有一定影响力的国有综合性粮油企业集团服务商。

（2）经营特色。

集团具有政策性强、整体运作规范，产品质量优，储备、贸易、物流、加工、市场批发功能齐全，仓储储备规模大、仓型全、功能全，现代化、数字化程度高，保粮基础工作扎实、规范、科学的特点。

集团以品牌建设为主。一是以苏州地理标志和地域文化为优势形成的“虎丘·苏州大米”为主打，“虎丘”东北大米、“虎丘”苏北大米为两翼的“一体两翼”大米品牌，经过几年建设逐渐成为长三角地区知名品牌、全国有影响力品牌，“虎丘”商标成为知名商标。二是打造好苏州市粮食批发市场的“智慧园·良粮网”项目，力争经过几年培育，使“良粮网”成为粮油市场消费上有一定影响力的粮油电商新品牌、新名牌。

（六）江苏无锡国家粮食储备库

1. 企业概况

（1）企业属性。江苏无锡国家粮食储备库始建于1950年，法人代表、库主任梅永强，注册资金1687.7万元，是隶属于无锡市粮食局全民性质的国有企业。原地处无锡市野花园105号，后由于设施老化、功能单一、交通不便、物流效率低等原因，通过置换江苏无锡国家粮食储备库土地资产，于2009年异地重建，2011年整体搬迁至无锡市新区城南路29号，即无锡粮食科技物流中心园区内。该中心由江苏无锡国家粮食储备库、无锡市粮油中转储备仓库、无锡粮食机械厂三家单位合并而成。物流中心占地353亩，建筑面积13.1万平方米，分粮油仓储区、物流中转区、粮食加工区、现货交易区、生活服务区、信息服务区、科技研发区七大功能区，是苏南地区唯一实现公铁水联运的粮食现代物流中心。江苏无锡国家粮食储备库是物流中心园区内的核算主体，主要承担国家、省、市各级储备粮承储任务。其中仓储区占地面积8.2338万平方米，拥有散粮仓容10.6万吨，油罐1万吨，拥有两条铁路专用线和能停靠1000吨位船只的内港池。长期以来，企业以科学保粮业务技术领先、粮仓机械能效突出而著称于粮食仓储业，先后获得国家、省、市、局级等荣誉称号。如全国粮食系统先进集体、粮食信息化示范单位、全国粮食行业节粮减损示范企业、江苏省示范粮库、无锡市农业产业化市级龙头企业、无锡市重点物流企业等。

图 3－32　无锡国家储备库

（2）人员情况。国有粮食企业在经营过程中肩负着执行国家粮食政策、发挥主渠道等重要职责，坚持围绕“建设一个好班子，造就一支好队伍，争创一流好业绩”的工作目标，搏击市场经济风浪。目前，国储库在岗人数 123 人，获得大专以上学历人员人数占职工总数的 50%。领导班子具有较高的政治素质和政策水平，熟悉粮油业务，能认真贯彻执行《中央储备粮管理条例》和《粮油流通管理条例》。各部门人员配置齐全，具有专业技术人员 39 名（高级专业技术职务 1 名，中级专业技术职务 7 名，初级专业技术职务 27 名，员级专业技术职务 4 名），具有技术工人 21 名（高级技师 3 名，技师 2 名，中级工 1 名，初级工 15 名）。

（3）资产情况。为进一步深化国有粮食企业改革改制，企业积极贯彻落实党的十八大及上级有关粮食部门工作会议精神，以江苏无锡国家粮食储备库为主体，按照市场经济原则，采取股份合作、租赁等多种有效形式，从单一的原粮经营向市场多元化发展进行转变。

参股企业：参与股份制公司2个。无锡新米市有限责任公司。该公司成立于2011年，法人代表梅永强，注册资金3300万元，江苏无锡国家粮食储备库出资1831.5万元，占股份55%，无锡朝阳集团投资1498.5万元，占股份45%。公司员工共20人，均来自国储库。2014年出租经营门面房134间，每天在市场固定经营70户左右。无锡粮宝宝商务有限公司。该公司成立于2013年7月，法人代表、总经理丁丰，注册资金200万元，由江苏无锡国家粮食储备库、无锡市莱特贸易有限公司、无锡市金玉良田果蔬专业合作社、无锡市三阳农业产业投资发展有限公司、北镇市五峰米业加工有限公司5家企业和国储库职工共同出资组建，其中：江苏无锡国家粮食储备库出资90万元，占股份45%。该公司共有员工30人，21人来自国储库，9人为公司聘用员工。由于公司距离起步成长时间不长，在相关资金、人员工资及设备设施方面，目前还处于国储库扶持阶段。2014年，该公司销售收入1090万元（含税），毛利79.5万元。

资产租赁：2014年12月，与全球铸爱签订出租协议，出租无锡粮油交易中心配套服务有限公司（中粮大厦）第20~26层，面积7519.82平方米。新米市所用房屋、土地价值1.2亿元，由新米市租赁国储库资产运作。铁路专用线采用承包模式，与无锡市方正货运代理有限公司签订经营协议，一条线10万元/年（每季末收取25000元），根据年度车皮数超500尺以上的部分按100元/车收取。2010年7月，与黑龙江东北大有机食品集团签订大米加工厂房屋租赁合同，约定从2011年2月1日开始，由无锡国家粮食储备库以“第一年40万元，第二年45万元，第三年起每年50万元”的约定方式向对方收取年租金。

（4）营运能力。企业主要承担国家政策性粮油的承储任务，因此近几年大部分收入还是来源于储备粮的政策补贴，以2014年来看，全年共实现粮油销售收入32005万元，仓库租赁及其他服务收入536万元，政策性补贴收入4825万元，由于企业固定资产及土地摊销额较大，仓容不足部分粮食代储在外、企业承担人员费用过大等因素，企业2014年未有盈利。

2. 企业负责人

梅永强，江苏无锡国家粮食储备库主任、无锡粮食机械厂厂长、无锡新米市有限责任公司董事长、无锡朝阳粮油市场有限公司副董事长。

梅永强将企业转型发展放在首位，搞活经营机制，着力转变发展方式，实现了多元化经营综合发展。一是抓主营业务，力求企业发展常态化。他把仓储业务作为企业经营管理的重要环节落到实处。在科学保粮上，以务实高效、规范管理为前提，积极推行计算机粮情测控技术、机械立体通风技术、环流熏蒸以及低温储粮技术，确保了各级储备粮安全；在仓储设施完善上，完成了低温仓改造和烘干房的改造工作；在仓容缺口问题解决上，积极推行域外基地建设，及时做好宜兴分库建设项目的后续衔接工作。二是抓转型升级，力求企业发展多元化。充分利用库区资源优势，优化业务运作结构，确保主营和副营相辅相成。在搞活铁路中转方面，他提出要积极对铁路运输经营量进行探索，放宽中转品名，做好客户发展工作，将有条件、有优势的承包商引进来，提高铁路运作效率；在做优无锡米市方面，他要求企业职工在大市场环境低迷的情况下，遵循稳中求进原则，加大招商引资力度，并在经营品种拓宽上下功夫，提高市场出租率；在提高信息化管理水平方面，他借力全市热起的“物联网”技术，先后在库区内指导完成了粮食物流数据采集、仓储管理、库区安防等项目的建设工作。三是抓内部管理，力求企业发展精细化。为深化国有粮食企业改革，他确立了精细化管理的工作思路。首先，加强财务管理，提倡降本节支主基调和加大资产盘活力度，促进国有资产保值增值。其次，加强安全管理，针对企业范围广、业务多、人员杂等特点，进一步加大对各个点的隐患排查。最后，加强人才队伍管理，调优现有人才比例结构，为发展现代粮食流通产业提供了坚强的人才保障。

3. **战略与特色**

无锡粮食科技物流中心园区的建设意义在于以储备粮为着力点，依托现有平台，整合全市粮食资源。如何彻底改变目前“买原粮，卖原粮”的僵化经营模式，这对于国储库来说是一个值得借鉴和思考的机会。

（1）发展战略。针对企业发展特点、业务经营情况，经前期调查研究、班子讨论、汇总整理后，粮库干部职工对未来发展战略已形成初步认识。大致可分成“三步走”战略，设想如下：

第一步，在 1 ~ 2 年内，解决园区内最为迫切的仓容紧张以及产权明晰的问题，在实现硬件提升的同时，减轻企业负担，使企业减负发展。

第二步，在3～5年内，引进人才，建立人员激励机制，同时着力发展大米加工厂与市场功能板块，繁荣米市，使园区内景象为之一新。

第三步，在5～10年内，结合各方面政策，发挥仓储、加工、贸易对园区物流产生的联动效应，恢复运粮专线活力。各板块相辅相成，相互促进，共同发展，力争在规划期内，实现质的飞跃。

（2）经营特色。为充分发挥出现物流园区的支撑和带动作用，除了要具备企业战略高度的认识外，还需进一步争取有关部门对粮食工作的支持，落实好相关政策措施。在“三个方面”下功夫：

第一，在资产整合上下功夫。因粮食企业发展过程较长，改革过程中公司成立、归并现象较多，物流中心园区内现有关联企业9家，均以国储库为主体，存在空壳企业多、产权归属不清晰、规范管理有难度的现象。在后续的企业资产管理中将积极与政府机构沟通协调，实施“关、分、并”策略，将空壳企业清理关闭，权责归属不明晰企业梳理分离，模糊企业归类整合，解决企业发展的瓶颈问题。

第二，在资金扶持上下功夫。物流中心建设达7亿资金，资金缺口较大，后期陆续投入的数千万完善提升项目改造资金及大量的维护维修成本造成了企业的运营负担。近几年在上级各级部门的关心支持下，企业全力以赴、积极配合，进展情况总体良好，但仍有不少问题，其中资金问题较为突出。因此在资金扶持上，应积极向上争取，多方位取得政策扶持，使企业走上良性发展之路。

第三，在混合经营上下功夫。作为粮食企业，应审视自身发展的现状，明确面临的挑战，依靠区位优势、当地资源和国有企业自身优势，利用市场空隙，找准结合点，选准突破口，从市场竞争需要出发，引进民营资本，采用混合经营模式，搞活机制，激活体制，全方位畅通企业发展的途径。

（七）杭州市粮食收储有限公司

1. 企业概况

杭州市粮食收储有限公司成立于1998年8月，是一家负责杭州市区政策性粮食的国有独资企业，公司隶属于杭州市商务委员会（杭州市粮食局），下辖南星桥、义桥、半山、良渚、黑龙江密山5个分公司，注册资本7200万，总资产11亿元。公司拥有一支专业化、技能化的高素质粮食工作队伍，在编职工250余人，大中专（含）以上学历人员100余人，专业技术人员80余人。

图3-33　良渚分公司仓储区

公司所属四个分公司紧邻京杭大运河，临杭宁高速和宣杭铁路，水、铁、公交通十分便利，拥有一条铁路专用线，接宣杭铁路线，毗邻杭州火车北站货运中心，拥有运河码头一处，5个专用码头泊位，发达的交通网络和物流业，为杭州市储备粮安全提供有力保障。现有3条精制米加工生产线，日加工原粮能力总计为390吨，实现原粮和轮换储备粮的就地加工增值。

公司通过逐年的建设和技术改造，现有地下库、立筒仓、房仓（散装仓、包装仓、中转仓、低温仓）等储备库仓库，储备品种包括小麦、早籼谷、晚籼谷、晚粳谷、粳米、菜油，运用富氮、脱氧、低温等绿色储粮技术保管的粮食12万吨，地面仓库基本达到了气调技术应用标准，有效地提高了储备粮储存质量。

为适应粮食行业发展趋势，公司不断加强仓储设施设备建设，增加仓容量，提升机械化和智慧粮库建设水平，目前有2个在建工程，即地下库扩建工程和勾庄粮库二期工程，投资概算为5.53亿元。同时加大信息化技术设备的投入和使用，所属各库点均配有专用的防汛抗台器材间、药剂库、空气呼吸器室、化验室、中心机房等仓储配套设施；安装测温测湿系统、防雷设施等，可在计算机上直接操作储备粮业务管理系统、温湿度检测系统、视频监控系统等系统。

公司的发展得到国家、省、市各级领导的关怀和支持，先后两任国防部长、联合国粮农组织、国家发改委、国家粮食局等领导莅临公司调研指导工作，给予一致好评；公司曾荣获全国和谐商业企业、全国“安康杯”竞赛先进单位，浙江省文明单位、浙江省优秀粮食收储公司、杭州市“五一劳动奖状”、杭州市“先进基层党组织”、杭州市职工教育先进单位等荣誉称号。所属 2 个库点为省四星级粮库，2 个为省三星级粮库；1 个为国家级粮油仓储规范化管理先进企业。

2. 企业负责人

金志明，杭州市粮食收储有限公司董事长、总经理。

3. 战略与特色

公司以建设“平安收储、品质收储、创新收储”为目标，在加强仓储管理与基础设施建设、绿色储粮、强化企业内部管理、深化精神文明建设等方面取得了显著成效，通过 ISO9001：2008 质量管理体系认证和杭州市安全标准化三级考评，今后公司将继续深化文化建设，以优秀的企业文化和科学的企业管理促进粮食保管质量的提高。

第一，强化粮源保障。公司经过多年来的探索和创新，形成多渠道多方位的粮食产销合作模式：与黑龙江粮食企业合作，在杭建立“储加销”一体化粮食基地；在黑龙江密山建立集收、储、加、运等功能一体化的收储基地；在江西、山东、安徽、河南、湖北、江苏等粮食主产区建立 10 个订单基地，这些跨区域产销合作在很大程度上减轻了杭州的粮源、储存和加工压力，确保为杭州粮食的质量和安全打下良好基础。

第二，强化技能创新。公司借助与河南工业大学粮油食品学院的校企合作平台，在粮食储藏、加工等方面加强探索。目前拥有产业工会级创新工作室 2 个，职业带头人 2 名。2012 年至今开展科学项目攻关 30 项，在国家、省市级粮食刊物发表科学保粮论文十余篇，其中《地下库绿色储粮技术研究与应用》被浙江省科技厅等部门认证为浙江省科学技术成果，2015 年新确定的《立筒仓查粮机器人的研究与应用》课题探索粮食仓储保管新方向。

第三，强化职工教育。公司作为“杭州市民大学教学点”，秉承“全员参与、循序渐进、勇于创新、务求实效”的工作思路，从技能培训、学历教育和文化活动三个角度，构建全方位、多层次、系统化的企业学习教育机制，通过职工大讲堂、技能比武、好书大家读、岗位适应性培训、岗位技能提升培训等载体，达到全员培训的目的，

2012年至今，培训达4585人次。今后公司将进一步强化教育学习，为企业发展提供强大的人力资源后盾。

(八) 衢州市粮食收储有限责任公司

1. 企业概况

(1) 企业属性。浙江省衢州市粮食收储有限责任公司成立于1998年，直属于衢州市粮食局，为国有独资企业，注册资本675万元。主要承担衢州市本级政策性粮食收购、储存、调拨、轮换、军供、批发，电子商务等业务。

公司总部位于国家级开发区——衢州市经济开发区内，前临320国道，背靠浙赣铁路，1.72公里的铁路专用线直达公司内，交通运输十分便捷。公司占地面积360亩。现拥有控股公司三家：广谊粮油有限责任公司、恒盛军粮供应有限公司、顺昌铁路联运有限公司，下辖市中心粮库，官碓粮库，机场中转库，军粮供应站、粮食批发交易市场和中国网上粮食市场，共有仓容80000多吨。内设收储业务部、粮网事业部、物流事业部、办公室、财务部、发展管理部、资产管理维护部、化验室、贸易部9个部门。经过1多年的发展，基本形成了集仓储、加工、交易、信息“四位一体”的区域粮食物流体系。

2011年收储公司获“省粮食行业先进集体”称号，同年被授予中央储备粮代储资格。2013年市中心粮库被授予“四星级粮库”。

粮食市场先后被授予“全国诚信示范市场”、“中国百强商品市场”、“全国优秀价格监测定点单位”、省首家“三星级”市场、“省20强市场”、“省骨干农业龙头企业”、“省标准化示范市场”、“省重点流通企业”等荣誉称号。

网站先后被确定为省“重点粮食电子商务试点网站”、“重点推广电子商务网站”和“国家信息技术应用推广示范工程”，并与阿里巴巴等一起成为“浙江省网站信用联盟”首批31家成员之一，2014年获“浙江省电商百强”的称号。

(2) 人员配置。专业的经营团队是一个企业运营发展的基础，人员配置更是企业强化改革、加强管理的能动要素。粮食集团所属粮食企业职工队伍中，年龄在40岁以下的人员占职工总数65%，具有大学专科以上学历的人员占职工总数50%，队伍精干，领导班子年富力强。他们了解粮食政策，熟悉浙江的省情、粮情，有着良好的社会关系，积累了丰富的经营和管理经验，在省内外拥有一大批客户群，十分清楚基层粮食收购、储存、调运和加工的业务环节，是支撑粮食企业发展的重要人才基础。2014 年年底在职员工 120 人。

（3）资产状况。2014 年，公司资产 62647.97 万元、净资产 5624.55 万元，较 1998 年年末的 9343 万元、761 万元分别增长了约 6 倍和 7 倍。另有专项应付款 1.8 亿元，工程竣工后可直接形成净资产。

——粮食收储能力。公司是浙西地区最大的粮食收储公司，仓储设施先进，2014 年，公司进出库各类粮油 6 万余吨，全年安全保管粮油 86000 吨。预计今年粮食购销量和保管量还将有所增长。积极推进绿色储粮，2014 年市中心粮库长期保管仓气调储粮比例近九成。长期保管仓科学储粮、绿色生态储粮比例达到了 100%，智能通风、仓外测虫系统全面得到运用，并初步积累了能耗数据，2013 年市中心库被浙江省授予“四星级”粮库。市中心粮库配有大型除杂车间和大量输送设备，因此粮食装卸、运输和除杂作业十分方便。

——粮食物流发展情况。2014 年现货市场实现交易量 70.18 万吨，交易额 23.07 亿元。较成立之初的 1999 年分别增长了 20 多倍和 30 多倍。目前市场占地 114 亩，经营面积近 3 万平方米，仓容近 6 万吨，铁路货位 28 个，油塔 8 个（约 800 余吨）。有来自黑龙江、山东、福建、江苏等省及本省的经营户 120 余户，经营品种达 60 余种，辐射半径从原来的仅满足于本市到现在的省内以及周边的上海、江西、福建、广东、广西等地，被省政府主要领导誉为“不要财政支出的动态储备粮库”。

——粮食电子商务开展情况。中国网上粮食市场（以下简称“粮网”）是浙江省粮食行业最早尝试电子商务，也是最早实现粮食网上交易的电子平台。2014 年网站实现交易量 69.03 万吨，成交额 18.41 亿元。拥有省内外分会场 22 家。2006 ~ 2014 年 9 年间累计实现成交量 293 万吨，交易额 71 亿元，年均增速分别为 54.43% 和 66.95 %；在省内政策性粮食交易的网点覆概率达 83.73%；主要交易品种涵盖稻谷（大米）、小麦、玉米、油脂等；现有注册会员 3743 家，其中正式交易会员 1214 家，分别来自全国十多个省；粮网已在浙江、上海、江苏、山东、江西、安徽、黑龙江 7 个省市开设了上海、苏州、无锡、上饶、温州、青岛、芜湖、马鞍山、哈尔滨等 22 家分市场，市场触角正向全国延伸。

（4）营运能力。粮食收储公司体现的主要是政府对粮食市场的宏观调控，应急保供和提高农民收入等社会效益，直接经济效益相对有限。

——确保国有资产增值。严格执行国有资产管理规定，重大事项实行集体决策，重大经济活动采取招投标办法。及时采取经营策略，争取企业效益最大化，使国有资产实现较快增长。2014 年，公司资产 62647.97 万元、净资产 5624.55 万元，较 1998 年年末的 9343 万元和 761 万元分别增长了约 6 倍和 7 倍。另有专项应付款 1.8 亿元，工程竣工后可直接形成净资产。

——节约财政开支，保障耕地。以市场 2014 年交易量 70 万吨计算，约需 150 多万亩的耕地。如由政府储备，年需财政支出费用约 2 亿元（不含轮换价差减值）。市场累计实现粮食交易量 1000 多万吨，相当于为财政节省了 20 多亿元。

——稳定粮食市场。2003 年"非典"期间，组织粮食 11000 吨投放市场，平抑粮价；2004 年"涨价"期间，紧急采购稻谷 2000 吨，进口大米 3000 吨投放市场。并落实专人每日对主要粮油品种的价格进行监测，及时为上级决策提供第一手资料，被省政府主要领导誉为不要财政负担的"动态储备粮库"。

图 3－34　浙西粮食物流中心

——促进社会就业，推动第二、第三产业发展。粮食市场相关从业人员约 2000 多人，同时带动了该市粮食加工、商贸、畜牧养殖、交通运输、餐饮等相关产业的发展。

——推动农业结构调整，促进农户增收。一是通过订单粮食，每亩可为农民增收 240 元。二是通过粮食市场带动，促进衢州养殖业发展。保守计算，市场经营户对养殖户赊销饲料金额超过1亿元。同时，市场规模较大，饲料价格相对稳定、便宜，利于降低农户的养殖成本。

2. 企业负责人

严有堂，浙江省衢州市粮食收储有限责任公司董事长兼总经理、衢州市粮食批发市场主任、衢州市广谊粮油有限责任公司董事长。

严有堂积极贯彻落实新的国家粮食安全战略，将企业转型发展放在首位，着力转变发展方式，全面推进以政策性粮油收储业务为主体，以粮食批发现货市场和中国网上粮食市场为两翼的“一体两翼”发展战略，有力地保障了区域粮食安全。

一是积极提升仓储管理现代化。市中心粮库2010年建成投入使用后，严有堂按照“两调三控”的现代化粮库建设目标，积极推广空调控温储粮和富氮气调绿色储粮等先进仓储技术，实现以“精准检测、科学控制”为核心的粮情测控、以“全方位、全天候”为核心的安防监控、以“全员、全过程”为核心的业务管控等现代管理技术，目前市中心粮库已全面实施了空调控温、气调储粮、智能通风、业务管理系统，以智能粮库、绿色粮库、规范粮库、平安粮库为主要内容的现代化粮库已基本建成，2013年被浙江省粮食局评为“四星级粮库”，为确保衢州储备粮油储存安全提供了坚定的物质和技术保障。

二是汇聚天下粮源，繁荣粮食流通。衢州与赣、皖等稻谷主产省毗邻，是粮食产销衔接区和省际交通枢纽，在粮食物流方面承东启西。衢州市粮食批发市场明确将自己定位于“构建四省边际粮食物流中心”，努力充当粮食产销区衔接的平台和“二传手”，着力做大粮食“衢州集散”的事业。严有堂积极贯彻这一方针。在市场传统模式发展潜力已尽的情况下，加快市场转型升级，2014年开展了集中仓储管理模式试验，取得了初步成效。同时，大力推进市场标准化建设，市场于今年上半年通过了省服务业标准化试点项目验收，使市场的发展跃上了更高的水平。2014年实现交易量70万吨，成为浙江省最大的粮食专业市场，为保障区域性粮食安全做出了巨大贡献。

三是大力推进电子商务，创新产销合作。为开拓新业务，在上级的重视和支持下，严有堂积极贯彻以发展分会场和举办“早稻网上交易会”为突破口的粮网发展战略，使粮网在激烈的竞争中保持了较快发展。2014年，粮网实现成交量69.03万吨，成交额18.41亿元，同比分别增加49.8%和53.4%。其中分会场实现成交量49.7万吨，同比增长71.78%，占总成交量的比重进一步上升到72%。分会场这一模式开创了国内粮食产销区之间的新型合作方式。网上交易与现货交易相结合的新型业态，为浙江粮食物流业的发展起到了示范推动作用。

3. 战略与特色

公司积极贯彻落实新的国家粮食安全战略，积极推进以政策性粮油收储业务为主体，以粮食批发现货市场和中国网上粮食市场为两翼的“一体两翼”发展战略，有力地保障了区域粮食安全。

（1）发展战略。

第一，提升仓储设施水平。2001年，占总仓容90%左右的下张粮库划出用于粮食批发市场扩展后，为改变仓容紧张局面，公司投资6000万元，由2009年开始兴建5万吨仓容的市中心粮库。2010年建成后，极大地改善了公司的储粮能力。市中心粮库投入使用后，公司按照“两调三控”的现代化粮库建设目标，积极推广空调控温储粮和富氮气调绿色储粮等先进仓储技术。目前市中心粮库已全面实施了空调控温、气调储粮、智能通风、业务管理系统，以智能粮库、绿色粮库、规范粮库、平安粮库为主要内容的现代化粮库已基本建成，2013年被浙江省粮食局评为“四星级粮库”，为确保衢州储备粮油储存安全提供了坚定的物质和技术保障。

第二，繁荣粮食流通。衢州与赣、皖等稻谷主产省毗邻，是粮食产销衔接区和省际交通枢纽，在粮食物流方面承东启西，创办粮食交易市场具有独特的优势。衢州市粮食批发市场明确将自己定位于“构建四省边际粮食物流中心”，努力充当粮食产销区衔接的平台和“二传手”。先后投入资金3000多万元对市场进行改造，解决市场场地不足、设施落后的瓶颈问题。经努力，老市场形成占地114亩，经营面积30000多平方米，入场经营户120余户，经营范围扩大到五大类60多个品种，辐射区域扩展到22个省市，2014年实现交易量70万吨。目前市场交易的原粮和成品粮中从江西、安徽、东北三省等外省购入的占了70%以上，有30%销往外地；交易的饲料粮中有80%从东北三省及内蒙古等省购入，销往外地的占了20%以上，成为浙江省最大的粮食专业市场，为保障区域性粮食安全做出了巨大贡献。

（2）经营特色。大力发展电子商务，搭车互联网。为开拓新业务，2003年以来，公司将发展粮食电子商务作为突破口，创办了“中国网上粮食市场”，确立了以发展分会场和举办“早稻网上交易会”为突破口的发展战略，使粮网在激烈竞争中保持了较快发展。2006年以来，先后在长三角和黑龙江省、山东省等八省市开设了22个分会场。2014年，粮网分会场实现成交量49.7万吨，同比增长71.78%。分会场这一模式开创了国内粮食产销区之间的新型合作方式。2010年，粮网整合衢州、上饶两地的区位与市场优势，精心策划了“2010浙赣早稻网上交易会”，并取得成功。此后又提出了多主体联合办会的思路，2014年实现了浙赣湘粤四省七地市联合主办，吸引了六省（市）206家粮油企业参会，基本形成了以粮网平台为核心，具有区域性和权威性的早稻网上交易中心。会上的成交价成为区域性早稻价格风向标。为粮食产销区的网上协作，以及国内粮食专业市场之间开展网上交易提供了新的思路。

（九）湖州市储备粮管理公司

图3-35　湖州市储备粮管理公司大门

1. 企业概况

湖州市储备粮管理公司是按照全国粮食流通体制改革要求，于2002年经湖州市人民政府批准设立的国有独资企业（属公益性事业单位），承担市政府赋予的政策性粮食业务。受市政府委托，主要负责湖州市本级政策性粮食收购、储存、轮换的相关管理工作。公司在政府宏观调控和监督管理下，对储备粮的数量、质量和储存安全负责。公司下属中心粮库，占地129亩，仓库容量为5万吨，同时具备加工、烘干和码头装卸等配套设施。

图 3－36　湖州市储备粮管理公司仓库

公司主要生产设施：湖州市中心粮库南北长约350米，东西宽约230米，库区总占地面积129亩，其中仓储用地面积116.215亩，码头用地面积12.786亩。中心粮库距湖州城区6公里，紧邻湖薛公路和长兜港运河，离“申苏浙皖”高速公路入口约4公里，距湖州铁路西站约10公里，水路交通便利，地理位置优越。湖州市中心粮库于2008年完成主体工程，项目总投资8000余万。湖州市中心粮库现有总仓容50000吨，库区设有综合办公楼、13幢平房仓、成品库、变配电房、器材库、消防水池、水泵房、生产棚仓、600吨食用油储存罐一组、药剂库、输粮地沟（尚未使用）、门卫房及日吞吐能力300吨粮库专用码头一座。

库区拥有各种型号输送机16台，离心式通风机48台，散装农用车4台，以及其他设备。已安装粮情电脑检测、机械通风、环流熏蒸等系统。储粮新技术得到广泛应用。公司现有在职职工48人。2014年销售收入6455万元，利润32万元，实现了国有资产保值增值。

2. 企业负责人

宋梓文，湖州市储备粮管理有限公司董事长兼总经理。

自从走上企业领导岗位，宋梓文同志时刻牢记一名党员干部的神圣职责，坚决贯彻落实党和国家的粮食政策，为地方储粮安全做出卓越贡献：他严格制度管理，带领广大企业干部职工真抓实干，有效激发国有企业员工的活力；探索科技储粮，创新储粮技术，实现储粮“经济、社会、生态效益”三个统一；严于律己、勤奋敬业，在平凡的工作岗位上取得突出成效，多次获得“粮食先进工作者”等表彰和奖励。

从个人履职情况来看，主要管理业绩包括以下几个方面：

一是企业管理有成效。自担任湖州市储备粮管理有限公司、湖州市粮食结算中心的领导职务以来，宋梓文同志深感自己不仅肩负着服务粮食安全的政治责任，同时也承担着推动国有企业发展与职工生存的重大任务。始终牢记“储备粮管理无小事”、“责任重于泰山”的警言，根据储粮管理的要求，先后牵头制定并完善了“储粮安全生产”、“安全储存”、“粮油进出库制度”等各项管理规章；主持编写了《湖州市储备粮管理有限公司制度汇编》和《湖州市中心粮库仓储化管理工作流程》以及《百分制考核细则》等一整套针对实际、切实可行的储粮管理制度；严格按照“一符四无三落实”的要求，全面落实储粮管理的责任人制度，对相关责任人进行定期考核，使企业真正步入了“以制度建库，以制度管人”的规范化管理轨道。

二是科技储粮有进步。积极推动企业开展科技储粮研究。“科技兴库”是宋梓文同志为储备粮库长远发展确立的一项重要发展战略。他把科技储粮作为自己的工作重点，在推广“机械通风、电子检测、环流熏蒸”等新技术的时候，亲自担任课题攻关小组组长，结合工作实际、集中群众智慧，进行了隔热绿色环保的储粮研究；主持进行了“高大平房仓免磷化氢熏蒸”、“高大平房仓环流熏蒸杀虫技术”、“低粮面机械通风方式探索”等一系列技术研究和工作创新，取得了良好的实用效果；先后投入资金，增加设备完善粮库的电子粮情检测系统、机械通风系统和环流熏蒸系统，使全库三大系统的配备率以及仓储保管密闭率均达优良的水平，把科学保粮、绿色储粮提高到一个新的台阶。

三是勤奋敬业做表率。宋梓文同志以求真、务实、踏实、扎实的工作作风，树立了良好的个人形象。他对待领导尊敬服从、支持配合；对待工作廉洁正派、坚持原则；对待职工热情关怀，不摆架子；在利益面前从不动摇；在日常工作中吃苦耐劳，经常加班加点、默默奉献、无怨无悔，受到了领导和广大职工的广泛赞许。在今年的粮食订单收购期间，宋梓文同志身先士卒，先后带头来到南浔区、吴兴区、开发区等订单粮收购点进行检查工作；积极开展“支农务农”服务活动，与当地农民进行交流，传授对农民种粮利好的相关政策；进一步优化完善各项服务措施，让粮农放心售粮、满意售粮，提高当地农户种粮规模和种粮积极性；全面实行电脑开票和“一卡通”转账结算，全力抓好晚稻收购工作，有效地保证了晚稻收购秩序和入库进度，确保订单粮收购真实准确无误，按时完成了省、市下达的订单粮任务。

第四部分　长三角粮食合作与发展会议

一、会议概述

（一）诞生背景

2006年，长三角地区上海、杭州、南京等16个城市粮食部门为加强粮食工作沟通交流，促进地区粮食流通发展，于嘉兴倡议召开第一届长三角粮食合作与发展会议，开始建立了长三角粮食部门定期沟通交流机制。长三角各城市粮食部门以粮食合作与发展会议为平台，加强合作交流，围绕本地区粮食发展热点问题，粮食安全保障难点问题，以及粮食工作共同关注点等展开深入探讨，共同谋划长三角粮食流通发展和粮食安全保障工作思路，为各城市粮食部门粮食工作开展提供了有益的参考借鉴。

（二）机制沿革

2008年，在会议倡议下，16个城市合作建设了长三角粮食网，提供粮食市场行情，产销合作、粮食供需等信息，为地区粮食流通合作与发展构建了信息平台，有效促进了长三角粮食信息交流。

2010年，安徽合肥、芜湖、马鞍山、滁州、巢湖5市，以及浙江省衢州加入长三角粮食合作与发展会议，拓展了长三角粮食合作与发展的范围。

2014年7月，为提高会议组织效率，丰富会议活动形式，吸纳南京财经大学成为会议成员单位，承担年度会议的研究和咨询工作，南京财经大学粮食经济研究院作为具体承办部门。

同时，长三角粮食合作与发展会议拟设立常设机构，以秘书处形式设置在南京财经大学粮食经济研究院，由上海、南京、杭州、合肥等城市粮食部门，粮食经济研究院相关人员组成。秘书处负责日常运行管理工作，包括讨论确定年度会议议题；协助做好会议活动的策划、组织与安排；联系协调各成员单位；以及成员发展、经费收支等日常管理工作。

2014年11月，安徽省宣城、铜陵、黄山3个城市加入长三角粮食合作与发展会议。

（三）历次会议

1. 2006年会议（第一届长三角粮食合作与发展会议）

（1）时间和地点：2006年11月30日，第一届长三角粮食发展与合作会议在浙江省嘉兴市召开。

（2）会议主题：长三角粮食现代物流发展与合作。

（3）参会代表：江浙沪二省一市、长三角16地市和浙江省其他4地市粮食行政管理部门、嘉兴市相关部门及南京财经大学等单位的70多名代表出席会议。

（4）会议概况与重大事项：会议商定将“长三角粮食发展与合作会议”作为固定的交流机制，长三角城市的粮食部门将每年一次确定主题开展业内跨区域合作研讨。

2. 2007年会议（第二届长三角粮食合作与发展会议）

（1）时间和地点：2007年12月27~28日，第二届长三角粮食发展与合作会议在江苏省南京市召开。

（2）会议主题：粮食产业现代化与区域创新体系建设。

（3）参会代表：来自浙江、上海、江苏长三角两省一市及15个城市、安徽省滁州市粮食行政主管部门领导及南京财经大学领导等共100多人出席了会议。

（4）会议概况与重大事项：南京市政府陈刚副市长出席会议并致欢迎词，南京市政府汪振和副秘书长主持。各会员城市单位围绕着粮食产业现代化与区域创新体系建设，进行了热烈的交流，以促进粮食流通产业又好又快发展。

3. 2008年会议（第三届长三角粮食合作与发展会议）

（1）时间和地点：2008年12月17~18日，第三届长三角粮食发展与合作会议在上海召开。

（2）会议主题：全球视角下的长三角地区粮食流通：改革—合作—共赢。

（3）参会代表：上海市和江苏省、浙江省共16个城市的粮食行政管理部门、粮油行业协会和有关企业的代表100余人。

（4）会议概况与重大事项：国家粮食局郄建伟副局长与苏浙沪粮食局领导共同启动开通了“长三角粮食网”（www. csjgrain. com），该网站成为全国粮食系统中第一个区域性的粮食流通信息服务平台。同时，通过大会交流、专家论坛、合作签约、行业倡议等，进一步推动长三角地区粮食流通联动发展。

4. 2009 年会议（第四届长三角粮食合作与发展会议）

（1）时间和地点：2009 年 11 月 9 ~ 11 日，第四届长三角粮食发展与合作会议在浙江省杭州市召开。

（2）会议主题：确保长三角粮食安全、推进区域粮食产业发展。

（3）参会代表：长三角 16 个城市粮食部门主要领导，行业协会负责人及长三角地区部分知名粮油企业法人等 100 余名代表参加会议，国家粮食局副局长郗建伟、国务院发展研究中心办公厅副主任程国强、中国粮食行业协会副会长宋丹丕，江苏省粮食局副局长王建国、浙江省粮食局副局长李立民、上海市粮食局副局长夏伯锦等领导出席。

（4）会议概况与重大事项：中国粮食行业协会副会长宋丹丕通报了近期中国粮食行业协会有关确保国家粮食安全的重大课题调研情况，分析了新中国成立 60 周年来我国粮食产需结构及供求变化规律。国务院发展研究中心办公厅程国强博士作了题为《中国粮食安全形势与调控政策取向》的专家讲座，分析了中国粮食安全形势，对当前粮食市场形势做出了判断，对下一步国家粮食政策取向做出了预测，重点就中国粮食政治经济学与国家宏观经济发展之间的关系如何统筹协调进行了阐述。

5. 2010 年会议（第五届长三角粮食合作与发展会议）

（1）时间和地点：2010 年 11 月 18 ~ 19 日，第五届长三角粮食发展与合作会议在江苏省镇江市召开。

（2）会议主题：交流和探讨“十二五”时期粮食行业加强区域合作、促进转型升级、保障粮食安全的新思路、新途径，更好地应对全球粮食市场变化，推进长三角一体化发展。

（3）参会代表：来自长三角地区 22 个城市粮食部门领导及助手、相关粮食企业代表参加了会议。

（4）会议概况与重大事项：会议由镇江市粮食局局长吕振亚主持，13 个城市粮食局领导从本地区的实际情况出发，围绕促转型升级保粮食安全这一中心，进行了交流发言。安徽合肥、芜湖、马鞍山、滁州、巢湖5市，以及浙江省衢州市正式成为会员单位。

6. 2011 年会议（第六届长三角粮食合作与发展会议）

（1）时间和地点：2011年11月24～25日，第六届长三角粮食发展与合作会议在安徽省合肥市召开。

（2）会议主题：创新—合作—发展为主题。

（3）参会代表：省粮食局局长孙良龙、副局长戴绍勤，上海市粮食局副局长夏伯锦，江苏省粮食局副局长于国民，浙江省粮食局副局长韩鹤忠等出席会议，副市长江洪出席会议并在开幕式上致辞。20个会议成员城市粮食局主要负责同志、签约企业等100余名代表参加会议。

（4）会议概况与重大事项：会议采取专家论坛、交流发言、实地参观等相结合的形式就如何确保长三角粮食安全、深化长三角区域合作、统筹推进产业转移进行了交流研讨，合肥、上海、杭州、无锡、镇江、衢州、滁州7个城市粮食局现场交流，其他城市粮食局进行了书面交流。来自上海、江苏、浙江和安徽的32家知名粮油企业现场签订4个合作项目、12个合作协议，签约金额合计23.32亿元。

7. 2012 年会议（第七届长三角粮食合作与发展会议）

（1）时间和地点：2012年11月23日，第七届长三角粮食发展与合作会议在浙江省绍兴市召开。

（2）会议主题：发展区域协作，保障粮食安全。

（3）参会代表：来自上海、江苏、浙江、安徽等省市粮食局负责同志以及长三角19个市级粮食行政管理部门主要负责同志等出席会议。

（4）会议概况与重大事项：本次会议采取专家论坛、交流发言、实地参观等相结合的形式从粮食产销协作、储备粮油管理、质量安全追溯、放心粮油建设、现代物流建设、粮食市场培育等方面就如何确保长三角粮食安全、深化长三角区域合作、统筹推进产业转移进行了交流研讨。

8. 2013 年会议（第八届长三角粮食合作与发展会议）

（1）时间和地点：2013年11月22日，第八届长三角粮食发展与合作会议在江苏省扬州市召开。

（2）会议主题：贯彻落实李克强总理“守住管好‘天下粮仓’，切实做好‘广积粮、积好粮、好积粮’三篇文章”的指示精神。

（3）参会代表：上海市粮食局副局长夏伯锦、浙江省粮食局局长金汝斌、江苏省粮食局副局长张生彬、安徽省粮食局巡视员戴绍勤等出席会议，扬州市副市长董玉海出席会议并致辞，扬州市粮食局局长姜开圣主持会议。来自长三角 17 个城市的粮食行政主管部门负责人参加会议。

（4）会议概况与重大事项：本次会议就如何贯彻落实李克强总理“守住管好‘天下粮仓’，切实做好‘广积粮、积好粮、好积粮’三篇文章”的指示精神，进一步加强粮食流通互惠合作，保障区域粮食安全；深化长三角粮食流通发展与合作会议的运行机制等进行交流研讨。上海、扬州、嘉兴、合肥等 7 个城市围绕落实“粮安工程”、加强粮食物流设施建设、推进粮食产业发展等做了交流发言。

二、2014 年会议

（一）大会主题

本年度的大会主题为“长三角地区的粮食安全”。

（二）会议概况

（1）时间和地点：第九届长三角粮食发展与合作会议于 2014 年 11 月 26 日在安徽芜湖召开。

（2）会议内容：贯彻国家粮食安全战略，保障长三角地区粮食安全。交流长三角地区各城市贯彻落实国家粮食安全新战略，全面深化粮食流通领域改革，立足本地区粮食流通发展实际，切实保障地区粮食安全的经验，分析面临的形势。

（3）参会代表：上海市、江苏省、浙江省、安徽省粮食局领导及助手，南京市、无锡市、常州市、苏州市、南通市、扬州市、镇江市、杭州市、宁波市、嘉兴市、湖州市、绍兴市、舟山市、衢州市、合肥市、芜湖市、滁州市、马鞍山市、宣城市、铜陵市、黄山市粮食局领导及助手，上海良友集团有限公司、南京粮食集团有限公司、苏州市粮食集团有限责任公司、南通市城供粮油购销总公司、江苏宝粮集团有限公司、杭州市粮食收储公司、浙江宝隆米业有限公司、湖州市储备粮管理有限公司、舟山市粮食购销收储有限公司、衢州市粮食收储有限公司、巢湖粮油储运公司、安徽凯源粮油贸易公司、马鞍山市粮食公司、中联重机股份有限公司等领导及助手，南京财经大学粮食经济研究院领导及助手。

（4）邀请了国务院发展研究中心学术委员会秘书长、国际合作局局长程国强研究员，做了“国家粮食安全新战略”的报告，受到与会代表的热烈欢迎。

（三）重要事件

（1）会议原则同意《关于完善“长三角粮食合作与发展会议”机制的工作方案》、《长三角粮食合作与发展会议粮食企业活动方案》、《长三角粮食发展报告·2014——长三角地区的粮食安全编写方案》。经修改后，印发参会单位。

（2）经安徽省粮食局提议，会议同意宣城、铜陵、黄山市粮食局为新的成员单位。

（3）会议推举上海良友集团有限公司为粮食企业交流合作活动的牵头单位，会议欢迎有更多的长三角地区粮食龙头企业加入。

参考文献

1. Maxwell D. The political economy of urban food security in Sub－Saharan Africa［J］. World Development，1999，27（11）：1939－1953.

2. Block S. A.，Kiess L.，Webb P.，et al. Macro shocks and micro outcomes：child nutrition during Indonesia's crisis［J］. Economics & Human Biology，2004，2（1）：21－44.

3. 曹宝明，李光泗，徐建玲. 中国粮食安全的现状、挑战与对策研究［M］. 北京：中国农业出版社，2011.

4. 长三角联合研究中心. 长三角年鉴·2014［M］. 南京：河海大学出版社，2014.

5. 陈超，石成玉，展进涛，吕新业. 解读粮食安全问题的新视角：转基因食品陈述性偏好与购买行为的偏差分析——以城市居民食用油消费为例［J］. 农业经济问题，2013（6）：82－88.

6. 陈群民，吴也白，张声明，方圆. 2011 年上海民生调查报告［J］. 科学发展，2012（3）：106－116.

7. 陈伟，夏建华. 综合主、客观权重信息的最优组合赋权方法［J］. 数学的实践与认识，2007，37（1）：17－21.

8. 陈锡文. 工业化、城镇化要为解决"三农"问题做出更大贡献［J］. 经济研究，2011（10）：8－10.

9. 邓大才. 粮食流通主体：增量培养与存量改造同步推进［J］. 粮食问题研究，2004（3）：4－8.

10. 狄强. 基于安全与效率的中国粮食流通体制改革与创新研究［D］. 西南财经大学博士学位论文，2010：92－93.

11. 董巍. 我国粮食安全保障制度的变迁与绩效评价：基于制度经济学视角的研究

[D]. 东北财经大学博士学位论文，2012.

12. 樊治平，掌权，马建. 多属性决策中权重确定的一种集成方法［J］. 管理科学学报，1998，1（3）：50－53.

13. 付嘉鹏. “省长责任”落地有声，各省措施出台［N］. 粮油市场报，2015－07－16.

14. 郭劲光. 粮食价格波动对人口福利变动的影响评估［J］. 中国人口科学，2009（6）：49－58.

15. 郭亚军. 综合评价理论与方法［M］. 北京：科学出版社，2002.

16. 韩长赋. 全面实施新形势下国家粮食安全战略［J］. 农机科技推广，2014（10）：4－7.

17. 胡小平. 关于我国粮食供给保障战略的理论思考［J］. 中国社会科学，1996（6）：21－28.

18. 黄春燕，蒋乃华. 粮食价格、收入水准与城镇低收入人群保障［J］. 改革，2012（1）：81－85.

19. 黄季焜，杨军，仇焕广. 新时期国家粮食安全战略和政策的思考［J］. 农业经济问题，2012（3）：4－8.

20. 李国祥. 实施好新形势下的国家粮食安全战略［J］. 中国经贸导刊，2014（13）：26－28.

21. 李向荣，谭强林. 粮食安全的国内外评价指标体系及对策研究［J］. 中国农业资源与区划，2008（2）：22－26.

22. 李向阳. 亚太地区发展报告：一带一路［M］. 北京：社会科学出版社，2015.

23. 李向阳. 一带一路——定位内涵及需要优先处理的关系［M］. 北京：社会科学出版社，2015.

24. 刘景辉，李立军，王志敏. 中国粮食安全指标的探讨［J］. 中国农业科技导报，2004（8）：10－16.

25. 刘瑞新，刘艳丽. 消费者搜寻猪肉安全信息行为的实证研究——基于江苏省淮安、扬州和无锡三市的调查［J］. 农村经济与科技，2015（4）：110－113.

26. 刘光富，陈晓莉. 基于德尔菲法与层次分析法的项目风险评估［J］. 项目管理技术，2008（1）：23－26.

27. 刘伟涛，顾鸿，李春洪．基于德尔菲法的专家评估法［J］．计算机工程，2011（12）：189－204.

28. 刘学毅．德尔菲法在交叉学科研究评价中的运用［J］．西南交通大学学报（社会科学版），2007（4）：21－25.

29. 刘志彪．新常态下经济增长动力重塑与结构纠偏［J］．前线，2015（6）：18－20.

30. 刘志彪，吴福象等．中国长三角区域发展报告（2012）［M］．北京：中国人民大学出版社，2013.

31. 刘志彪，郑江淮等．长三角经济增长的新引擎［M］．北京：中国人民大学出版社，2007.

32. 卢锋，谢亚．我国粮食供求与价格走势（1980～2007）——粮价波动、宏观稳定及粮食安全问题探讨［J］．管理世界，2008（3）：70－81.

33. 龙方．粮食安全评价指标体系的构建［J］．求索，2008（12）：9－11，40.

34. 蒋凌琳，李宇阳．浙江省消费者食品安全认知现状及对饮食行为的影响［J］．中国卫生政策研究，2012（2）：59－63.

35. 江苏省粮食局课题组．关于江苏基本实现粮食流通现代化的调研报告［J］．中国粮食经济，2012（12）：53－57.

36. 任正晓．认真贯彻国家粮食安全战略　全面深化粮食流通领域改革　扎实推进2014年粮食流通工作［J］．中国经贸导刊，2014（9）：8－10.

37. 尚强民．如何看待中国粮食进口量超亿吨［J］．中国粮食经济，2015（3）：32－35.

38. 沈杰，倪晓锋，沈生荣．浙江省城镇居民食品安全信心调查与分析［J］．食品安全质量检测学报，2014（4）：1235－1240.

39. 王辉．“一带一路”助力区域协调发展［J］．中国经济报告，2015（5）：30－33.

40. 王耀鹏．中国粮食流通支持政策研究［D］．北京林业大学博士学位论文，2010：53.

41. 王元慧，徐从才．粮食流通现代化研究［M］．北京：中国农业出版社，2012.

42. 魏洁，李宇阳．杭州市居民食品安全满意度现状及影响因素分析［J］．中国卫生政策研究，2012（6）：65－69.

43. 吴娟．基于粮食安全的我国粮食储备体系优化研究［D］．华中农业大学博士学位论文，2012.

44. 吴文斌，杨鹏，唐华俊等．一种新的粮食安全评价方法研究［J］．中国农业资源与区划，2010（2）：16－21.

45. 肖丽群，陈伟，吴群等．未来10年长江三角洲地区耕地数量变化对区域粮食产能的影响——基于耕地质量等别的视角［J］．自然资源学报，2012，27（4）：565－576.

46. 徐建玲．收入差距、劳动力流动与粮食生产［J］．人口与发展，2013（3）：21－28.

47. 徐建玲，查婷俊．基于城镇化视角的省域粮食安全研究——以江苏省为例［J］．资源科学，2014（11）：2353－2360.

48. 徐玲玲，吴林海，山丽杰．江苏省城市消费者可追溯食品购买意愿研究［J］．华东经济管理，2012（1）：7－11.

49. 杨磊．我国粮食安全风险分析及粮食安全评价指标体系研究［J］．农业现代化研究，2014（6）：696－702.

50. 杨建利，雷永阔．我国粮食安全评价指标体系的建构、测度及政策建议［J］．农村经济，2014（5）：23－27.

51. 叶兴庆．国家粮食安全战略的新变化及其实现路径［J］．中国党政干部论坛，2014（2）：41－44.

52. 于敏．“一带一路”带农业“走出去”［J］．农村·农业·农民（B版），2015（4）：9－10.

53. 张克中，冯俊诚．通货膨胀、不平等与亲贫式增长——来自中国的实证研究［J］．管理世界，2010（5）：27－33，74.

54. 张茉楠．“一带一路”重构全球经济增长格局［J］．中国经济报告，2015（2）：91－95.

55. 张莉侠，俞美莲．关于上海市消费者对生鲜食品安全认知及购买行为的调查与思考［J］．上海农村经济，2008（8）：28－30.

56. 张卫．创新驱动发展 责任凝聚力量——2014（第五届）中国食品安全高层对话在北京举行［J］. 中国食品，2014（15）：11－15.

57. 张伟斌. 全面深化改革中的长三角［M］. 北京：社会科学文献出版社，2014.

58. 张秀芳，张宪省. 城市居民对转基因食品的认知与消费：鲁省调查［J］. 改革，2012（7）：146－151.

59. 钟甫宁，陈希. 转基因食品、消费者购买行为与市场份额——以城市居民超市食用油消费为例［J］. 经济学（季刊），2008（3）：1061－1077.

60. 朱丽莉，王怀明，李光泗. 我国粮食流通产业技术发展的制约因素与政策优化［J］. 中国科技论坛，2012（11）：117－121.

后　记

本书作为“长三角粮食合作与发展会议”的年度报告，依托于江苏高校哲学社会科学重点研究基地——南京财经大学粮食安全与战略研究中心和江苏省高校协同创新中心——现代粮食流通与安全协同创新中心，由南京财经大学粮食经济研究院与“长三角粮食合作与发展会议”各成员单位协同完成。

本书由南京财经大学粮食经济研究院院长曹宝明、上海市粮食局副局长夏伯锦担任主编，南京财经大学粮食经济研究院副教授徐建玲、上海市粮食局政策法规处处长庄旦鸣担任副主编，负责报告的统筹、协调与审定工作。

本书各部分的写作分工如下：武舜臣（第一章），王舒娟（第二章），蔡荣、徐建玲（第三章），徐建玲、易小兰（第四章），郭晓东（第五章）；上海市、江苏省、浙江省、安徽省、南京市、常州市、杭州市、宁波市、嘉兴市、衢州市、湖州市、绍兴市、合肥市、黄山市、宣城市粮食行政管理部门提供了相关资料介绍；上海良友（集团）有限公司、江苏省粮食集团有限责任公司、安徽省旅游集团有限责任公司、南京粮食集团有限公司、苏州市粮食集团有限责任公司、江苏无锡国家粮食储备库、杭州市粮食收储有限公司、浙江衢州市粮食收储有限责任公司、湖州市储备粮管理公司提供了相关企业资料；南京财经大学2014级硕士研究生胡舟、刘云、刘梦醒、钱馨蕾、李娟、陈来柏、吴增明、杨波对数据和资料的整理做出了积极贡献。徐建玲负责全书统稿，曹宝明、庄旦鸣负责全书修改、定稿。

在本书的筹划、研究、写作和出版过程中，南京财经大学党委书记陈章龙、校长宋学锋、副校长鞠兴荣都给予了热情支持，上海市粮食局、江苏省粮食局、浙江省粮食局、安徽省粮食局、上海良友集团、江苏省粮食集团、安徽省旅游集团、南京市粮食集团等单位的领导也给予了大力支持。

“长三角粮食合作与发展会议”各成员单位有关部门负责人、南京财经大学粮食经济研究院的有关老师对本书的研究与著述都做出了积极贡献，在此一并致谢！